Algún día es hoy

Primera edición: abril de 2024
Título original: *Someday is Today*, publicado originalmente en inglés por New World
Library

© Matthew Dicks, 2022
© de la traducción, Joan Eloi Roca, 2024
© de esta edición, Futurbox Project, S. L., 2024
Los derechos de traducción de este libro se han gestionado mediante Taryn Fagerness
Agency y Sandra Bruna Agencia Literaria, SL.

Diseño de cubierta: Taller de los Libros
Imagen de cubierta: Freepik - user 21720231
Corrección: Paula Blàzquez, Sara Barquinero

Publicado por Kitsune Books
C/ Roger de Flor nº 49, Escalera B, Entresuelo, Despacho 10,
08013, Barcelona
info@kitsunebooks.org
www.kitsunebooks.org

ISBN: 978-84-18524-95-0
THEMA: VS
Depósito Legal: B 6348-2024
Preimpresión: Taller de los Libros
Impresión y encuadernación: Liberdúplex
Impreso en España – *Printed in Spain*

MATTHEW DICKS

ALGÚN DÍA
ES HOY

22 maneras sencillas
y prácticas de impulsar
tu vida creativa

TRADUCCIÓN DE
JOAN ELOI ROCA

Kitsune
Books

Para Plato,
el jefe que siempre quise,
el mentor que siempre necesité
y el amigo que no me esperaba.

«Solo deja para mañana lo que estés dispuesto
a morir sin haber hecho».
PABLO PICASSO

Índice

Prefacio

de Elysha Dicks

Estar casada con un experto en productividad no siempre es fácil. Sin embargo, esa es mi cruz. Y mi marido ni siquiera es un experto en productividad aficionado: alguien muy organizado y cuyos amigos le piden que vaya a sus casas a darles consejos sobre cómo ordenar el garaje. No. Mi marido es tan constante y admirablemente productivo que ha escrito un libro sobre el tema. Un libro que, según parece, estás a punto de leer.

Es difícil no sentirse una gandula cuando estás casada con alguien así, aunque tú misma seas bastante productiva.

Pero he aquí la cuestión: Matt hace muchas cosas. Las hace bien y suele ser feliz haciéndolas. Lo que escribe en este libro también te ayudará a ti. Te va a enseñar a hacer cambios factibles para que puedas conseguir aquello que te gustaría lograr, y te mostrará cómo alcanzarlo sin trastornar tu vida.

No cabe duda de que Matt es muy trabajador. Si tú quieres ser productivo y lograr tus objetivos, es un hecho que tendrás que trabajar duro. Sin embargo, no tienes por qué sacrificar el tiempo que pasas con tu familia, ni tu ocio, ni tu salud. Matt te va a mostrar cómo maximizar el tiempo del que dispones y sacarle el máximo partido.

Por ponerte un ejemplo del tipo de cosas a las que me refiero: Matt siempre aprovecha los pequeños ratos muertos que son tan frecuentes cuando tienes niños y convierte esos intervalos en pepitas de productividad. Ya sabes a qué momentos me refiero. Aquellos en los que te estás preparando para ir a algún sitio, pero luego tienes que esperar diez minutos a que tu hijo encuentre los zapatos. O cuando tus hijos deciden que tienen que llevar tentempiés y botellas de agua aunque solo salgáis a hacer recados.

En lugar de esperar junto a la puerta y gritarles que se den prisa, como suelo hacer yo, Matt se va al ordenador y se pone a escribir diez minutos, o vacía el lavavajillas y barre la acumulación de cereales Cheerios que nuestros hijos consiguen tirar al suelo todos los días. Puede que no sea tiempo suficiente para terminar un capítulo o limpiar toda la casa, pero, poco a poco, consigue hacer las cosas sin añadir carga extra a su día. Eso significa que puede acompañarnos a cualquier excursión que hagamos. No se pierde nada. Pero encuentra pequeños huecos y encaja su trabajo en ellos. Hasta escribió algunas páginas de sus libros en los intervalos entre mis contracciones mientras estaba de parto de nuestra hija (no me importó, ¡te lo juro!).

Llegados a este punto, puede que te preguntes por qué estoy junto a la puerta gritando a los niños y no aprovecho para barrer el suelo o escribir un libro. La respuesta, creo, tiene que ver con un impulso particular por la productividad que Matt posee y yo no. Tú has elegido leer este libro, lo que probablemente significa que quieres aumentar tu productividad o que tal vez tienes algunos objetivos creativos o vitales y estás tratando de encontrar la mejor manera de alcanzarlos. Posiblemente, tengas el mismo tipo de empuje que Matt. O tal vez anhelas tener ese impulso y aún no has descubierto cómo aprovechar esa fuente interior de motivación.

Me da un poco de envidia que seas el tipo de persona que desea leer un libro como este. Sin duda, te ayudará e incluso será una lectura entretenida, Matt es un tipo simpático y estás a punto de conocerlo mejor.

Yo no soy ese tipo de persona. Suelo elegir libros que presentan algo de realismo mágico feminista y que dejan que mi mente vague mientras leo junto al fuego y Matt limpia la co-

14

cina. No es que no quiera ser productiva. De hecho, soy una perfeccionista adicta al trabajo que intenta hacer muchas cosas en un mismo día. Matt y yo simplemente tenemos enfoques diferentes, y por eso hacemos buena pareja.

Hace muchos años, cuando Matt y yo acabábamos de casarnos y dábamos clase juntos en el mismo colegio de primaria, me frustré porque tardaba mucho en escribir los boletines de notas y Matt era capaz de hacerlos con mucha más eficacia que yo. Se lo comenté a nuestro director, Plato Karafelis. Con su sabiduría habitual, me dio uno de los consejos más útiles que he recibido en mi vida: una síntesis de Matt y de mí basada en la espiritualidad de los nativos americanos que me ha ayudado a comprender nuestras diferencias y también por qué nos complementamos. Esto es lo que me dijo Plato:

—Elysha, tú eres un ratón. Estás en la hierba, te concentras en lo que tienes delante y ves todos los detalles. Matt es un águila. Vuela en lo alto y ve el panorama completo.

Aunque esta era la evaluación más certera de nosotros dos que jamás había oído, no pude evitar observar que, en la vida, el águila se come al ratón.

Tanto si eres un ratón como si eres un águila, este libro te va a ayudar. Aprenderás a sacar momentos de productividad de tu tiempo muerto, y también a tener la mentalidad de una persona que consigue hacer cosas sin que sus objetivos lo secuestren todo el tiempo libre. En estas páginas, Matt será tu gran consejero y te contará historias divertidas sobre cómo ha conseguido sus objetivos. Aprenderás a eliminar las distracciones que te impiden cumplirlos, y a detectar oportunidades que de otro modo se te habrían pasado por alto para poder aprovecharlas al máximo. Este libro te motivará y te dará las herramientas para convertir tu motivación en logros.

Estoy deseando que empieces, y te animo desde la línea de banda.

Con amor,
Elysha

Elysha Dicks es cofundadora, directora ejecutiva y presentadora de Speak Up, una organización de cuentacuentos con sede en Hartford, y copresentadora del *podcast Speak Up Story-telling*. Dedica sus días a la enseñanza preescolar y las tardes a ser madre de su hijo, su hija y sus gatos. A Elysha le gusta el café tostado, odia el cilantro y se la puede encontrar a menudo tocando el ukelele u horneando un jalá.

Prólogo

Un niño encuentra un futuro

Todo empieza con la esperanza.

Andy Dufresne dijo en *Cadena Perpetua:* «La esperanza es algo bueno, quizá lo mejor de todo. Y las cosas buenas no mueren». Es un buen sentimiento, e incluso puede que sea cierto, pero creo que este otro es aún mejor: «Nadie ha levantado el culo nunca sin un poco de esperanza en el corazón».

Esta frase es mía. También es verdad.

Todo empieza con la esperanza, porque si estás leyendo este libro con la intención de transformar tu vida, hacer algo grande, hacerlo mejor o ser más, necesitas tener en tu corazón algo de esperanza de que funcionará. Necesito que creas que esta vez será diferente. O diferente otra vez. Necesito que creas que este es el libro que has estado esperando toda tu vida. Necesito que creas que hoy es el primer día del resto de tu vida.

Es un cliché, lo sé, pero realmente es una buena forma de verlo.

¿Puedes hacerlo?

¿Puedes llenar tu corazón con un poco de esperanza?

Espero que sí.

He experimentado muchas cosas terribles a lo largo de mi vida. Violencia y trauma. No tener casa y la cárcel. Un juicio por un delito que no cometí. El abandono de mi padre. La enfermedad genética que acabó con la vida de mi madre y que algún día podría acabar con la mía. El intento de un pequeño grupo anónimo de compañeros de trabajo de desacreditarme públicamente y destruir mi carrera y mi reputación.

Más recientemente, la marcha de Tom Brady de los New England Patriots.

Pero, de todos los problemas que he experimentado, nada fue peor que la ausencia de esperanza. La sustracción de un futuro lleno de posibilidades. La destrucción de mis sueños. Recuerdo cada uno de esos momentos con una claridad aterradora.

Tirado en el suelo de baldosas grasientas de un McDonald's, con una pistola contra mi sien, un dedo en el gatillo, consciente de que mi vida estaba a punto de acabar y que no había nada que pudiera hacer al respecto.

Sin techo, viviendo en mi coche, creyendo con todo mi corazón que nunca volvería a tener una casa de verdad.

Sentado en una celda, detenido por un delito que no había cometido, sintiendo que el mundo entero se había vuelto contra mí.

Fueron momentos de desesperación absoluta. Momentos de mi vida en los que la luz de la posibilidad se había apagado. Los peores momentos de mi vida.

La primera vez que experimenté la verdadera desesperación fue en la adolescencia, cuando pasé el último año de instituto sabiendo que, tras la graduación, me echarían de casa y me vería obligado a valerme por mí mismo. Mientras mis amigos y compañeros hacían planes para la universidad, contando los días que quedaban de curso en la pizarra del laboratorio de química del señor Fury, a mí me preocupaba dónde viviría y qué iba a comer. Conforme se reducía el número de días, más perdía la esperanza.

El futuro me daba tanto miedo que, al principio del último curso, me dirigí al vicedirector, Stephen Chrabaszcz, para preguntarle si podía cursar un año más de instituto, pensando que, si no me graduaba, mis padres —en realidad, mi padrastro— no me echarían. El señor Chrabaszcz me dijo que necesitaba un par de días para averiguar la respuesta. «Ningún alumno en la historia de la educación ha preguntado nunca eso», dijo con una sonrisa burlona.

Dos días después, me llamó a su despacho. Lo había consultado con los funcionarios estatales. La respuesta era negativa. Tendría créditos más que suficientes para graduarme a final de curso —casi ya los tenía— y mis notas eran excelentes.

—Es hora de que sigas adelante —dijo.

Oír esas palabras fue como si hubieran dejado caer el peso del mundo entero sobre mis hombros.

Salí de aquel despacho preguntándome por qué mi vida era tan dura. Preguntándome por qué tenía que ser tan dura. Pasé junto a compañeros de clase en el pasillo cuyas preocupaciones eran sus parejas para los bailes de graduación, los partidos de béisbol y las cartas de aceptación de las universidades. A mí me preocupaba tener un techo bajo el que dormir y comida en el plato.

«¿Por qué no puedo ser como los demás?», me preguntaba. «¿Por qué no puedo ir a la universidad?».

Todavía hoy me pregunto por qué no podía. Mientras mis amigos se reunían con orientadores académicos, se preparaban para los exámenes de entrada a la universidad y elegían escuelas donde sabían que los aceptarían casi con total seguridad, yo me sentaba en silencio en el aula, esperando un turno que nunca llegaba. Ningún padre, ningún orientador, ni ningún profesor pronunció nunca la palabra «universidad».

Ni una sola vez.

Al final, llegué a la conclusión de que se suponía que no debía ir a la universidad. A pesar de mis excelentes notas y mis abundantes actividades extraescolares, nadie me veía potencial universitario. Cuando el mundo parece empeñado en evitar el tema, empiezas a creer que hay un motivo. Los chicos como yo (signifique lo que signifique eso) necesitábamos encontrar un camino diferente.

Fue una época triste de mi vida. A pesar de que deseaba escribir y enseñar algún día, creía que todos mis sueños estaban a punto de morir al final de mi último año de instituto. Mi trabajo como encargado de un restaurante de McDonald's (ya trabajaba a jornada completa durante el instituto) tendría que bastarme. «Tal vez algún día pueda formar a los encargados de McDonald's», pensé. No era exactamente enseñar a leer y escribir a niños, pero sería algo.

Había perdido toda esperanza de que mis sueños se hicieran realidad. Sentía que mi vida se había acabado incluso antes de empezar. Fue la primera vez que sentí la fuerza de la desesperación, y fue devastador.

Entonces ocurrió algo milagroso. Pequeño, pero milagroso.

Marc Compopiano —mi profesor de inglés— me inició en la sátira. Era principios de noviembre, y yo era uno más de una clase de estudiantes de último curso, y ya estaba muy preocupado por cómo conseguiría alojamiento y comida después de la graduación. Pensaba en cuánto me costaría alquilar una habitación, alimentarme, pagar el coche y la gasolina. No es en lo que debería estar pensando un alumno de último curso de instituto.

Era un buen estudiante, dotado de amor por la lectura, una curiosidad insaciable y con afán competitivo, pero cuando no me interesaba la asignatura o la tarea, mi esfuerzo decaía, como es comprensible. Sin la posibilidad de ir a la universidad y sin nadie en casa que se preocupara por mis notas, mis calificaciones no significaban gran cosa para mí. Pensaba que nada de lo que hiciera en la escuela influiría en mi futuro. Cuando podía evitar tareas que consideraba triviales o sin sentido, lo hacía.

Un caso concreto. A principios de curso, el señor Compo nos encarga un trabajo sobre un libro. Nos dirigimos todos a la biblioteca del colegio para elegir una novela. Yo voy directo a la estantería más alta, en el rincón más alejado de la sala. Del último estante, saco el libro más polvoriento que encuentro: *Omú,* de Herman Melville.

Se lo entrego al señor Compo.

—Me gustaría leer este —le digo.

—Estupendo —dice él mientras le da la vuelta al libro entre las manos—. Este no lo he leído.

Perfecto.

Procedo a escribir un trabajo sobre lo que imagino que podría tratar *Omú*, sin tomarme la molestia de leerlo. Como vivo en la época anterior a Internet, la única forma en la que el señor Compo puede determinar la veracidad de mi trabajo sería leyendo la novela. No hay forma de investigar el argumento de esta obra menos conocida de Melville, porque Internet, tal y como lo conocemos hoy en día, aún no existe. Para asegurarme de que no decide leer el libro, no lo devuelvo hasta después de que haya puntuado mi trabajo.

Saco un notable bajo.

Todavía conservo el trabajo. Incluye comentarios como «Resumen conciso, pero hacen falta algunos ejemplos» y «¿No das ninguna cita? Pon ejemplos». Treinta y pico años después, todavía no he leído *Omú*.

Así es como me las arreglo para navegar gran parte del instituto: busco atajos. Hago trampas. Engaño. Finjo un proyecto para una feria de ciencias y, gracias a una buena historia sobre niños etíopes hambrientos, acabo en el campeonato estatal del Instituto Politécnico de Worcester. Calculo el impacto numérico de ignorar cualquier tarea para determinar si una diferencia de dos o tres puntos en una escala de cien en mis notas compensa el tiempo necesario para completar la maldita tarea.

Incluso de adolescente, ya tengo una comprensión clara del valor del tiempo. Juego bien el juego, me congracio con los profesores que importan y engaño a los que no prestan atención. Pero cuando el señor Compo nos explica la sátira, me emociono.

La sátira parece divertida. Suena a mí. La sátira me brinda la oportunidad de atacar cínica y sarcásticamente a las instituciones de poder: los políticos, los líderes mundiales, mi padrastro, la religión, la política escolar sobre el mecanografiar los trabajos, el menú de la cafetería y muchas cosas más. Tengo permiso para atacar, denigrar, menospreciar e insultar las cosas que desprecio con absoluta impunidad.

Me pongo rápidamente manos a la obra. Leo a Jonathan Swift, Kurt Vonnegut y George Orwell. Me empapo de las palabras de Twain y Voltaire. Elaboro listas de posibles objetivos de mi sátira. Luego me siento y escribo lo que considero uno de los mejores escritos de la lengua inglesa. En mi opinión, una obra maestra absoluta.

Entrego el trabajo el 29 de noviembre de 1988. Tres interminables días más tarde, el señor Compo deposita el trabajo sobre mi mesa. Escrito en rojo en la parte superior de la página está la nota: un notable bajo. Algunos de sus comentarios son: «Parte de esto no es sátira. Es demasiado obvio», «No es sátira» y «Sigue sin ser sátira».

Estoy indignado. El distrito escolar ha contratado a un impostor como profesor. A un tonto. Un educador incapaz de reconocer mi evidente genialidad. Estoy dolido y enfadado, pero, sobre todo, me siento ninguneado. Parece que, haga lo que haga, nadie está dispuesto a mirar en mi dirección, a reconocer mi existencia y celebrar mis esfuerzos.

No puedo permitir que esto siga así.

Me levanto de mi silla y me dirijo a la parte delantera de la clase. Voy a decirle al señor Compo exactamente cómo me siento. El señor Compo es un hombre bajo y calvo. Estos hombres suelen ser de dos tipos: coléricos o graciosos.

Hoy, el señor Compo es la versión colérica de un hombre bajito y calvo. Y con razón, teniendo en cuenta la agresividad con la que me lanzo a mi diatriba. En cuestión de segundos, estamos discutiendo delante de toda la clase. El aula se queda en silencio mientras nos señalamos con el dedo y alzamos la voz.

Le digo que se equivoca. Que no reconocería la sátira ni aunque le diera un puñetazo en la cara. Él me dice que me equivoco. Que me creo más inteligente de lo que soy. Que aún tengo mucho que aprender. El tira y afloja continúa hasta que por fin me dice:

—¡Basta! —Entonces me propone un trato—: Lee tu texto a la clase. Si están de acuerdo en que es una sátira, tu notable bajo se convertirá en un sobresaliente bajo. Pero si están de acuerdo conmigo en que no es sátira, por ser demasiado obvia, entonces se convertirá en un aprobado.

Mi primera lección sobre ser profesor: sube la apuesta a los alumnos.

Acepto, por supuesto. Por lo general no leería voluntariamente mi trabajo a una sala llena de compañeros, pero esta vez es distinto. Esta vez tengo la oportunidad de demostrar que tengo razón. También estoy orgulloso de lo que he escrito.

Me pongo en pie delante de todos y, por primera vez en mi vida, leo algo que me parece bueno —palabras que realmente significan algo para mí— en público. Llevo unas tres frases cuando la chica que me gusta desde sexto de primaria se echa a reír. Puede que sea el sonido más hermoso que he oído en toda mi vida.

Luego otra persona empieza a reírse también. Luego otra. Pronto, toda la clase está riéndose mientras leo. Es estimulante. Una sensación increíble. Una de las mejores sensaciones de mi vida. Cuando termino de hablar, el señor Compo se adelanta y pregunta:

—¿Quién cree que lo que ha escrito Matt es sátira?

Todas las manos se alzan. Incluida la del señor Compo.

Explica que, en la página, lo que he escrito no parece sátira, pero que soy tan sarcástico e interpreto la pieza tan bien que, cuando la leo, suena exactamente a sátira. Me quita el papel de la mano, tacha el notable bajo y encima escribe un sobresaliente bajo. Todavía conservo ese trabajo.

Es el momento que cambió mi vida para siempre. Aquel día ocurrieron tres cosas:

1. Hice reír a una chica. Hice reír a mi público. Más de tres décadas después, ese sigue siendo uno de los motivos por los que escribo y actúo. Quiero hacer reír a la gente. Quiero hacer reír a mi mujer.

2. Hice quedar en ridículo a un profesor. El señor Compo me dijo que mi sátira no era buena, pero le demostré que se equivocaba. Para un adolescente, fue un momento inolvidable. Fue como plantarle cara al poder. Acabar con la autoridad. Derrocar al rey de su trono. Fue increíble.

3. Pero lo más importante es que encontré mi primer rayo de esperanza. Había transferido mis pensamientos a una hoja de papel y, al leerlos en voz alta y compartirlos con un público, cambié mi futuro.

Es cierto que el cambio fue infinitesimal. Había convertido un notable bajo en un sobresaliente bajo. La nueva nota probablemente no afectó a mi evaluación del semestre. Pero para mí ese cambio fue enorme. Me cambió la vida.

Pasé de ser un chico sin ninguna aspiración ni esperanza a haber descubierto un modo de mejorar las cosas. Podía escribir. Podía hablar. Podía sacar una idea de mi cabeza y compartirla con otras personas, y eso podía alterar mi futuro.

Quizá podría volver a hacerlo.

Al día siguiente abrí mi primer negocio: escribir trabajos finales para mis compañeros de clase. Cincuenta dólares por un trabajo sin mecanografiar. Cien por un trabajo mecanografiado. Con el dinero que gané haciéndolos, me compré mi primer coche: un Chevy Malibú de 1978. El coche que me llevaría a mis primeras aventuras después del instituto.

Encontré la esperanza aquel día en la clase del señor Compo. Por primera vez en mucho tiempo, pensé que tenía la posibilidad de una vida mejor. Seguía siendo pobre. Seguía destinado a que me echaran de casa cuando me graduara. Todavía me asustaba no tener dónde vivir e ignorar cómo me ganaría la vida. Seguía deseando desesperadamente ser un chico de instituto normal, con rumbo a la universidad y un futuro brillante por delante.

No contaba con nada de eso. La suerte nunca se cruzaba en mi camino. Tardaría otros seis años en llegar a la universidad, y pasaría una década entera después del instituto antes de que me licenciara en inglés y magisterio. Por el camino, acabaría detenido y juzgado por un delito que no cometí, sin techo y víctima de un horrible atraco a mano armada que me llevaría a una vida de debilitante estrés postraumático.

Pero aquel momento en la clase del señor Compo nunca me ha abandonado. Había encontrado algo que me gustaba. Algo que podía hacer bien, que ya había hecho bien al menos una vez y que quizá algún día podría hacer de nuevo. Había escrito algo y, como resultado, había encontrado esperanza.

Esto es lo que quiero para ti: una pizca de esperanza. Estás leyendo este libro por una razón. Presumiblemente quieres cambiar o mejorar algún aspecto de tu vida.

Hacer cosas.

Hacer más.

Conseguir más.

Hacer realidad tus sueños.

Volver a hacer realidad tus sueños.

No creo que hubiera podido lograr nada de lo que he logrado si no hubiera tenido algo de esperanza. Si te cuesta encontrar esperanza mientras lees estas palabras, debes saber una cosa: no eres especial. Las estrategias, ideas y filosofía que presentaré en las próximas páginas han ayudado a muchísimas personas a transformar sus vidas. No eres diferente de ninguna de ellas si tienes el deseo de hacer grandes cosas.

No es física cuántica. Te lo prometo. No es complicado, ni difícil. Cualquiera puede hacerlo. Incluso tú.

Así que pon un poco de esperanza en tu corazón y pasa página. Es hora de cambiar tu vida.

Parte 1

TIEMPO

«El coste de una cosa es la cantidad de vida
que hay que intercambiar por ella».
HENRY DAVID THOREAU

½ Las peores palabras

El título de este libro es *Algún día es hoy* y, sin embargo, puede que «algún día» sean las dos palabras que menos me gustan de todo el idioma. Son palabras que impiden a muchos intentarlo. Son palabras que provocan lamentos y remordimientos. «Algún día» hace que la gente viva vidas pequeñas llenas de deseos y sueños y de retrasos e inacción.

«Algún día» son las palabras que permiten a la gente esperar hasta que es demasiado tarde.

«Algún día» es la razón por la que dos de los mayores arrepentimientos expresados por la gente al final de la vida (según los trabajadores de cuidados paliativos) son «Ojalá me hubiera arriesgado más» y «Ojalá hubiera hecho mi sueño realidad».

«Algún día» es el oro de los tontos. Es un horizonte que nunca llega. Un deseo que nunca se cumple.

Deja que el título de este libro sea la única vez que utilices las palabras «algún día». Estoy seguro de que lo recomendarás a menudo, así que tendrás que utilizarlas, por supuesto, pero solo en el contexto de este libro.

Nunca cuando te refieras a tu vida. ¿De acuerdo?

1   El plan de tu yo de cien años

«La muerte no nos espera al final de un largo camino. La muerte está siempre con nosotros, en el tuétano de cada momento que pasa. Es la maestra secreta que se esconde a la vista de todos, y nos ayuda a descubrir lo que es más importante».

FRANK OSTASESKI

Es la primavera de 1993. Tengo veintidós años y soy un sintecho.

No todo el mundo está de acuerdo con esta etiqueta. Los chicos que he conocido en la calle me dicen que, como vivo en mi coche, tengo un techo, y si tienes un techo, no eres un sintecho.

Llevan en la calle mucho más tiempo que yo, así que supongo que tienen razón. Aun así, me siento un sintecho, a pesar de que sé que podría ser mucho peor. Pero mi coche resulta ser muy importante porque también me han detenido, y estoy a la espera de juicio por un delito que no he cometido: hurto mayor.

Han desaparecido más de siete mil dólares del McDonald's del que yo era el encargado. Aunque yo no robé el dinero, y aunque mi jefe no cree que yo robara el dinero, y aunque el jefe de mi jefe tampoco cree que yo robara el dinero, me ofrezco a devolverlo porque yo era responsable de protegerlo. Sin embargo, al denunciar el siniestro a la compañía de seguros, me encuentro con un agente de policía que enseguida se convence de que soy culpable. Y tras una semana de interrogatorios, intimidación y un momento en un armario del sótano de la comisaría en el que casi confieso algo que no he hecho, finalmente me detienen y me acusan.

Durante mi comparecencia explico al juez que ya no tengo trabajo porque me han detenido. Tampoco tengo familia que me mantenga ni ahorros de ningún tipo. Mi compañero de piso se muda de estado el mes que viene, así que también estoy a punto de perder mi apartamento. Estoy metido en un lío y necesitaré un abogado de oficio.

Pero el juez me dice que no tengo derecho a uno porque mi coche, un Toyota Tercel de dos puertas de 1992 del que he pagado exactamente una cuota, es mejor que su Chrysler de hace una década, así que sin duda puedo permitirme mi propio abogado. Sus palabras literales.

Así que acabo en la calle, viviendo en mi coche, duchándome en una universidad pública, haciendo trabajillos de construcción para ganar dinero, hasta que Mary y Gerry Coughlin, una pareja mayor que trabajó para mí en el McDonald's, descubren que no tengo casa y me convencen para que me vaya a vivir con ellos. Mary y Gerry son cristianos que habían vuelto a encontrar su fe con un corazón de oro. Me ofrecen una pequeña habitación junto a su cocina —una antigua despensa— que comparto con un tipo llamado Rick, también con la misma experiencia religiosa y que habla sinsentidos mientras duerme, y con la cabra que tienen como mascota.

En realidad, primero fue la habitación de la cabra, así que técnicamente la cabra (que se llama *Goat*) comparte su habitación con Rick y conmigo. *Goat* me mastica el pelo hasta convertirlo en puré por la noche, me mete la lengua en la oreja por la mañana y, en general, hace de mi vida un infierno.

Pero eso no me importa, porque al menos tengo un techo sobre mi cabeza, y con ese techo viene una pared, y con esa pared, por fin, tengo acceso a un teléfono. Por fin puedo buscar un trabajo de verdad.

Me contratan como cajero en el banco South Shore de Randolph, en Massachusetts, porque los empleadores, incluidos los bancos, no pueden preguntarte legalmente si te han detenido alguna vez. Solo pueden preguntar si te han condenado por un delito, pero como a mí todavía no me han condenado, mantengo mi detención en secreto y voy a trabajar al mismo banco donde se suponía que habrían tenido que ir los siete mil dólares.

Una sucursal diferente, por supuesto. No estoy completamente loco.

De hecho, empleados del banco testificarán contra mí en el juicio, sin saber que yo también trabajo allí hasta que se lo revelen al tribunal. Por la tarde voy a trabajar para McDonald's. Aunque la Corporación McDonald's me ha despedido, el propietario de un restaurante McDonald's de Brockton —un hombre llamado Andy Cheung— me conoce bien, sabe que no he robado el dinero y me contrata como encargado del turno de cierre. Entre el banco y el McDonald's, trabajo noventa horas a la semana durante más de un año para pagar una factura legal de veinticinco mil dólares.

Apenas veo a la cabra.

Es un periodo duro, aterrador y aparentemente desesperado de mi vida, pero, sobre todo, es una época en la que me consume la ira. Cólera contra mis padres, que me echaron del hogar de mi infancia y no me apoyaron en nada. Rabia contra mis profesores y orientadores, que nunca me encaminaron hacia la universidad, aunque me gradué entre el diez por ciento mejor de mi promoción. Enfado conmigo mismo por la miserable trayectoria de mi vida.

Lo más duro es que cada día que pasa me alejo más y más de mi sueño. En realidad, soy un muy buen cajero en el banco —ya me han ascendido a representante de atención al cliente— y un excelente encargado de restaurante, pero no quiero ser ninguna de esas dos cosas. Desde que era pequeño, he querido ser escritor y profesor. Ahora mis amigos se gradúan en la universidad, haciendo realidad sus sueños, mientras yo duermo en una pequeña habitación con una cabra y espero un juicio que probablemente me lleve a la cárcel.

Tengo pocas esperanzas de que mis sueños se hagan realidad. Tengo veintidós años y ya he arruinado mi vida.

Entonces sucede algo terrible.

23 de abril de 1992. Medianoche. Ya hemos cerrado el restaurante esta noche. He cerrado las puertas y he apagado los arcos dorados. Mis empleados están limpiando y preparando el turno de mañana. Estoy de pie junto a la caja fuerte abierta de la oficina, metiendo dinero en una bolsa bancaria para que uno de los encargados diurnos pueda llevarlo al banco a la mañana siguiente. Irónicamente, son otros siete mil dólares. Estoy metiendo el dinero en la bolsa cuando oigo el ruido de un cristal que se rompe y sé lo que se avecina.

Dos policías me visitaron una semana antes y me dijeron que un equipo de tres hombres estaba atracando restaurantes de comida rápida de la zona. Ya habían atracado el McDonald's de la otra punta de la ciudad hacía un mes y también el Taco Bell que hay justo al final de la calle, matando a una persona durante el robo. Cuando oigo el ruido de cristales rotos, sé que son ellos, y sé que vienen a por mí, así que tomo la peor decisión de mi vida. Cojo la bolsa de dinero, meto la mano en la parte trasera de la caja fuerte y la dejo caer por el conducto que la envía a un compartimento situado en el fondo de la caja fuerte que no puedo abrir.

Lo hago sin pensar.

Cuando los hombres enmascarados entran en la oficina, nos obligan a mí y a mis tres empleados a punta de pistola a tumbarnos boca abajo en el suelo de baldosas rojas, y empiezan a vaciar la caja fuerte. Rápidamente se dan cuenta de que algo va mal. No hay suficiente dinero. Tiran los cajones por la habitación y empiezan a maldecir. Un segundo después, uno de ellos me levanta por el cuello de la camisa, me arrastra hasta la caja fuerte y me ordena que abra el compartimento inferior.

Les digo que no tengo la llave. Les señalo el cartel que lo indica, pero no me creen. El culatazo de una pistola contra mi nuca hace que mi campo de visión se llene de estrellas. Entonces el hombre que me sujeta me suelta. Caigo al suelo y empiezan a darme patadas, mientras me gritan:

—¡Abre la caja!

Me hago un ovillo intentando protegerme de sus golpes mientras les suplico que me crean. Entonces siento algo de acero en la nuca y me fuerza la cara contra la baldosa.

—Voy a contar hasta tres y luego te pegaré un tiro en la cabeza si no abres esa caja.

Suplico que me crean mientras cuentan:

—Uno.

—Dos.

—Tres.

Luego está el clic. El sonido del gatillo al disparar con la recámara vacía. El clic más ruidoso de la historia del mundo.

Se ríen. Empiezo a arrastrarme para alejarme porque es lo único que puedo hacer, pero uno de ellos vuelve a agarrarme por el cuello y me arrastra de nuevo hacia la caja fuerte abierta, y empiezan a darme patadas otra vez. Una vez más, siento que me clavan una pistola en la nuca y me obligan a apretar la cara contra el suelo de baldosas grasientas. Entonces oigo una voz que dice que esta pistola tiene una bala, y que va a contar hasta tres, y esta vez me va a disparar en la cabeza.

—¡Vas a morir por el dinero de McDonald's, así que abre la maldita caja fuerte!

Cuando empieza a contar, todo cambia. Siento que el miedo y la rabia a los que me he aferrado durante meses se convierten en arrepentimiento y tristeza.

Tengo veintidós años. Estoy tumbado en el suelo grasiento de un McDonald's y sé que estoy a punto de morir. Estoy a segundos de que mi vida se apague para siempre. En esos últimos segundos solo pienso en todo lo que no he hecho.

Todos los sueños que morirán con esta bala.

El tiempo perdido. Una vida desperdiciada.

Entonces oigo de nuevo el gatillo. Ya no puedo respirar. Me dan patadas. Me golpean la cabeza con las empuñaduras de sus pistolas. Luego desaparecen.

Durante las dos décadas siguientes sufro un trastorno de estrés postraumático, hasta que mi mujer me dice que no necesito despertarme todas las noches gritando. Que no es «solo una cosa mía», como yo lo describo. Que puedo mejorar. Tras un año de vacilaciones, finalmente acepto buscar ayuda.

Seis meses después del atraco, un tribunal me declara inocente. Seis meses después de eso, pago los veinticinco mil dólares de los honorarios del abogado. Seis meses más tarde, me marcho de casa de Mary y Gerry.

Me despido de la cabra.

Tras otros seis meses me matriculo en mi primera clase de la universidad. Increíblemente, el nombre del curso es «Sobre la muerte y el morir». En realidad, no era la asignatura que quería, pero era la que estaba disponible las noches que podía ir.

Cinco años más tarde, me gradúo en el Trinity College de Hartford, en Connecticut, con un título en escritura creativa. Al mismo tiempo, me gradúo en la Universidad de Saint Joseph en West Hartford, en Connecticut, en educación primaria. Durante esos cinco años, finalizo dos carreras universitarias mientras soy gerente de un restaurante McDonald's a tiempo completo, lanzo un negocio de DJ para bodas, trabajo a tiempo parcial en el Centro de Escritura del Trinity College y me convierto en columnista del periódico de la universidad. También me eligen tesorero del Senado Estudiantil y presidente de la Sociedad de Honor.

Apenas tengo tiempo para respirar.

En 1999, me convierto en profesor de primaria. Trabajo en la misma escuela desde entonces, y durante casi todos esos años en la misma aula. En 2007 me nombran Profesor del Año de mi distrito escolar y soy finalista para Profesor del Año de Connecticut. Y lo que es más importante, conozco a mi mujer —que está en el aula de al lado— mientras enseño.

Diez años más tarde, en 2009, publico mi primera novela, *Something Missing,* con Doubleday.

Desde entonces, he publicado seis novelas y *Storyworthy,* una guía de no ficción para contar historias. Mi tercera novela, *Memorias de un amigo imaginario,* se convirtió en un *best seller* internacional.

He hecho realidad mis sueños.

A pesar de esos éxitos, hay enormes partes de mí —quizá todo yo— que siguen tiradas en aquel suelo de baldosas grasientas. Tres décadas después, todavía no he conseguido levantarme de él.

No exagero si digo que cada mañana me despierto consumido por el temor mortal a que sea el último día de mi vida y que, de ser así, pueda sentir el mismo pesar y la misma tristeza que sentí en la trastienda de aquel McDonald's hace tanto tiempo. Es ese miedo al remordimiento —a no lograr lo suficiente, a no hacer algo con mi vida, a no aprovechar cada día— lo que me ha impulsado a conseguir lo que ahora tengo. Pero es una forma terrible de aprender esta lección. No se la deseo a nadie.

Lo que he hecho, primero por mí mismo y luego por los demás, es aprovechar todo el miedo y el remordimiento que sigo sintiendo hoy para crear una estrategia sencilla que ha cambiado mi vida y quizá también cambie la tuya.

La llamo el plan de tu yo de cien años.

Cuando hablo a otros de esta estrategia, suelen decirme que es un ejemplo de *mindfulness,* de mentalidad positiva o que es una forma zen de pensar, pero no quiero que pienses en ella como ninguna de estas cosas. Y si tú también acabas pensando que este plan no es más que otra práctica de meditación que añadir a tu ya exhaustiva lista de prácticas mágico-espirituales, te pido por favor que te quites esa idea de la cabeza.

Lo estás haciendo mal. Relee. Recapacita. Reconsidera lo que vas a aprender.

No me gustan las filosofías amorfas. No me gusta lo intangible. Desprecio la complejidad. Lo que voy a sugerirte es algo que puedes empezar a hacer en el momento en que pases esta página y te prometo que, si lo haces, cambiará tu vida. Hacerlo ha cambiado la mía de un modo que nunca habría imaginado.

Consiste en lo siguiente: cada vez que tengo que tomar una decisión, sea monumental o minúscula, ya no confío en que tome esa decisión la versión actual de mí mismo. He descubierto que soy una persona poco fiable e ineficaz a la hora de tomar decisiones, porque a menudo me baso en mis sentimientos, pensamientos y deseos de ese momento en concreto. Hago lo que me hace feliz ahora, lo cual a veces es perfectamente aceptable y aconsejable, pero a menudo es miope y contraproducente.

En cambio, lo que hago cuando tengo que tomar una decisión es intentar mirar hacia el futuro. Miro hacia la versión centenaria de mí mismo. Esa versión cercana al final de su vida. La persona que comprende lo que es estar a las puertas de la muerte. Miro al Matthew Dicks que sigue tendido en aquel suelo de baldosas grasientas de un restaurante en Brockton, y le pido a esa versión que tome la decisión por mí.

¿Qué querría que hiciera esa versión que está a las puertas de la muerte? Confío más en la perspectiva de esa persona que en la perspectiva de quien está aquí, ahora. Si quiero vivir una vida productiva, plena y con sentido, no puedo basar mis decisiones simplemente en el momento. Si solo hiciera las cosas que me hacen feliz hoy, todos los días estarían llenos de hamburguesas con queso, sexo y partidos de los New England Patriots.

Por el contrario, necesito mirar hacia delante y preguntar a esa otra versión —la que comprende de verdad la importancia y el valor del tiempo— cómo debería pasar esta hora, este día o esta semana. Él es mi narrador de confianza. Él sabe qué es lo mejor para mí.

Así que cuando estoy sentado en mi escritorio, intentando terminar una novela, mientras miro fijamente un correo electrónico de mi editor en que me pregunta por qué voy tan retrasado, y mi hijo Charlie, de tres años, me tira de la camisa y me pide jugar al pilla-pilla, la versión actual de mí mismo dice que termine el maldito libro. «Tienes cien páginas que escribir y facturas que pagar y un editor al que mantener contento».

Pero entonces miro hacia la versión centenaria, y me dice que ya pagaré las facturas de alguna manera y que siempre podré sacar tiempo de alguna parte para terminar un libro, pero que ese niño que quiere jugar al pilla-pilla no va a pedir jugar eternamente. Un día dejará de pedirlo. Un día dejará de hacerlo, y te odiarás por no haberle dicho que sí. Así que dejo a un lado mi trabajo y, por mucho que odie el pilla-pilla —un juego realmente absurdo—, juego, sabiendo que seré una persona más feliz por ello.

Cuando mi hija Clara, de doce años, que pesa 46 kilos, me pide que la levante y yo tengo un desgarro del manguito de los rotadores del hombro, la levanto siempre, independientemente de lo que yo esté haciendo en ese momento, porque la versión centenaria de mí mismo dice que algún día esta niña será demasiado grande para levantarla (de hecho, ya lo es) o, lo que es peor, dejará de pedirlo, y ese será uno de los peores días de mi vida. Así que esté donde esté, haga lo que haga, cuando Clara diga: «Levántame, papá», la levanto, y cuando tenga cien años, me alegraré de haberlo hecho.

Cuando estoy solo en casa durante el fin de semana, desesperado por ver la última serie de televisión de moda, la versión centenaria me dice: «No tienes momentos como este a tu disposición muy a menudo. Quizá deberías escribir. O reunir a los chicos para jugar al póquer. O empezar por fin a aprender a tocar el piano». Se supone que la serie de televisión es estupenda, pero cuando esté en mi lecho de muerte, repasando mi vida, ¿recordaré siquiera esa serie? Probablemente no.

¿Pero me alegraré de haber terminado ese libro, de haber pasado tiempo con mis amigos o de haber aprendido por fin a tocar «Imagine» de John Lennon? Sí, de eso sí.

Pedir a tu yo futuro que tome las decisiones te permite jugar a largo plazo.

El problema es que nunca jugamos a largo plazo. No planificamos el futuro. Pensamos que el futuro es un día, una semana, un mes, un año. Pensamos que el futuro son diez años.

La versión centenaria de ti mismo te dirá que una década pasa en un abrir y cerrar de ojos. No es nada. Tomar decisiones basándose únicamente en los próximos diez años es ridículo cuando se tiene en cuenta la extensión de toda una vida.

Sin embargo, a menudo tomamos decisiones como si un día, una semana, un mes, un año o incluso una década fueran significativos. Lo hacemos continuamente.

Cuando le pregunto a Shep, mi nuevo compañero de asiento de temporada en el estadio de los New England Patriots, si tiene pensado asistir a un partido el jueves por la noche a principios de diciembre, se detiene un momento antes de decir:

—Bueno, esa noche va a hacer bastante frío. Y hay dos horas de trayecto hasta el estadio. El partido terminará a medianoche, lo que significa que llegaremos a casa a las dos si tenemos suerte, así que me meteré en la cama a las tres, y eso hará que el siguiente día de trabajo sea un infierno. Así que no, me lo saltaré y lo veré desde casa.

¿Te lo puedes creer? Realmente piensa que el próximo día laborable va a ser relevante para el resto de su vida. Cree que un simple viernes de diciembre de alguna manera cambiará algo.

El problema es que Shep no está preguntando a la versión centenaria de sí mismo si debería ir a ese partido, porque mi versión centenaria dice: «Ve al partido, idiota. Ve con tus amigos. Disfruta de la fiesta. Come grandes cantidades de carne.

Luego siéntate en un estadio gélido con tu mejor amigo y observa lo que podría ser un partido histórico desarrollarse ante tus ojos, porque algún día no podrás subir las escaleras del estadio. Algún día serás demasiado viejo para ir a ver los partidos. O algún día te quedarás sin amigos dispuestos a ir contigo».

Así que cuando me piden que vaya, voy, independientemente de lo cansado que pueda estar a la mañana siguiente, porque nunca la recordaré. La mañana siguiente se convertirá en una nota a pie de página olvidada en la historia de mi vida. Pero ¿esa noche con mis amigos y los demás aficionados viendo a un equipo que amo? ¿Quizá presenciando cómo mi equipo hace historia? Eso lo recordaré durante mucho, mucho tiempo.

Así que digo que sí. Siempre. Tenemos que jugar a largo plazo. Nuestros yos futuros comprenden el valor del tiempo mejor que ninguno de nosotros. Esa versión que contempla el paisaje de nuestras vidas mientras tiene la nada tan cerca sabe perfectamente lo importante que es el tiempo.

Decimos que valoramos el tiempo, pero luego nos damos un atracón de Netflix. Decimos que valoramos el tiempo, pero luego nos quedamos en la cola de un Starbucks durante veinticinco minutos para tomar un café. Decimos que valoramos el tiempo, pero luego jugamos a un videojuego en el teléfono durante horas y horas. Decimos que valoramos el tiempo, pero luego nos prometemos que ya nos pondremos a trabajar en ese sueño que tanto nos importa algún día. Decimos que valoramos el tiempo, pero desperdiciamos los minutos como si no valieran nada.

Cuando nos enfrentamos a los últimos segundos de nuestra vida, los minutos se vuelven valiosos. La clave está en comprender su valor hoy, cuando todavía estamos a tiempo de hacer que esos minutos importen.

La verdad es esta: no creo que pueda levantarme nunca de aquel suelo de baldosas grasientas. Vuelvo a él todos los días, más a menudo de lo que te imaginas. Quizá no sea algo malo. Aquella noche terrible y violenta en ese McDonald's de

Brockton me ha traído hasta aquí hoy, con todas las cosas buenas de mi vida.

Mi esperanza es que no necesites que te tiren a un suelo de baldosas grasientas y te pongan una pistola en la nuca para aprender esta lección. Lo único que tienes que hacer es dejar de vivir para mañana, la semana o el mes o incluso el año que viene, porque una vida sin remordimientos es una vida feliz.

Te prometo que no hay ninguna persona en el mundo que yazca en su lecho de muerte deseando haber visto un poco más de televisión o haber jugado un poco más a videojuegos o haber esperado un poco más para hacer realidad sus sueños. Pero eso es a menudo lo que hacemos cuando decidimos cómo vamos a emplear nuestro tiempo: intercambiamos el placer momentáneo por nuestra felicidad a largo plazo. Steve Jobs dijo una vez: «Recordar que pronto moriré es la herramienta más importante que he encontrado para ayudarme a tomar las grandes decisiones de mi vida».[1]

Mi esperanza es que la gente pueda aprender esta lección mucho antes de enfrentarse a su inminente fallecimiento. Así que haz que cada decisión cuente mirando hacia adelante, a la versión centenaria de ti mismo, y pídele que te aporte algo de sabiduría y perspectiva. Deja de tomar decisiones para tu versión actual, y pregunta a tu yo futuro qué quiere de ti.

Escucha a tu narrador más fiable.

Si lo haces, te prometo que serás una persona más feliz. Serás una persona con más éxito. Serás el tipo de persona que siempre has querido ser.

2   86 400 segundos

«La vida no se pierde al morir; la vida se pierde minuto a minuto, día tras día, de mil pequeñas formas insignificantes».
STEPHEN VINCENT BENÉT

Estoy sentado en un McDonald's hablando con una mujer que quiere ser novelista. Me pidió unos minutos de mi tiempo para que la orientara un poco, y acepté. Me había propuesto que nos viéramos en una cafetería local, pero no bebo café. Ni siquiera lo he probado. Así que le dije que nos encontraríamos en el McDonald's de la autopista de peaje. Pareció un poco confundida ante mi elección, pero aceptó.

Estamos sentados en unos taburetes al fondo del restaurante. Me pregunta sobre agentes literarios y editores. Contratos de libros y ventas internacionales. Derechos cinematográficos y derechos de autor. La escucho atentamente y respondo a sus preguntas, esperando el momento oportuno para hacerle yo una. Una mucho más importante que cualquiera de las que me ha hecho hasta ahora.

Finalmente, veo mi oportunidad.

—Bueno —le digo—, y ¿cómo va el libro?

—Oh —dice, con cara de circunstancias—. Todavía no lo he empezado.

Temía esa respuesta. La he visto venir desde el principio de la conversación.

—¿De verdad? —digo, fingiendo sorpresa—. ¿Por qué no?

Me cuenta que el proceso de escritura le resulta complicado. Ha comprobado que solo puede escribir en bloques de dos o tres horas seguidas, y que necesita estar en el espacio adecuado para trabajar. Una cafetería tranquila o el banco de un parque. A media mañana. Capuchino listo. Quiere dedicar un año de su vida a escribirlo, pero quiere entender el mundo editorial antes de empezar.

Asiento y me muerdo la lengua.

—¿Cómo es tu proceso de escritura? —me pregunta.

Tengo muchas respuestas a esta pregunta. Me gustaría recordarle que, durante la Primera Guerra Mundial, soldados estadounidenses con máscaras antigás agazapados en cuclillas en trincheras empapadas por la lluvia garabateaban palabras en páginas mientras balas y bombas llenaban el cielo. «Tu necesidad de una cafetería, un capuchino perfectamente calentado a 67 grados y *jazz* de fondo es una broma».

Pero no le digo eso.

Me gustaría decirle que, en realidad, no quiere escribir. Quiere «haber escrito». Le gusta lo que imagina que es la vida de escritora (visitas a media mañana a la cafetería para verter unos cientos de palabras en una página antes de disfrutar de una comida y larga sobremesa con amigos), pero no está preparada para realizar el trabajo necesario que implica producir algo que merezca el tiempo y el dinero de la gente, ni el oficio le apasiona lo bastante como para dedicarse a él en esos momentos que no son tan ideales. «Los escritores no pueden evitar escribir», quiero decirle. «No esperan para escribir. Se sienten obligados a escribir».

Pero tampoco le digo eso. En cambio, le digo:

—Has llegado siete minutos tarde.

Abre la boca para disculparse, pero la detengo.

—No, no pasa nada. Es normal, nunca habías estado aquí. Eso no es lo que quiero decir.

—Entonces, ¿por qué lo mencionas? —pregunta.

—¿Cómo he pasado esos siete minutos? —contesto.

—No lo sé —dice ella—. ¿Cómo?

43

—He escrito nueve frases buenas. —Giro el portátil sobre la mesa hacia ella y señalo el nuevo párrafo que acabo de escribir—. También he revisado el párrafo anterior —añado, y señalo las palabras que están justo encima del nuevo párrafo—. Una novela media tiene entre cinco mil y diez mil frases. Cada frase que escribo me acerca más al final. Hoy me he acercado nueve frases.

Su rostro se llena de comprensión. Entiende lo que digo. Sin embargo, la obstinación reemplaza rápidamente a la comprensión.

—Es posible que eso funcione si estás en mitad de un libro —dice—. Pero yo ni siquiera lo he empezado.

—¿Acaso crees que empecé esta novela un soleado miércoles por la mañana en una cafetería? —le pregunto—. Porque te garantizo que no fue así.

Le explico que mi mejor momento del día para escribir también es a media mañana, y que a mí también me gusta trabajar en bloques de dos o tres horas seguidas. También tengo mis lugares favoritos para escribir. No una cafetería, ya que no bebo café y no soporto el murmullo de las conversaciones de fondo, pero, desde luego, tengo lugares preferidos para trabajar, incluida la alegre cacofonía de un concurrido restaurante de comida rápida. Por desgracia, a menudo estoy dando clase de quinto curso durante mi hora ideal, así que empecé esta novela, y todas las anteriores, cuando y donde pude. En cuanto dispuse de un minuto para escribir.

Le cuento cómo empecé mi segunda novela, *Unexpectedly, Milo*, un domingo por la mañana hace años. Estaba sentado en la mesa del comedor, escribiendo el último capítulo de mi primer libro, *Something Missing*. Escribí la última frase del último capítulo, suspiré y llamé a mi mujer por teléfono para darle la buena noticia.

—Lo he terminado —le dije—. He escrito un libro, de verdad.

Me felicitó. Me dijo que llegaría a casa en un par de horas.

—Lo celebraremos con un almuerzo y helado.

No me lo podía creer. Había terminado mi novela. Alcé el puño de pura alegría. Puse a todo volumen «No Surrender» de Springsteen. Bailé por todo mi apartamento en camiseta y calzoncillos.

Mi plan era tomarme un par de meses de descanso antes de empezar el siguiente. Recargar las pilas. Dar un descanso a mis neuronas. Averiguar cómo publicar el libro. Me senté en aquella silla de comedor, mirando fijamente la última página de mi primer libro, observando cómo el cursor parpadeaba tras el punto final.

Aún no me lo podía creer. Había escrito un libro. Además, me parecía bueno. Miré el reloj. Todavía faltaba más de una hora para que Elysha llegara a casa.

—¡Qué demonios! —exclamé en voz alta.

Moví el ratón a la parte superior izquierda de la pantalla e hice clic en «Archivo» y luego en «Nuevo documento». En la parte superior de la página escribí «Capítulo 1» y empecé.

Ese fue el principio de mi siguiente novela.

He escrito once libros y publicado nueve en los últimos doce años porque no espero al momento adecuado para escribir. No pierdo el tiempo en preciosismos, pretenciosidades y perfeccionismos.

Sí, es cierto que en verano, cuando no doy clases, tengo mucho más tiempo para dedicarme a escribir, pero no espero a julio y agosto para ponerme a trabajar. Escribo durante todo el año. Escribo a primera hora de la mañana, antes de que mis hijos bajen dando tumbos por las escaleras. Escribo a la hora de comer si no tengo trabajos que corregir o clases que planificar.

De hecho, estoy escribiendo esta misma frase un viernes durante mi pausa para comer. Escribo mientras espero a que hierva el agua para los espaguetis. Escribo mientras el mecánico me cambia el aceite en el taller. Escribo en los primeros minutos de una reunión que no ha empezado puntual.

¿Son momentos ideales para escribir? Por supuesto que no. Pero a menos que tengas la bendición de contar con un mecenas dispuesto a apoyar todos tus deseos terrenales, tienes que sacar tiempo de alguna parte para escribir. Incluso si tuviera un mecenas, lo más probable es que siguiera escribiendo en estas grietas de mi vida. Estoy lleno de historias y del deseo de compartir tantas como sea posible con el mundo. ¿Por qué restringir mi flujo creativo a las mañanas? Los minutos importan. Cada uno de ellos cuenta.

El problema es que muchos de nosotros subestimamos el valor de los minutos y sobreestimamos el valor de una hora, un día o un fin de semana. Desperdiciamos nuestros minutos como si fueran inútiles, dando por sentado que la creatividad solo puede darse en intervalos de una hora o un día o más. Qué tontería más grande.

El único bien que todos compartimos por igual es el tiempo: 1440 minutos —86 400 segundos— al día.

Quiero que dejes de pensar en la duración de un día en términos de horas y empieces a pensar en minutos. Los minutos importan.

Las personas que hacen cosas —empresarios, artistas, escritores, músicos, cómicos, escultores, ebanistas, alfareros, tejedores, jardineros, diseñadores de videojuegos, creadores de YouTube, *podcasters*— deben utilizar estos minutos de una forma más eficaz porque, a menos que tengas un mecenas o un fondo fiduciario, probablemente tendrás que sacar tiempo para dedicarte a tus pasiones creativas mientras lidias con las muchas otras exigencias de la vida. Será así, al menos al principio.

La mayoría de las personas creativas mantienen otro trabajo (o dos o tres) mientras esperan a que sus pasiones den fruto. La tragedia es que las personas creativas (y quienes sueñan con serlo) suelen utilizar su tiempo con menos eficacia que la mayoría, y la mayor parte de las veces se pasan la vida esperando el momento oportuno en lugar de aprovechar el tiempo.

El truco está en utilizar tu tiempo con eficacia. En valorar cada minuto del día por igual, independientemente de cuántos otros estén unidos a él. Una vez hayas elegido valorar cada minuto por sí mismo, puedes empezar a crear sistemas para aprovechar esos preciosos momentos.

La vida de cada uno es diferente, por lo que el sistema particular de cada persona también lo será. Tus áreas de oportunidad y tus sistemas pueden ser muy distintos de los míos, pero permíteme que te explique algunas reglas que he creado para aprovechar al máximo mi tiempo.

Puede que algunas las puedas aplicar tú también. Otras puede que no. En cualquier caso, todas deberían darte una idea clara de cómo priorizar mejor tu tiempo.

Regla n.º 1: Incluye el elemento del tiempo como factor primordial en toda toma de decisiones

Mi amigo Steve me llama para preguntarme si he probado alguna *pizza* de una de las pizzerías mundialmente famosas de New Haven. Está pensando en conducir una hora hacia el sur para probarla.

—¿Me la recomiendas?

Le digo que Frank Pepe, en New Haven (Connecticut), sirve una *pizza* de diez. Una de las mejores *pizzas* que he comido.

—¿Merece la pena el viaje? —pregunta.

—Es *pizza* —le digo—. Incluso una *pizza* mala sigue siendo de notable, pero seguro que hay una *pizza* de ocho o nueve a menos de diez minutos de tu casa.

Así que le planteo esta pregunta: ¿qué prefieres?

- Una *pizza* de diez...
- ...o una *pizza* de nueve, más cien minutos para hacer lo que te plazca.

Hace un pedido a Joey Garlic's, que está en su misma calle. Steve comprende el valor del tiempo.

Mi mujer tiene una concepción diferente de la comida. Está más que dispuesta a conducir una hora o más para probar una heladería nueva en la otra punta del estado, aunque con el helado pasa lo mismo que con la *pizza*. Incluso un helado malo sigue siendo un buen helado.

Así que podemos elegir entre:

- Helado excelente a solo cinco minutos de casa.
- Helado misterioso a sesenta minutos de casa.

En el caso de mi mujer, a menudo conducimos los 120 minutos de ida y vuelta para tomar un helado, pero lo entiendo. Elysha pasó su infancia conduciendo hasta la segunda casa de su familia en los Berkshires todos los viernes por la noche. Esos viajes de noventa minutos se convirtieron en un elemento básico de su infancia, con paradas para cenar, mucha música y discusiones memorables familiares.

Para Elysha, los viajes largos en coche representan un tiempo en familia que atesora, así que quiere recrear esas experiencias de la infancia con nuestros hijos. Escuchamos listas de reproducción de Spotify pobladas de canciones elegidas por cada miembro de la familia. Hablamos de la vida, cantamos en voz alta y nos detenemos en lugares interesantes.

Para Elysha, una o dos horas en el coche son tiempo de calidad en familia. Son tan importantes como el helado en sí. Quizá incluso más. Pero tomamos una elección consciente, tenemos en cuenta el tiempo y decidimos que está bien empleado. Para Steve, padre de tres niños precoces menores de cinco años, el tiempo en familia consiste en pescar, jugar al fútbol en el patio y romper cosas. Llevar a tres niños pequeños de peregrinación a New Haven para comer una *pizza* ligeramente mejor no tiene sentido. Para Steve, es mejor pasar el tiempo en el patio o junto al estanque.

En todas las decisiones, debemos considerar el tiempo como un factor primordial. Eso no significa que debamos tomar decisiones basadas únicamente en la eficacia, pero con demasiada frecuencia ignoramos el factor tiempo cuando las tomamos.

Regla n.º 2: Minimiza el tiempo que se tarda en llegar a los sitios

Piensa en tu trayecto para ir al trabajo. Durante los últimos veintitrés años, he trabajado a menos de diez minutos de la escuela donde enseño, y durante los últimos doce años, he vivido a menos de cinco minutos de la escuela. Esto no ha sido por casualidad. Al elegir un lugar para vivir, Elysha y yo optamos por apartamentos y, finalmente, por una casa que estaban a poca distancia de la escuela, y el tiempo de desplazamiento al trabajo fue un factor primordial en nuestra toma de decisiones. ¿Por qué?

Porque el tiempo importa.

Tengo colegas y amigos que conducen treinta, cuarenta y sesenta minutos de ida para llegar a nuestra escuela todos los días. Imagina la ventaja que tengo sobre esas personas en cuanto a cumplir objetivos, pasar tiempo de calidad con la familia y hacer realidad mis sueños.

Si tu trayecto al trabajo es de treinta minutos y el mío es de cinco, dispongo de cincuenta minutos más al día en comparación contigo que no paso sentado en un coche u otro medio de transporte. Casi una hora al día para hacer cosas mientras tú no haces nada.

Eso son doscientos cincuenta minutos a la semana.

Doce mil quinientos minutos al año. Casi nueve días más.

Si tu trayecto al trabajo es de una hora, tengo diecinueve días más al año que no paso en el coche.

Casi tres semanas.

Esta matemática funcionaría, por supuesto, si trabajara 250 días al año, que es lo que hacen la mayoría de los estadounidenses. Como profesor, solo trabajo 182 días al año (sin contar mis muchos otros trabajos), lo que hace que las matemáticas estén más a mi favor. Pero llegaré a eso en un momento.

Mi jornada escolar termina a las 15.20. Mi último alumno sale de clase a las 15.25. Ahora que nuestras reuniones mensuales extraescolares de profesorado se han vuelto virtuales, a menudo salgo del edificio a las 15.25 y estoy en casa conectándome a nuestra reunión a las 15.30.

¿Por qué?

Cuando estoy en mi despacho en casa, puedo ver a mis hijos jugar en el patio, abrir el correo y acariciar a mis gatos. ¿Quieres saber qué hace que una reunión sobre protocolos de pruebas sea un poco menos aburrida? Pues añadirle niños y gatos. De nuevo, esto no ocurrió de casualidad. Hace doce años, cuando mi mujer y yo buscábamos casa, elegimos esta cerca de nuestro lugar de trabajo y renunciamos a casas posiblemente mejores que estaban más lejos.

¿Por qué? Porque el tiempo es más importante que el aire acondicionado. El tiempo que paso jugando con mis hijos es más valioso que una habitación de invitados. La posibilidad de ir en coche a comer con mi mujer cuando ella estaba en casa cuidando a nuestros hijos pequeños era mucho más importante para mí que tener más armarios.

Hay gente en este mundo —quizá tú— que opta por los desplazamientos más largos y los armarios extra. Hay gente que opta por pasar horas en el tráfico a cambio de aire acondicionado. Su yo de cien años les daría un puñetazo en la cara por esta decisión.

También he conocido a gente que me dice que disfruta del camino. Dicen que les da la oportunidad de desconectar del trabajo. De relajarse. De procesar el día. Señalo a estos locos delirantes que podrían conseguir lo mismo dando un relajante paseo alrededor de la manzana. O con media hora en el gimnasio o en un estudio de yoga. Tal vez leyendo un libro en el porche. O durmiendo la siesta bajo un árbol.

No necesitamos un desplazamiento para encontrar una forma de desconectar y relajarnos. Hay formas mucho mejores. Además, si el teletransporte estuviera disponible hoy en día, ¿seguirían eligiendo pasar cuarenta y cinco minutos en el tráfico, descomprimiéndose, en lugar de viajar instantáneamente a su patio o porche o bañera?

Por supuesto que no. Además, si mi trayecto al trabajo fuera de algún modo necesario para mi salud mental, podría simplemente dar unas cuantas vueltas a la manzana con el coche. O dar un largo rodeo y buscar un trayecto escénico hasta casa. Incluso entrar en la autopista si realmente lo necesitara. Crear mi propio viaje al trabajo.

¿Significa esto que deberías trabajar a cinco minutos de tu casa? Si es posible, sí, por supuesto. Pero tal vez no sea posible para ti. Lo que te pido es que tengas en cuenta el factor del tiempo a la hora de elegir tu situación vital. Haz que sea al menos tan importante como el tamaño del comedor, los metros cuadrados de la casa y la cantidad de baños.

Si eres inteligente, lo considerarás incluso más importante que esas cosas.

Regla n.º 3: Ten en cuenta todas las cosas que no tuviste en cuenta al elegir (o cambiar) de profesión

Del mismo modo, ten en cuenta el tiempo a la hora de elegir tu ocupación. Hace unos diez años, me planteé dejar de ser profesor para hacerme abogado. Si no hubiera optado por la docencia o la escritura, la abogacía era la siguiente en mi lista de ambiciones vitales. Me presenté al examen de admisión de la facultad de Derecho —sin saber siquiera que estudiar para el examen era una opción— y estuve entre el seis por ciento de mejores notas.

Odio presumir (y Elysha odia de verdad cuando alardeo), pero lo cierto es que me salí en el examen de admisión. También fui campeón universitario de debate de Connecticut durante dos años seguidos, así que la lógica, el razonamiento y la argumentación se me daban bien. Me gusta pensar que habría sido un abogado excelente si hubiera elegido dedicar mi vida al derecho.

O dedicarle mi próxima vida. Tras obtener una buena puntuación en el examen de admisión, mi siguiente paso fue hablar con abogados y sus cónyuges sobre cómo era su día a día. Muchas de mis preguntas se centraron en el tiempo. En concreto:

- ¿A qué hora llegas a la oficina?
- ¿Cuándo sueles irte?
- ¿Con qué frecuencia te llevas trabajo a casa?
- ¿Trabajas los fines de semana?
- ¿Qué tipo de vacaciones te tomas?
- ¿Cuánta flexibilidad tienes con tu horario diario, semanal y anual?

Preguntar a los cónyuges siempre que sea posible es importante. No edulcoran la realidad.

Rápidamente me di cuenta de que, si renunciaba a mi carrera docente, ganaría un sueldo mucho mayor, pero pagaría un coste enorme en términos de tiempo.

Como profesor, trabajo 182 días al año. Tengo vacaciones en febrero y abril, desde mediados de junio hasta finales de agosto, y en noviembre y diciembre. Mientras que la mayoría de los trabajadores a tiempo completo pasan unos 250 días en la oficina, yo trabajo menos de tres cuartas partes de ese horario. Llego al trabajo sobre las 7.45 cada día y salgo antes de las 16.00 la mayoría. Rara vez trabajo desde casa y nunca los fines de semana.

Es cierto que llevo veintitrés años de carrera cuando escribo estas palabras, así que he conseguido optimizar bastante mi trabajo. También hace veintitrés años que estoy en el mismo centro, y trece en el mismo curso.

Incluso he ocupado la misma aula durante más de dos décadas, gracias a la instalación de un escenario, cortinas, iluminación y un sistema de sonido, todo ello financiado mediante subvenciones. Mi nuevo director entró en mi aula en su primer día, miró a su alrededor y dijo:

—Así que supongo que nunca te mudas, ¿no?

Exacto. Juego a largo plazo.

Al principio de mi carrera, es cierto que el trabajo requería más horas de trabajo fuera de la jornada escolar tradicional, pero la mayoría de profesores —dependiendo de su departamento y disposición— llegan a un punto en que la experiencia y las rutinas mitigan las largas horas de trabajo en casa.

Así que hacerme abogado no solo añadiría setenta días de trabajo al año, sino que casi con toda seguridad añadiría al menos dos horas a cada jornada laboral. Casi mil horas más de trabajo al año.

Durante mi debate interno sobre si seguir siendo profesor o matricularme en Derecho, mi entonces director, Plato Karafelis, me dijo algo importante:

—La enseñanza —dijo— es un estilo de vida.

No ganas tanto dinero como en otras profesiones con credenciales similares. No cobras pluses ni recibes aumentos importantes. Pero trabajas menos, te vas de vacaciones con tus hijos y pasas los veranos recargándote de energía, todo ello mientras cambias a mejor la vida de tus alumnos y sus familias.

Añade días de baja por enfermedad, días personales, una enorme libertad profesional y una pensión, y no está nada mal.

Convertirme en abogado habría aumentado sustancialmente mi salario, y no me cabe duda de que habría sido algo que me habría gustado mucho. Pero convertirme en abogado probablemente habría limitado mis otras oportunidades. Menos tiempo para escribir libros, lanzar empresas, actuar sobre el escenario, ofrecer consultorías a ejecutivos, producir musicales, oficiar bodas y mucho más.

Menos tiempo para pasar con mi mujer y mis hijos después del colegio, en los días de nieve, durante las largas vacaciones y en verano.

¿Estoy sugiriendo que evites seguir una carrera jurídica? ¡Por supuesto que no! Un abogado me ayudó a no ir a la cárcel en 1993, cuando me detuvieron y juzgaron por un delito que no había cometido. El mundo necesita abogados.

Lo único que te pido es que tengas en cuenta el tiempo a la hora de elegir una carrera. Conoce bien lo que exige una carrera en términos de horas al día y días al año antes de comprometerte con ella.

Piensa detenidamente en el tipo de vida que quieres vivir. No elijas una profesión. Elige un estilo de vida. Si eres alguien que quiere hacer cosas —arte, música, pan artesanal, cerámica, teatro comunitario, haikus o muros de piedra—, piensa detenidamente en el compromiso de tiempo que puede exigir tu futura carrera. Si eres alguien que espera cultivar algún día un huerto de melocotones, poner en marcha un negocio de peluquería de mascotas, escribir la historia definitiva de Fire Island, restaurar motocicletas Harley-Davidson, diseñar mochilas con cohetes asequibles, abrir un dojo de kárate o tallar tótems, considera cuidadosamente tus opciones profesionales.

El tiempo y la flexibilidad son esenciales para quienes quieren hacer cosas.

Hace unos años, me planteé dar el salto de la educación primaria a la enseñanza del inglés en secundaria. Después de pasar los veranos enseñando a escribir y a contar historias a estudiantes de secundaria y universitarios en campamentos de verano y programas universitarios, me pregunté si esta podría ser mi próxima gran aventura. Con solo dos cursos podía obtener el título de profesor de enseñanza superior, así que me matriculé en unas clases nocturnas en una universidad local, pero también empecé a entrevistar a profesores de inglés de secundaria y a sus cónyuges sobre sus vidas dentro y fuera del aula.

Lo que descubrí fue aterrador: los profesores de inglés de secundaria pasan muchísimo tiempo —a menudo durante los fines de semana— leyendo y corrigiendo redacciones. En muchos casos, leyendo y corrigiendo redacciones mal escritas.

Me gustaba la idea de enseñar a alumnos mayores por la calidad y profundidad de las conversaciones, su nivel de compromiso y su capacidad y disposición para leer y discutir grandes obras literarias. No se me había ocurrido que también podría pasarme el día leyendo redacciones mal escritas de adolescentes angustiados e hiperbólicos que creen que entienden el mundo.

Uno de los cónyuges de una profesora de inglés de instituto lo expresó mejor que nadie: «Mi mujer trabaja seis días a la semana. Cinco de ellos los pasa en el aula con sus alumnos. El restante lo pasa en la mesa del comedor, diciéndonos que bajemos la voz».

Por eso sigo dando clases de primaria. Antes de dar el salto, calculé el coste en términos de tiempo. El resultado no me cuadró.

¿Significa esto que tú no deberías enseñar inglés en secundaria? Puede que sí. Suena bastante horrible. Pero el señor Compopiano, mi profesor de inglés del instituto, cambió mi vida. Patrick Sullivan y Jackie Leblanc, mis profesores de inglés de la universidad, también me cambiaron la vida. El poeta y educador Hugh Ogden, que falleció hace algunos años, sigue siendo un modelo a seguir mentalmente para mí a día de hoy.

Conozco a profesores de inglés que adoran su trabajo. No pueden imaginarse haciendo otra cosa. Si ese es tu caso, no lo dudes, conviértete en profesor de inglés de secundaria.

Pero primero calcula el precio. Ten en cuenta que tienes opciones.

He visto correr la misma suerte a directores de escuela. En el mundo de la educación, el único modo de ascender profesionalmente es distanciarse cada vez más de los niños. A medida que un profesor asciende a un puesto administrativo, su contacto con los alumnos se va evaporando. Simultáneamente, el número de horas de trabajo a la semana y su nivel de responsabilidad aumentan exponencialmente.

Es una fórmula terrible. Sí, su salario también aumenta, pero el dinero por hora que gana un director en comparación con un profesor es, en el fondo, escandalosamente poco. ¿Deberías evitar convertirte en director? Depende.

Si lo haces para ascender en la escala profesional, como he visto que hacen muchos, puede que sea una de las peores escaleras que te plantees subir. Pero si eres un líder visionario que quiere diseñar y dirigir una organización que influya positivamente en la vida de los niños, los profesores y la comunidad, y estás más que dispuesto a aceptar los sacrificios necesarios, hazlo.

Simplemente comprende el tiempo que requiere antes de tomar esa decisión. Comprende el coste en términos de pérdida de contacto con los alumnos, reuniones extraescolares, llamadas telefónicas a altas horas de la noche y largos días de verano pasados en una oficina sin alma, planificando y preparando un curso para profesores y alumnos que están sentados en la playa, relajándose y jugando.

Regla n.º 4: Maximiza la eficacia de la tarea

Hace años, mi mujer y yo estábamos viendo la película *El Fundador* (en Hispanoamérica se tituló *Hombre de poder*). Es la historia de Ray Kroc, el hombre que compró el primer restaurante McDonald's a Richard y Maurice McDonald y creó la marca mundial que conocemos hoy. Hay una escena en *El Fundador* en la que los hermanos McDonald diseñan una cocina que maximiza la productividad estableciendo rutinas para todos sus empleados basadas en la experimentación, el diseño y la práctica. Era una sinfonía de eficacia, repetición y cooperación.

En mitad de aquella escena, Elysha detuvo la película, se volvió hacia mí y me preguntó:

—¿Por esto eres como eres?

Nunca se me había ocurrido.

—Quizá —respondí.

Como ya he dicho, dirigí restaurantes McDonald's desde los dieciséis hasta los veintiocho años, y acabé pagándome los estudios universitarios mientras trabajaba en uno que estaba a un par de kilómetros. Aprendí ese mismo *ballet* establecido por los hermanos McDonald años antes e interioricé el valor de establecer rutinas, evitar pasos innecesarios y mantener la coherencia y la regularidad en el día a día.

En mis mejores tiempos, era la persona más rápida en la parrilla, producía más hamburguesas por minuto que nadie en el restaurante y competía contra empleados de otros restaurantes cara a cara en las olimpiadas organizadas por la empresa. Fui el más rápido en la parrilla de mi región durante dos años seguidos. Estoy sorprendentemente orgulloso de ese logro, aunque a nadie más le haya impresionado lo más mínimo.

También desarrollé sistemas en mi restaurante para el desayuno que me permitieron duplicar el número de Egg McMuffins que podía hacer en una hora. Así que sí, quizá aprendí sobre la maximización de tareas en McDonald's.

Elysha ve este proceso en acción todos los días. Por ejemplo, en mi casa vacío el lavavajillas aproximadamente el noventa por ciento de las veces. Teniendo en cuenta la frecuencia con que realizo esta tarea, hace años decidí determinar la forma más rápida de vaciar nuestro lavavajillas, dada su ubicación y la de los armarios, estanterías, ganchos y otras zonas de almacenamiento. El objetivo era reducir al mínimo el tiempo necesario para hacerlo.

En este caso concreto, los minutos ahorrados fueron tangibles al instante. Casi siempre vacío el lavavajillas por la mañana, justo antes de preparar el desayuno de mis hijos. Antes de esto, casi siempre estoy sentado en la mesa del comedor, trabajando en un libro, una entrada del blog, un musical, un cómic, una carta o algo similarmente creativo. No dejo de trabajar hasta que llega la hora de vaciar el lavavajillas, dar de comer a los niños y marcharme a trabajar.

Si pudiera acortar el tiempo necesario para vaciar ese lavavajillas, podría seguir escribiendo durante esos minutos. Así que, como los hermanos McDonald, experimenté. Vacié el cacharro de arriba abajo. Luego lo vacié de abajo arriba. Pasé vasos y tazas directamente al armario, y los pasé primero a la encimera antes de colocarlos todos en el armario. Experimenté con el orden de los platos, cuencos, utensilios de cocina y demás.

Cada vez que probaba algo nuevo, me cronometraba, en busca de la forma más eficaz de vaciar la máquina y almacenar su contenido.

Ya lo sé. Parece una locura. Pero vacío el lavavajillas unas cinco veces por semana. Eso son 260 veces al año y 3 120 veces en los doce años que llevamos viviendo en nuestra casa. Si pudiera recortar aunque solo fuera un minuto, ahorraría más de cuatro horas al año. Dos días completos en doce años.

Al final encontré una forma que es unos dos minutos más rápida que mi método original, lo que me ahorra casi nueve horas al año. Casi cinco días completos desde que nos mudamos a nuestra casa. Son días que he pasado trabajando en la mesa del comedor en lugar de preocupándome por los cubiertos.

He trabajado para maximizar otras tareas que realizo con frecuencia, como doblar la ropa, guardar la compra, preparar el desayuno, hacer la cena, fregar, barrer y más. He invertido tiempo por adelantado para determinar la forma más rápida de realizar cada una de estas tareas, ahorrándome así unos minutos preciosos que se acumulan rápidamente.

Lo sé. Todo esto me hace parecer un loco. Elysha me quiere, pero a ella también le parece que todo esto es excesivo. Pero la versión centenaria de mí —que habrá pasado menos horas de su vida ocupado en tareas mundanas para poder dedicar más tiempo a hacer cosas, jugar con sus hijos, hacer ejercicio, jugar al golf y leer— no pensará que fue una locura en absoluto. Estará muy contento de que yo fuera el lunático que utilizaba un cronómetro para maximizar los procedimientos de vaciado del lavavajillas. Agradecerá que haya reducido el número de pasos necesarios para preparar el desayuno de mi familia.

Y siempre se puede mejorar.

Hoy he llevado a mis hijos a la playa por primera vez este año. Nuestra familia pertenece a un club situado en un lago, llamado Winding Trails, y pasamos muchos días de verano en esa playa. Nadamos, navegamos, leemos, hacemos senderismo y mucho más. Es nuestro lugar feliz.

También paso mucho tiempo jugando con mis hijos en el agua. Hoy me han empujado al interior, suplicándome que me diera prisa, pero yo iba metiéndome despacio, tímidamente. Diez minutos después, estaba metido en el agua hasta la cintura y me armaba de valor para dar el salto final cuando se me ocurrió que acababa de perder diez minutos preciosos que podría haber dedicado a jugar con ellos.

Si al final iba a tirarme al agua de todos modos, ¿por qué no hacerlo enseguida? ¿Por qué perder diez minutos de juego con mis hijos mientras me acostumbro a la temperatura del agua?

«Nunca más», me dije. «A partir de ahora, me lanzaré al agua con el mismo abandono temerario que ellos». Parece que ellos sí entienden el valor del tiempo cuando se trata de nadar.

Regla n.º 5: Abandona y reasigna tareas

Una de las mejores formas de ser más productivo es dejar de hacer otras cosas.

Es sencillo, ¿verdad? Cuanto menos tiempo dediques a una tarea cotidiana, más tiempo tendrás para pintar tu mural, inventar una versión más asequible que los helados de marca o escribir la próxima gran novela.

Así que, siempre que puedo, dejo de hacer cosas que ocupan innecesariamente mi tiempo. Me desprendo de responsabilidades y expectativas siempre que es posible. Sustituyo tareas sin sentido por esfuerzos en labores significativas.

Tú también deberías hacerlo. He dividido la estrategia de reasignación de tareas en tres categorías: *pagar por jugar, delegar* y *dividir y vencer*.

Pagar por jugar

Hace dos años se me estropeó el cortacésped. Llevaba más de un año funcionando mal, así que le dije a mi mujer que iba a comprar uno nuevo.

—¿Por qué no contratamos a una empresa de jardinería? —propuso.

Pero yo no iba a contratar a nadie para que me cuidara el césped. Soy perfectamente capaz de cortarlo yo mismo. De cubrir con mantillo mis parterres. De podar mis arbustos o rastrillar las hojas. Contratar a una empresa de jardinería es ser como esos golfistas que solo juegan si pueden ir subidos en un carrito.

Triste, débil y patético.

Mientras escribo estas palabras, un hombre está limpiando el interior de mi coche. Aspirando y lavando con jabón y todas las demás cosas que hace un limpiador profesional. Ayer iba a ir al túnel de lavado y ocuparme yo mismo, pero Elysha sugirió que contratara a alguien para que yo pudiera pasar el tiempo escribiendo este libro o montando en bicicleta o viendo un episodio de *Los Simpson* con Charlie.

Por un momento, me opuse, pensé que lavar y aspirar el coche no era gran cosa, y no lo es. Pero hacer un buen trabajo, además del trayecto de ida y vuelta al túnel de lavado, probablemente me costaría una hora.

Una hora es mucho tiempo. Puedo recorrer una docena de kilómetros en bicicleta en una hora. Escuchar a mi hijo reírse a carcajadas mientras vemos un par de episodios de *Los Simpson*. Quizá escribir unas mil palabras, dependiendo de cómo fluya el texto.

Así que acepté.

—De acuerdo —dije—. Por favor, contrata a alguien para que me limpie el coche.

En menos de cinco minutos, Elysha había encontrado a alguien, que es quien está afuera con el coche ahora mismo. Ayer, en lugar de limpiarlo, di un largo paseo en bici. Por el camino, observé a una madre ciervo que guiaba a dos cervatillos por un campo adyacente a un instituto. Vi a un amigo en Main Street a quien no veía desde antes de la pandemia. Hice ejercicio. Pasé tiempo al aire libre. Exploré un barrio en el que nunca había estado.

Un tiempo muy bien empleado. Mientras alguien está limpiando mi coche hoy, escribo estas palabras. Me acerco más a terminar este libro. Me acerco a ponerlo en tus manos.

Dinero bien gastado.

También accedí por fin a contratar a esa empresa de jardinería. Llevo más de dos años sin cortar una brizna de hierba ni echar una palada de mantillo. No solo he recuperado unas horas preciosas de mi vida, sino que mi jardín nunca había tenido tan buen aspecto. No siempre estuve en condiciones de contratar a un paisajista, pero ahora que puedo permitírmelo, ¿por qué no iba a hacerlo?

El dinero se recupera. El tiempo no.

Delegar

La reasignación de tareas no tiene por qué significar siempre contratar a personas para que realicen tus tareas más engorrosas y lentas. Gracias al tiempo que pasé dirigiendo restaurantes McDonald's, soy un experto en delegar. Mis alumnos, por ejemplo, son célebres por dirigir gran parte de mi clase. Si una tarea la puede realizar un alumno, se le asigna a alguien, que a menudo la hace mejor que yo. Esto no solo incluye algunas de las cosas más mundanas, como gestionar la biblioteca del aula, pasar lista diariamente y archivar documentos, sino que también se les invita a planificar e impartir lecciones, dirigir debates en clase, diseñar y montar tablones de anuncios y preparar tareas y evaluaciones. Los alumnos también crean habitualmente herramientas en línea para mí, como Kahoots (cuestionarios basados en juegos), listas de reproducción de Spotify y encuestas de Google.

Se les paga por su tiempo, por supuesto, mediante cupones que pueden utilizarse para sorteos semanales. Un estudiante se encarga de las nóminas. Otro, de auditarlas.

Los controles y contrapesos son importantes.

Hace unos años, me di cuenta de que incluso podía delegar la selección de estudiantes para estos trabajos, contratando a un solo estudiante para que la hiciera por mí. En lugar de entrevistar para todos los puestos de la clase (más de veinticinco en total), me limito a entrevistar para un puesto (Director de Recursos Humanos) y esa persona contrata a mis empleados y negocia los salarios.

Mi clase funciona como una máquina bien engrasada, lo que me deja tiempo para centrarme en tareas más importantes, como hablar con los niños, trabajar en grupos pequeños, hablar con los padres, diseñar las clases y dedicar las pausas para comer a trabajar en cosas como este libro.

No todo el mundo es bueno delegando. De hecho, muy pocos lo son. El deseo de que todo «salga como tiene que salir» impide muchas veces que la gente haga un trabajo importante. He visto a profesores dedicar horas a crear un tablón de anuncios, que es temporal, efímero y, en última instancia, carente de sentido. A menudo pasa desapercibido, a menos que contenga un error ortográfico.

Ningún tablón de anuncios ha cambiado nunca la vida de un niño ni ha afectado significativamente a su perfil de aprendizaje, pero el deseo (y a veces la naturaleza competitiva) de los profesores de tener aulas bien decoradas les obliga a centrarse en lo que uno de mis clientes corporativos ha acuñado como «tareas de diez céntimos». La realización de tareas sencillas y visibles que, en última instancia, no tienen un impacto real en el crecimiento, las ventas o la innovación de una empresa. O, en el caso de un aula, en el aprendizaje. Son el tipo de tareas que suelen realizar las personas a las que les gusta marcar casillas, evitar el pensamiento profundo, eludir las decisiones difíciles y desentenderse del trabajo complejo.

En última instancia, ¿qué sería más beneficioso desde el punto de vista educativo para los alumnos, un tablón de anuncios poco atractivo, diseñado y montado enteramente por ellos y que muestre su trabajo, o un tablón de anuncios bonito, de colores coordinados, con carteles y material de referencia relacionado con la unidad que se está enseñando?

Se sentirán orgullosos del primero. Tendrán que colaborar y cooperar con sus compañeros para realizar el trabajo. Serán dueños de su trabajo una vez esté terminado. Por el segundo tipo de tablón no sentirán nada. Puede que se fijen en el material de referencia durante un día, una hora o un minuto, pero luego pasará a formar parte del papel pintado del aula: irrelevante y sin importancia.

Dependiendo de tu situación concreta, delegar puede aumentar enormemente tu productividad. Delegar tareas en empleados, alumnos, tus propios hijos, un ayudante, un becario o incluso un amigo o vecino puede liberar tiempo para tu vida creativa.

Además de delegar mis tareas de clase en los alumnos, actualmente delego los siguientes trabajos:

- Mi amigo Andrew ha quedado a cargo de un viaje de golf en febrero a las Bermudas para celebrar el cumpleaños de Plato y (lo que es más importante) que recientemente ha superado una operación a corazón abierto y el COVID-19. Andrew ha cogido las riendas de todos los detalles del viaje. Los demás confiamos en su criterio y nos limitamos a enviarle dinero cuando es necesario. Cuando Andrew nos pide que revisemos un itinerario o una descripción de un alojamiento, le echo un vistazo superficial y respondo: «¡Parece estupendo!». Es su trabajo. Ha viajado muchas veces. Confío en que lo hará de maravilla.
- Mi amigo Tony planifica y cocina todas las comidas de nuestros partidos de los Patriots. Yo no intervengo en el

menú, acepto cualquier cosa que me ofrezca y pago gustosamente mi parte del coste de la comida. Cuando Tony nos envía un correo electrónico a los asistentes para la próxima quedada y pregunta por una opción de menú, yo simplemente respondo: «Lo que tú creas que es mejor». Confío en que Tony me alimente bien.

- Un equipo formado por un marido y su mujer se ha hecho cargo de las tareas editoriales de las entradas diarias de mi blog, y me envían erratas, problemas gramaticales y estúpidos errores fácticos. Lo hacen de forma voluntaria, cada uno corrige por su cuenta, y no podría estar más satisfecho. Entre los dos, confío en que encuentren todos mis errores y los corrijan por mí.

Dejando de lado los detalles y las decisiones, y al permitir que otra persona se encargue, se ahorra mucho tiempo y se preserva mucho ancho de banda mental.

Las razones por las que la gente no puede o no quiere delegar son variadas y lamentables, pero creo que se reducen a las siguientes:

- Poseen una creencia inquebrantable en que hay una sola forma correcta de hacer las cosas.
- No pueden aceptar que se cumpla menos del cien por cien de sus expectativas.
- Carecen de fe en la capacidad de los demás.
- No comprenden la importancia y la necesidad de autonomía a la hora de delegar responsabilidades.
- No reconocen el valor de una inversión inicial de tiempo en formación en aras de la productividad futura.
- No planifican con antelación.
- No mantienen una lista de tareas pendientes (mental o física).
- No pueden pensar de forma abierta.
- Son poco eficaces como profesores.

- Valoran más el proceso que los resultados.
- Ven la reducción de su carga de trabajo como una amenaza para su ego o su autoestima.
- Temen el fracaso.
- Están demasiado apegados a los hábitos o a la rutina.
- No hacen un seguimiento efectivo e inspirador a las personas en las que han delegado responsabilidades.

Cuando eres capaz de delegar tareas y desprenderte de la necesidad de que las cosas se hagan y resulten «justo como quieres», te encuentras con más tiempo para aquello que es importante en tu vida.

Lo que realmente importa.

Divide y vencerás

La reasignación del trabajo también entra en juego en nuestra casa. Por regla general, Elysha y yo dividimos y vencemos cuando se trata de tareas domésticas y otras responsabilidades. Esto significa que no solo asumimos la responsabilidad de cada quehacer, sino que, lo que es más importante, no nos cargamos mutuamente con ningún aspecto de esas responsabilidades concretas.

Hacemos el trabajo, no decimos nada y seguimos adelante.

Esto significa que yo administro el dinero en nuestro hogar, porque es lo que Elysha me ha pedido. Odia ocuparse del dinero, así que me alegra poder quitarle esa tarea de encima, aunque si me pidiera asumir la responsabilidad de nuestras finanzas, estaría más que encantado de pasársela.

Como es mi trabajo, pago las facturas, decido la estrategia de inversión, asigno el dinero a los fondos universitarios y a las cuentas de jubilación, y preparo los impuestos cada año. Aparte de firmar algún que otro formulario, Elysha no sabe nada de este proceso. Si le preguntara cuánto dinero hay en alguna de nuestras cuentas en este momento (o cuánto tenemos en total), no tendría ni idea. No solo asumo la responsabilidad de este trabajo, sino que no le robo ni un ápice de su ancho de banda hablando de dinero. Si tenemos que tomar una decisión importante sobre nuestras finanzas o resolver un problema grave relacionado con el dinero, le consulto, pero, por lo demás, me encargo yo.

Elysha se ocupa del mantenimiento y el diseño de nuestra casa. Contrata y habla con el manitas, el electricista, el jardinero, el limpiador, el exterminador y el pintor. Elige los colores de las paredes, compra los muebles, decide el tratamiento de las ventanas y la iluminación, y toma todas las decisiones estéticas. Quizá me pida que me siente en una silla para asegurarse de que me parece cómoda, pero cuando se trata de negociar con el arboricultor la tala de un árbol o de determinar la orientación del salón, ella se encarga de todo.

Toma las decisiones y sigue adelante.

Yo me encargo de todo lo relacionado con los campamentos y los deportes. Recibo los diecinueve correos electrónicos que envían cada día los entrenadores de las Ligas Menores, que piensan que el mundo gira en torno al béisbol. Programo los campamentos de verano y las clases de fútbol, golf y natación. Compro todo el equipo necesario y me aseguro de que todos los formularios médicos requeridos estén completos.

Elysha gestiona todas las visitas de los niños al médico y al dentista. Programa las revisiones médicas, se pelea con la compañía de seguros cuando es necesario y se asegura de que mis hijos, con tan mala visión que parecen topos, siempre tengan gafas adaptadas a su vista en constante deterioro.

Yo lavo, seco y doblo la mayor parte de la colada. Ella compra la ropa para los niños y se encarga de descartar las prendas que les han quedado pequeñas o están demasiado raídas para seguir en uso.

Yo conduzco el coche. Ella controla la música. Yo barro el suelo y vacío el lavavajillas. Ella cocina la mayoría de las comidas. Yo me ocupo de la basura y el reciclaje. Ella cambia la arena del gato.

Nuestra norma sobre hacer la cama es «el último en la cama hace la cama». Llevo más de una década sin hacerla.

No solo dividimos y conquistamos, sino que lo hacemos de acuerdo con nuestros puntos fuertes y preferencias. Elysha nunca ha gestionado bien el dinero, ni quiere hacerlo. Mientras yo leo sobre finanzas y economía y escucho *podcasts* financieros casi a diario, Elysha no podría decirte la diferencia entre una acción y un bono. No le interesa. Su método para pagar las facturas antes de conocerme era pagar las que estaban en la parte superior de la pila.

Del mismo modo, yo no tengo sentido de la estética ni me interesa el diseño. Nunca elegiría la forma sobre la función y, si estuviera al mando, nuestra casa acabaría pareciendo un búnker soviético. Elysha también es increíblemente eficaz a la hora de establecer relaciones positivas con las personas que trabajan en nuestra casa. Charla con el electricista. Ofrece a nuestro exterminador algo de beber y galletas. Habla con nuestro cartero como si fueran viejos amigos. Yo no deseo hacer ninguna de estas cosas, así que se encarga ella.

Me gustan los deportes. Los practicaba de niño, sigo practicando muchos de adulto y sé cómo desenvolverme en el mundo de las clases, el equipo y los horarios de los entrenamientos.

Elysha conoce a más médicos y dentistas que nadie. Puede conseguir una segunda, tercera y cuarta opinión en menos de una hora. Hace años, me empezó a salir una muela del juicio y me dolía tanto que se me saltaban las lágrimas. Una hora más tarde, me encontraba en la cocina de la casa de un dentista mientras él me recetaba unos analgésicos. El hombre estaba en pijama.

Sistemas como los que Elysha y yo hemos establecido me permiten tener tiempo para hacer lo que quiera. Aunque me ocupo de nuestras finanzas, también es un tema que me interesa. Me gusta hacerlo, y mis conocimientos sobre el mercado de valores, los líderes de cada sector industrial, las estrategias de mercado y demás me han sido enormemente útiles a la hora de asesorar a empresas. Es una tarea que tiene sentido que haga. Me gusta y me ha resultado muy beneficiosa.

Por el contrario, nunca pienso en las revisiones médicas de mis hijos ni en las citas con el dentista. No me preocupo de los cortes de pelo ni de si los pantalones le quedan pequeños a Charlie. Las paredes de casa se pintan sin que yo lo sepa. Un grifo nuevo aparece en el fregadero de la cocina como por arte de magia. Un trozo de césped seco se resiembra antes de que me dé cuenta de que hacía falta.

En un mundo perfecto, contrataría a alguien para que hiciera todas las tareas y yo me concentraría en escribir, actuar, asesorar, mi trabajo como cómico y mucho más.

Eso es imposible. Quizá algún día, cuando un mecenas adinerado decida financiar todas mis necesidades, pueda sentarme y permitir que otros seres humanos gestionen mi vida. Hasta entonces, lo que sí puedo hacer es asegurarme de que las tareas estén claramente delimitadas en función de las habilidades y preferencias de Elysha y mías. Entre los dos, podemos liberar al otro el ancho de banda necesario para gestionar las responsabilidades que nos corresponden.

Nos ocupamos de lo que nos toca para poder llegar a todo.

Regla n.º 6: Elige cómo emplear tu tiempo

Durante mi segundo año en el Manchester Community College, tuve que decidir si quería aceptar el cargo de presidente de la Sociedad de Honor de mi universidad. Ya asistía a seis asignaturas por semestre mientras trabajaba en un McDonald's a jornada completa. También estaba a tiempo parcial en el centro de escritura de la universidad, competía en el equipo de debate, escribía una columna para el periódico escolar y era tesorero del Senado Estudiantil. También había puesto en marcha mi empresa de DJ móvil y trabajaba en bodas y fiestas de aniversario casi todos los fines de semana.

Tenía el plato lleno. Ya no podía ni verlo.

Sin saber qué hacer, me pregunté qué consejo me daría mi padre. Mis amigos solían recurrir a sus padres en momentos de incertidumbre, pero yo no tenía esa opción. Mi madre padecía una enfermedad crónica y no conocí a mi padre, así que, en lugar de recurrir a mi verdadero padre, intenté imaginar qué me aconsejaría si aún estuviera en mi vida.

Intenté imaginar lo que le diría a mi propio hijo algún día. Las palabras vinieron a mi mente casi al instante: «La gente que hace grandes cosas no espera a tener tiempo. Crea el tiempo necesario».

Me gusta mucho. Es cierto que la cita es mía, pero no deja de ser bastante buena. Y mi padre imaginario tenía razón. Al menos en parte. Ninguno de nosotros puede crear tiempo literalmente, pero sí podemos proteger y preservar el que se nos ha dado tratándolo siempre como nuestro bien más preciado, y asegurarnos de tenerlo en cuenta en todas y cada una de las decisiones que tomamos.

Al final, asumí el cargo de presidente de la Sociedad de Honores Phi Theta Kappa. Era un gran trabajo con mucha responsabilidad. Enseguida delegué gran parte de esta a miembros de la sociedad que buscaban inflar sus currículos y echar una mano. Gente con mucho más espacio que yo en sus platos. Ellos adquirieron una valiosa experiencia, y yo conseguí mantener mi nota media y evitar que mi vida se viniera abajo. Con el tiempo, mi trabajo con Phi Theta Kappa me ayudó a que en 1996 me nombraran entre los mejores académicos del año en Estados Unidos por el *USA Today*. Ese honor y el reconocimiento que supuso me llevaron a recibir ofertas de becas que no había solicitado en varias universidades, entre ellas la Universidad de Yale, la Universidad Wesleyan y el Trinity College. Al final acepté la oferta del Trinity, que era la universidad más cercana al McDonald's donde trabajaba (porque entonces ya tenía en cuenta el tiempo de desplazamiento), y allí me licencié en Inglés. Gratis.

Fue un buen consejo de un padre que nunca tuve.

Recuerda: cuando dices que no tienes tiempo suficiente, en realidad estás diciendo que hay otras cosas más importantes para ti. En tu lista de prioridades, había otras cosas más importantes que aquello para lo que no tenías tiempo.

«No tenía tiempo» en realidad significa que no era lo bastante importante para ti.

«No tenía tiempo» significa que no era lo bastante divertido, entretenido, provechoso, gratificante, placentero o urgente como para colocarlo en el primer lugar de tu lista de tareas.

Esto no es necesariamente malo. Es perfectamente aceptable decir que no tienes tiempo para hacer algo, sobre todo si priorizas adecuadamente. Si pasar tiempo con tus hijos o ser voluntario en un refugio de animales o animar a los Patriots de Nueva Inglaterra te impide hacer realidad tus sueños ese día, lo entiendo. Pero si ver Netflix, navegar por las redes sociales o comprar en media docena de supermercados (temas que trataré dentro de un momento) te impide lanzar esa tienda de Etsy o componer tu sinfonía o escribir ese guion, entonces «no tengo tiempo» no vale.

Tienes tiempo para las cosas importantes en cuanto empujas las que lo son menos hacia abajo en tu lista de prioridades. Recuerda que el tiempo es simplemente una cuestión de elección y asignación. Casi todo el mundo tiene la suerte de disponer de una cierta cantidad de tiempo libre al día. Este tiempo debe considerarse el bien más preciado. Más importante que el dinero de nuestra cuenta bancaria o las cosas materiales.

Elige cómo empleas ese tiempo con más cuidado que cualquier otra cosa de tu vida. Es la elección más importante que haces cada día. No permitas que cosas como la televisión y las redes sociales o actividades sin sentido llenen tu tiempo, como les ocurre a muchos.

«No tuve tiempo» suele significar que no tomaste decisiones meditadas sobre cómo emplear tu tiempo y permitiste que esa falta de decisiones determinara el curso de tu vida.

He aquí otra cita que me gusta:

«Puedes hacer mucho en dos horas». — Judy Blume

Estoy de acuerdo con Judy Blume. Puedes conseguir mucho en ciento veinte minutos. En las manos adecuadas, con la actitud, la mentalidad y el plan adecuados, dos horas es una cantidad enorme de tiempo.

Me gustaría, no obstante, dar una vuelta de tuerca más a la cita de Judy:

«Puedes hacer mucho en diez minutos». — Matthew Dicks

No bromeo. Diez minutos también es una enorme cantidad de tiempo. Puedo hacer mucho en los bloques de tiempo de diez minutos que parecen llenar mi día.

Los diez minutos antes de que la cena esté lista.

Los diez minutos que tarda mi hijo en encontrar sus zapatos cada día.

Los diez minutos que paso esperando en la cola del autoservicio.

Los diez minutos que paso esperando a que termine el ciclo de la secadora.

Los diez minutos de espera antes de que sea mi turno en la ducha.

Los diez minutos de una reunión que no me conciernen.

Los diez minutos en la cola de la farmacia.

Pequeños pedazos de tiempo que a menudo se consideran inútiles. Un tiempo precioso desperdiciado y perdido, en lugar de aprovechado de forma reflexiva y estratégica.

En solo diez minutos, puedo:

• Escribir de ocho a diez buenas frases.
• Vaciar el lavavajillas.
• Doblar una tanda de ropa.

- Editar una entrada del blog.
- Hacer tres series de flexiones y abdominales.
- Comer un tazón de cereales.
- Abrazar y besar a mi mujer, decirle que la quiero y volver a besarla.
- Hacer ronronear a un gato.
- Hacerle cosquillas a mi hijo.
- Mirar fijamente a un árbol.
- Leer de cinco a quince páginas.
- Corregir veinte exámenes de ortografía.
- Ducharme y vestirme.
- Responder de uno a tres mensajes de correo electrónico.
- Escuchar un episodio de *The Memory Palace* o de *This Day in Esoteric Political History*.
- Escribir uno o dos chistes posiblemente graciosos.
- Hacer de tres a cinco series de ejercicios de planchas.
- Escuchar dos o tres canciones de una duración razonable o «American Pie».
- Pagar facturas.
- Sacar la basura reciclable al contenedor exterior.
- Escribir una carta a un amigo, colega, profesor de mis hijos, o a mis hijos.
- Llenar el comedero de los pájaros.
- Limpiar la basura que han dejado mis hijos en el asiento trasero del coche de Elysha.

Esto no es una broma.

Todo esto es lo que hago cuando me encuentro con diez minutos perdidos, y todo es enormemente productivo, aunque no lo parezca. Escuchar música, hacer ronronear a un gato y mirar fijamente a un árbol mejoran mi estado de ánimo. De hecho, se ha demostrado científicamente que escuchar música, pasar tiempo con una mascota y mirar fijamente a un árbol reducen sustancialmente el estrés, y, sin embargo, a menudo la gente va por la vida sin aprovechar el tiempo que se les concede para cuidar de su bienestar mental.

Hacer ronronear a mis gatos me hace muy feliz. Escuchar a Springsteen o a Queen o a los Beatles me llena de energía y de alegría. Tumbarme bajo un árbol y mirar sus ramas me da mucha paz.

Judy Blume tiene razón. Puedes lograr grandes cosas en dos horas. Pero tampoco descartes los intervalos de diez minutos. Puede que no consigas nada especialmente grande, pero acumula suficientes ratitos productivos de diez minutos al día y conseguirás hacer un montón de cosas.

Dedica un momento a hacer tu propia lista de cosas que puedes hacer en diez minutos. Asegúrate de incluir quehaceres, tareas que puedan hacerte avanzar creativamente y cosas que te hagan sentir bien. Haz copias y coloca esa lista en algunos lugares de tu casa. Tenla preparada para la próxima vez que te encuentres con diez minutos que matar.

No los mates: apodérate de ellos. Haz que trabajen para ti.

Espero haber dejado claro que, además de estas grandes decisiones sobre el estilo de vida, también hay multitud de decisiones más pequeñas y granulares que permiten recuperar tiempo fácilmente. El error que comete la gente es no reconocer el valor de las pequeñas cantidades de minutos ahorrados, en términos de cómo estos minutos, cuando se combinan con otros, empiezan a sumar y, en el transcurso de semanas, meses y años, acaban por ser periodos de tiempo muy relevantes.

De hecho, es en las pequeñas decisiones donde puedes obtener la mayor ventaja. Aunque mucha gente descarta el valor de un minuto a menos que esté unido a otros cincuenta y nueve, tú puedes aprovechar estas pequeñas decisiones para maximizar tu productividad.

Regla n.º 7: Reduce al mínimo el tiempo que pasas en tareas rutinarias y pasatiempos infructuosos

Estos son algunos de los lugares en los que recupero tiempo cada día. De nuevo, son decisiones que se ajustan a mi vida y a mi estilo de vida. No sugiero que estas decisiones concretas deban ser las tuyas. Es posible que algunas se adapten por completo a tu vida (y creo que, al menos, deberías plantearte cada una de ellas), pero es muy probable que haya otras que se ajusten a un estilo de vida que yo no puedo ni empezar a imaginar. Toma la lista que te presento a continuación como un ejemplo de los lugares y las actividades en los que se puede ahorrar tiempo y, lo que es más importante, del mapa mental necesario para recuperar tiempo en tu vida.

Comida

Mi comida, casi todos los días, son copos de avena. A menos que esté disfrutando de una comida ocasional con un colega, elijo comer de forma que me permita seguir trabajando para poder salir de mi escuela poco después de que suene el timbre.

La avena es una opción excelente para mí porque tarda dos minutos en cocinarse y unos tres en comerse. Puedo comerla sobre la marcha. Es extraordinariamente saciante. Y lo mejor de todo es que puede salvarme la vida.

Hace cinco años, mi doctora me advirtió de que mi colesterol estaba ligeramente elevado. Me dijo que tal vez tendría que empezar a medicarme para reducirlo a niveles más seguros.

—O podrías cambiar tu dieta —me dijo.

Me dio una lista de alimentos que me ayudarían a bajar el colesterol. La avena estaba en la lista. Así que simplemente cambié mi comida del mediodía por copos de avena. Todos los días durante un año entero.

Cuando volví al año siguiente para mi revisión médica anual, se quedó asombrada al descubrir que había reducido mi colesterol malo en cuarenta puntos.

—¿Cómo lo has hecho? —me preguntó.

—Comiendo avena —le dije—. Todos los días.

No cambié nada más de mi dieta, tampoco alteré mi régimen de ejercicio. Un pequeño cambio marcó la diferencia.

La avena no solo me ha permitido recuperar unos minutos preciosos de mi día, sino que probablemente me mantendrá alejado de la medicación y más sano durante años. ¿Te estoy diciendo que almuerces avena todos los días? Por supuesto que no.

Si comes con tus compañeros de trabajo y el tiempo que dedicas a ello te hace feliz, te alivia el estrés o refuerza y amplía tu red profesional, por supuesto que puedes tomarte una hora para comer todos los días. Pero piensa en el tiempo al tomar esa decisión. ¿Eres una persona que nunca tiene tiempo suficiente en su jornada laboral? ¿Echas constantemente de menos a tus hijos? ¿Valoras la cena con tu cónyuge? ¿No tienes tiempo para hacer ejercicio? ¿Tus esfuerzos creativos están estancados por falta de tiempo? Si es así, tal vez esa hora del almuerzo podría emplearse mejor.

Me gustan mucho mis compañeros. Bueno, al menos algunos de ellos. Pero mi yo de cien años me diría que trabajara durante la comida siempre que fuera posible, porque el tiempo adicional que paso en casa con mi mujer y mis hijos o el tiempo que paso trabajando en una novela, escribiendo un musical o construyendo mi negocio es mucho más importante que el tiempo que paso charlando con ellos en el comedor. De hecho, estoy escribiendo estas palabras sentado en mi escritorio mientras como copos de avena.

Mi filosofía general sobre la comida es la siguiente: si estoy cenando con otras personas, estoy más que dispuesto a dedicar horas de mi vida a una sola comida. Tanto si estoy cenando con mi familia en la mesa del comedor como disfrutando de una noche de fiesta con amigos, creo que el tiempo que pasamos compartiendo una comida es valioso y cada minuto de este merece la pena. Pero si como solo, que es lo que sucede durante la mayoría de mis desayunos y muchos de mis almuerzos en mis días laborales, intento o bien dedicar el menor tiempo posible a la preparación y la ingesta de esa comida, o bien hacer algo mientras como. Si es posible, ambas cosas.

La investigación ha demostrado que la multitarea es un término equivocado en muchos casos. Dedicarse eficazmente a dos o más tareas de pensamiento profundo de forma simultánea no es posible o, si es posible, es totalmente ineficaz y producirá un trabajo deficiente. Pero hay cosas en las que la multitarea es legítimamente posible e incluso aconsejable. Comer es una de estas.

Ducharse

Me gusta darme una ducha larga de agua caliente tanto como a cualquiera, pero, en su lecho de muerte, mi yo de cien años no deseará haber pasado más tiempo en la ducha, así que tengo uno de estos tres objetivos cada vez que entro en la ducha:

- Terminarla en cien segundos.
- Memorizar un poema.
- Trabajar en una historia.

Mi objetivo más frecuente es ducharme y afeitarme en cien segundos o menos. Cuando este es el objetivo, cuento en voz alta e intento salir antes de llegar a cien. Me costó un tiempo, pero ahora puedo terminar sistemáticamente en menos de cien segundos.

El CDC (Centros para el Control y la Prevención de Enfermedades) afirma que la ducha media de los estadounidenses dura ocho minutos. No sé por qué el CDC controla el tiempo que pasa en la ducha el estadounidense medio, pero si yo me ducho durante seis minutos menos que el estadounidense medio, añado seis minutos más a mi día, todos los días.

Eso supone 36,5 horas más a lo largo de un año. Un día y medio más para cumplir mis objetivos mientras otros están desnudos y enjabonados.

Es cierto que tengo mucho menos pelo en la parte superior de la cabeza que alguien como mi mujer (y probablemente que tú), y nunca he sentido la necesidad de afeitarme las piernas, pero me afeito la cara, lo que puede ser complicado dada una desafortunada cicatriz que tengo en la barbilla. Pero incluso si la longitud de tu pelo y otros factores te impiden ducharte en menos de cien segundos, probablemente puedas reducir la duración a la mitad adoptando un mayor sentido de la urgencia. ¿Por qué no recuperar ese tiempo para actividades más significativas?

Además, no sale nada bueno de una ducha que dura más de lo necesario. No solo se pierde un tiempo precioso, sino que además cuesta dinero, se malgastan valiosos recursos naturales y se contribuye al cambio climático. Por si fuera poco, como dice mi hija de doce años: «¡Ducharse es aburrido!».

Estoy de acuerdo.

En las raras ocasiones en que decido relajarme y pasar unos minutos más en la ducha, me pongo a trabajar mientras el agua caliente cae sobre mí. A menudo memorizo un poema, ya sea recitando alguno que ya conozca (para no olvidarlo) o practicando estrofas concretas de uno nuevo en el que esté trabajando. Memorizar poesía fue algo que aprendí a hacer en la clase de poesía de Hugh Ogden en la universidad, y he descubierto que el proceso es enormemente gratificante. Memorizar un poema es como plantar una nueva semilla en tu cerebro que puede florecer cuando quieras.

Si no estoy memorizando poesía, paso el tiempo trabajando en una historia para el escenario, actuándola en voz alta mientras me lavo con champú, me afeito y me enjabono. Mientras escribo esta obra, estoy trabajando en un espectáculo en solitario que espero representar dentro de un año, más o menos. Cada vez que me meto en el agua, empiezo desde el principio, lo retomo donde lo dejé o lo reviso.

Sobre el tema de las duchas y la productividad, también recomiendo duchas frías, excepto antes de dormir. O, mucho más factible, pasa los últimos treinta o sesenta segundos de tu ducha en agua fría. Los beneficios son sorprendentemente enormes y están respaldados por la ciencia, según Chris Gayomali, que escribe para *Fast Company* y lo citan en un artículo de 2016 en la revista *Inc.:* «Un estudio de 2007 publicado por un biólogo molecular llamado Nikolai Shevchuk encontró pruebas de que las duchas frías pueden ayudar a tratar los síntomas de la depresión y, si se usan con regularidad, podrían ser incluso más eficaces que los antidepresivos recetados por los médicos», escribe. ¿Cómo es posible? En términos sencillos, «el agua fría puede inundar las zonas del cerebro que regulan el estado de ánimo con neurotransmisores chispeantes y felices».[1]

La experiencia, por desagradable que parezca, reduce la tensión y mejora el ánimo y la memoria. Y aparte de estos cambios biológicos, un chapuzón helado por la mañana también tiene poderosos efectos sobre tu psicología, según un artículo de Carl Richards en el *New York Times* que elogia las duchas frías matutinas.[2] Meterse en una ducha helada es innegablemente duro, escribe, pero si puedes obligarte a hacerlo, ¿qué otra cosa puede amedrentarte el resto del día?

Después de pasar más de dos años bajo el agua helada durante un minuto o más al final de cada ducha, esto es lo que puedo decir de esta práctica: creo que funciona. Salgo de la ducha con más energía y más alerta que nunca. En lugar de sentirme acalorado y relajado, estoy en alerta y animado. Siento que ya he conseguido algo. Me muevo más deprisa, y me siento con más energía y entusiasmo ante lo que venga a continuación.

Brian Tracy hace eco de este sentimiento en su libro sobre productividad *¡Tráguese ese sapo!*: «Empezar la mañana afrontando los retos de frente te ayudará a fomentar un comportamiento similar a lo largo del día. Y resulta que también hay muchas investigaciones que respaldan esta idea. La gente que hace primero las cosas difíciles tiende a procrastinar menos y consigue hacer más cosas».[3]

Es desagradable, sin duda, pero a medida que se convierte en un hábito, cada vez lo es menos. Al final del primer mes, era simplemente una cosa más. Y si acabo de pasar cuarenta y cinco minutos en la bicicleta estática, una ducha tibia o directamente fría es justo lo que necesito para refrescarme.

Si te soy sincero, no sabría decir si esta práctica aumenta mi productividad a lo largo del día. No tengo forma de medir los efectos duraderos de esta ducha fría, y como algunas de mis duchas las tomo por la noche, justo antes de acostarme, puede que no esté disfrutando de todos los beneficios de la práctica. Pero sé que tras sesenta segundos bajo el agua fría, salgo de la ducha con un poco más de impulso y con la mente más despejada, y eso me gusta mucho.

Pruébalo.

Por cierto, también me paso el hilo dental en la ducha. Empecé a hacerlo hace casi veinte años, cuando me enteré de que pasárselo añade años a tu vida al prevenir las enfermedades de las encías y del corazón, lo que también lo convierte en un hábito de conservación del tiempo. Conservar el tiempo al final de tu vida es tan importante como conservarlo ahora. En un esfuerzo por evitar saltármelo, trasladé esta tarea a la ducha, racionalizando que siempre estaría más que dispuesto a pasar treinta segundos extra en la ducha utilizando el hilo dental. Y funcionó. He utilizado el hilo dental casi todos los días durante las dos últimas décadas.

Hace años, pasé un fin de semana en Santa Cruz, California, hablando sobre escritura, intentando por todos los medios inspirar a mi público para que empezara a escribir. Seis meses después, recibí un correo electrónico de alguien que había asistido a mi charla. Me decía: «Ahora escribo casi todos los días, pero lo que más me ha cambiado la vida ha sido el consejo sobre el uso del hilo dental en la ducha. Lo mencionaste durante la sesión de preguntas y respuestas, y empecé a hacerlo esa misma noche. Desde entonces, no he dejado de utilizar el hilo dental ni un solo día, y acabo de tener la mejor revisión dental de mi vida».

Fui a California para inspirar a la gente a escribir. De algún modo, también conseguí animarlos a usar el hilo dental.

Hablando del tema, también practico el equilibrio mientras me cepillo los dientes apoyándome en un pie durante el primer minuto del cepillado y en el otro durante el segundo. Me lo sugirió un lector cuando señaló que nunca dedicamos el tiempo necesario a practicar y mejorar nuestro sentido del equilibrio, que resulta ser muy importante a medida que envejecemos y nos volvemos más frágiles. Las caídas son la segunda causa de muerte por lesiones accidentales en todo el mundo. Mi autor favorito, Kurt Vonnegut, murió a consecuencia de una.

Tras solo una semana de cepillado y equilibrio, sentí una mejora exponencial. Cepillado y equilibrio. Esto es ser multitarea de forma eficaz.

De compras

Hace años, estaba sentado junto a un inmigrante danés recién llegado a un concurso de narrativa en Nueva York. Cuando terminé de actuar, entablamos conversación durante el intermedio. Le pregunté qué era lo que más le gustaba de Estados Unidos, y no dudó en responder:

—Stop & Shop.

—¿El supermercado? —le pregunté—. ¿Por qué?

Me explicó que, en Dinamarca, hacer la compra era un asunto de medio día, que requería ir por separado a la carnicería, a la panadería, a la pescadería, a la frutería y a otros sitios.

—En Dinamarca, hacer la compra te roba la mitad del sábado —dijo—. Los estadounidenses lo tenéis todo bajo el mismo techo. Tardo menos de una hora en hacer la compra para toda la semana.

Y es verdad. De hecho, Stop & Shop es el único supermercado donde hago la compra, y lo elegí específicamente porque tiene un enorme surtido y está a solo cinco minutos de mi casa. Compara esto con mis amigos (y a veces con mi mujer), que compran comida preparada en Trader Joe's, pescado en Whole Foods, productos agrícolas y de primera necesidad en Stop & Shop, pollo y ternera en Stew Leonard's, productos a granel en Costco y muchos otros productos y alimentos en otras tiendas. Hay treinta y dos supermercados en un radio de ocho kilómetros de mi casa, y parece como si algunos de mis amigos se hubieran propuesto comprar en todos y cada uno de ellos.

Conozco a gente que compra su aceite de oliva en una tienda de la ciudad que solo vende aceite de oliva. Estoy seguro de que el aceite de oliva de la tienda especializada es fantástico, pero ¿lo es realmente si el precio es una hora al mes? Y lo que es más importante, si realizara una prueba de sabor entre el aceite de oliva de la tienda especializada y el aceite de oliva que se vende en Stop & Shop, ¿estás seguro de que notarías la diferencia? ¿Me apostarías el sueldo de una semana a que notarías la diferencia?

También estoy seguro de que el pescado de Whole Foods es increíblemente fresco, pero ¿es tan fresco como para valer una hora a la semana? Los cortes de carne de nuestro carnicero local son probablemente estupendos, pero ¿valen veinte minutos a la semana? Probablemente no.

Por no mencionar que el carnicero intentó ligar una vez con Elysha.

Todo este tiempo se acumula. Suma rápida y profundamente, como bien sabía mi amigo danés. Hago la compra en una sola tienda. Conozco su disposición como la palma de mi mano. Sé dónde está cada cosa. Sé qué pasillos saltarme y qué cajas de congelados ignorar. El estadounidense medio pasa 65,6 minutos a la semana haciendo la compra, o unas 56 horas al año.[4] Más de dos días enteros deambulando por los pasillos de los supermercados.

Mi tiempo récord para una semana completa de compras es de veintidós minutos. Probablemente, mi media esté algo por debajo de los treinta minutos. Si me vieras comprar, te darías cuenta de que me muevo con rapidez. Trabajo a partir de una lista en mi teléfono —introducida a lo largo de la semana mediante una aplicación y nuestro Amazon Echo— y, como ya he dicho, conozco la ubicación de casi todo lo que compro.

No me entretengo. Solo compro por la mañana temprano, cuando la tienda está menos concurrida, lo que reduce todavía más el tiempo. Aun así, paso aproximadamente un día al año comprando alimentos, lo cual es demasiado. Solo tengo 365 días al año. Pasar uno de ellos comprando comida es una terrible pérdida de tiempo. De hecho, puede que con el tiempo cambie a la entrega a domicilio si eso puede ahorrarme más tiempo. Pero sigo haciéndolo mejor que el estadounidense medio y gastando menos de la mitad de tiempo que él. Y muchísimo mejor que los daneses.

Aplica esta filosofía a todas tus necesidades de compra. Elige tiendas bien surtidas y cerca de casa. Establece entregas automáticas siempre que sea posible. Haz pedidos al por mayor cuando se pueda para reducir el número de viajes que tienes que hacer. Haz pedidos por Internet cuando tenga sentido. Y cuando te plantees ir a otra tienda en busca de mayor calidad, pregúntate seriamente si la mejora marginal de la calidad merece el tiempo necesario para adquirirla.

En una prueba de sabor a ciegas, ¿notarías siquiera la diferencia? Para mí, la respuesta casi siempre es no.

El mejor precio

Una amiga de mi mujer ensalza las virtudes de un vivero de plantas de Southwick, en Massachusetts.

—Tiene precios increíbles —dice su amiga.

—¿Quizá deberíamos echarle un vistazo? —sugiere Elysha.

Entonces le digo a mi esposa, que parece haberse olvidado de la geografía, que Southwick está a casi una hora en coche de nuestra casa. En otro estado. En cambio, hay al menos tres viveros a menos de diez minutos. Puede que los precios sean mejores en Southwick, pero ¿acaso dedicarle 120 minutos es mejor? Por supuesto que no.

Tras ser instruida en la geografía de nuestro estado y las regiones circundantes, Elysha decide sabiamente que los viveros locales están bien. Pero piensa en ello: su amiga conduce dos horas hasta un vivero para ahorrarse algo de dinero. A menos que ahorre una cantidad enorme y tenga tiempo de sobra, es casi imposible justificar un viaje así.

Sin embargo, la gente lo hace continuamente. A menudo son las mismas personas que se quejan siempre de que los fines de semana son demasiado cortos y de que nunca hay suficientes horas en el día. Si conduces dos horas para comprar una begonia, no me extraña.

Lo mismo ocurre con los precios de la gasolina. Hay una gasolinera Citgo a unos quince minutos de casa que presume sistemáticamente de tener los precios más bajos del estado. Siempre es al menos diez céntimos por galón más barata que cualquier otra gasolinera de la zona. Como resultado, la gente conduce durante kilómetros por el excelente precio y con frecuencia se crean largas colas en los surtidores, lo que alarga todavía más el tiempo dedicado a comprar combustible.

Pero el depósito de gasolina de un automóvil estadounidense medio tiene una capacidad de cuarenta y cinco litros, lo que significa que el ahorro en un depósito lleno de gasolina entre la de Citgo y la de las demás gasolineras de la zona es de aproximadamente 1,20 dólares. Sin embargo, mi vecino pasará por delante de otras tres gasolineras de camino a esta en concreto para ahorrarse esos 1,20 dólares.

Esta misma persona se gastará tres dólares en un café en Starbucks y esperará quince minutos en el autoservicio para evitar salir del coche. Se trata de alguien que no valora su tiempo adecuadamente. Si pasas por delante de la gasolinera más barata de la ciudad y tienes espacio suficiente en el depósito para hacer una parada, llénalo. Ahorra un dólar. Pero ¿desviarte de tu camino para ahorrar menos de dos dólares? Qué tontería.

Hace poco, mi mujer se puso en contacto con nuestra pintora para preguntarle si podíamos contratarla para que nos ayudara a colgar nuestras obras de arte y fotografías ahora que las paredes están pintadas. No solo tiene mano para colgarlas, sino que además tiene buen ojo para el diseño y ayuda a Elysha a tomar buenas decisiones estéticas. La pintora propuso que, en lugar de pagarle, hiciéramos un trueque: sus servicios a cambio de que yo la asesorara sobre una historia que quiere contar.

A Elysha le pareció un buen trato. A mí no. Le expliqué que siempre puedo ganar más dinero, pero nunca puedo encontrar más tiempo.

—Es dinero lo que tengo —le dije—. Tiempo es lo que necesito.

Elysha asumió erróneamente que valoro más el dinero que el tiempo. Creía que ahorrarnos dinero ofreciendo un par de horas de mi tiempo era una buena idea. Pero yo conozco el valor del tiempo. Lo valoro adecuadamente. Prefiero hacerle un cheque a la pintora y seguir persiguiendo mis sueños.

Del mismo modo, hace poco nos cambiaron la bicicleta estática NordicTrack que teníamos estropeada. A decir verdad, dos empleados de NordicTrack la están montando mientras escribo estas palabras, que es probablemente la razón por la que lo menciono aquí. Elysha me preguntó si el equipo que iba a montar la nueva máquina retiraría la vieja. Yo no estaba seguro.

—Pero les pagaré un par de cientos de dólares para que se la lleven si no es así.

Elysha se burló de la idea, pero la alternativa probablemente era una serie interminable de llamadas telefónicas y pasar otras dos o cuatro horas en casa, esperando a que llegara un camión. Para mí valdría al menos cien dólares si se la llevaban. Pesa 158 kilogramos. No tengo camión. Si lo tuviera, no sabría dónde deshacerme de ella. Mi tiempo es demasiado valioso para dedicarlo a regatear con la empresa NordicTrack para que se lleve una máquina que deberían haber sustituido hace seis meses.

Resulta que otra empresa se encarga de retirar la bici vieja. Aun así, ofrecí a los dos hombres que preparaban la nueva bicicleta 150 dólares por llevarse la vieja. Se negaron. Probablemente, valoran su tiempo tanto como yo. Con siete máquinas más que montar hoy, 150 dólares por deshacerse de una bici rota no tenía sentido.

¿Todo esto significa que nunca deberías buscar una buena oferta? Claro que no. Al hacer compras importantes como casas, coches, muebles o vacaciones, la búsqueda del mejor precio a veces puede ahorrarte miles de dólares. Cuando el ahorro es grande, el tiempo invertido tiene sentido.

También es posible que tengas que buscar el precio más bajo si el dinero escasea. Cuando me echaron de la casa de mi infancia tras acabar el instituto, mis amigos y yo nos pasamos días buscando muebles de segunda mano para nuestro apartamento. Recorrimos tiendas de descuento en busca de artículos como platos, vasos y cubiertos. Ganábamos muy poco en nuestros trabajos en restaurantes de comida rápida y en almacenes, así que nos pasábamos el tiempo recortando cupones, buscando ofertas y ahorrando céntimos siempre que podíamos.

Cuando todo lo que tienes son céntimos, ahorrar es importante. Más adelante, cuando me quedé sin hogar, ahorrar hasta el último céntimo se hizo todavía más relevante. Recuerda: cuando compras cosas, el tiempo y el dinero son elementos intercambiables. Si tienes poco dinero, probablemente debas dedicar más tiempo a buscar mejores precios. Pero si pagas tus facturas con facilidad y quieres construir, crear o inventar, deja de invertir tu bien más preciado (el tiempo) en ahorrar pequeñas cantidades de dinero. Perseguir el precio más bajo rara vez tiene sentido cuando valoras adecuadamente tu tiempo, y, sin embargo, la gente lo hace continuamente.

No seas una de esas personas.

Walter Hickey, autor de *Numlock News,* un boletín diario que leo y adoro, escribió en junio de 2021:

> Una nueva encuesta ha revelado que el cuarenta y nueve por ciento de los adultos preferirían una versión con publicidad pero más barata de una plataforma de *streaming* en comparación con una versión sin publicidad pero algo más cara. Mientras tanto, el veintidós por ciento respondió correctamente a la pregunta y se dio cuenta de que el tiempo es lo único que el dinero no puede comprar, [diciendo] que preferiría esto último. Los *millennials* fueron los que menos se equivocaron al responder a la pregunta, con una cifra récord del treinta y uno por ciento de la generación que estaba de acuerdo en que una oferta sin publicidad pero ligeramente más cara era preferible a la alternativa, en comparación con el veintiséis por ciento de la generación Z, el diecinueve por ciento de la generación X y el catorce por ciento de los *boomers.*[5]

Me encantó este artículo. Hickey lo entiende perfectamente. El tiempo casi siempre vale más que el dinero.

Me hizo pensar: cuando era niño, antes de que los programas de televisión se pudieran ver en *streaming* o incluso grabar, veía comedias de treinta minutos que solo ofrecían veintidós minutos de contenido real, y veía series dramáticas de una hora que solo tenían unos cuarenta y cuatro minutos de contenido. Piensa en todo el tiempo que perdí viendo anuncios. Me da miedo siquiera empezar a sumarlo. La cifra sería asombrosa.

Algunos dirán que no fue tiempo perdido. Probablemente, conversé con miembros de mi familia durante los anuncios. Comenté los personajes y la trama. Fui al baño. Tomé una bebida. Pero son exactamente como los que defienden las ventajas de tener que realizar un trayecto a la oficina. Son justificadores: lunáticos que justifican sus despilfarros de tiempo afirmando ilusoriamente que esos despilfarros son en realidad lo que quieren. Nadie les impide hacer una pausa en la serie que están viendo para charlar o ir al baño. Pueden simular tantas pausas publicitarias como quieran.

En todo, es mejor poder elegir cómo controlas tu tiempo. Si quieres pausas publicitarias o desplazamientos largos al trabajo, pues disfrútalos. Pero ¿no es mejor poder decidir cuándo y cómo quieres que sucedan esas cosas en lugar de permitir que tu horario esté dictado por lo que te imponen y escapa a tu control?

Por supuesto que sí.

Televisión

En nuestra primera cita, Elysha y yo estábamos sentados en mi incómodo futón, sumidos en una conversación profunda, cuando ella dijo:

—Son las seis. ¿Te importa si vemos *Los Simpson?*

Tendría que haberme casado con ella allí mismo.

A Elysha y a mí nos gusta mucho la televisión. Casi siempre vemos series o programas juntos, y somos firmes partidarios de series como *Buffy Cazavampiros, Battlestar Galactica, Juego de Tronos* y las últimas propuestas de Marvel. Por muy artística y sofisticada que sea, Elysha también es un poco friki. A pesar de todo este amor por la televisión, vemos una media de unas cinco horas de televisión a la semana, no porque no queramos ver más, ni porque seamos unos esnobs, sino porque ambos sabemos que hay cosas más significativas en nuestras vidas.

En lugar de ver más televisión, Elysha ensaya con el ukelele. Lee. Cuida de sus plantas. Es copresentadora de nuestro *podcast* sobre narrativa. Ayuda a dirigir nuestra empresa de *storytelling*. Habla por teléfono con amigos y familiares. Hace ejercicio.

Ya sabes lo que hago yo. A pesar de que nos encanta la televisión y nos gustaría ver más, sabemos que una vida pasada delante del televisor no es una vida bien empleada.

¿Cuánta televisión ves al día?

¿Cuánta a la semana?

El estadounidense medio ve cinco horas de televisión al día. Más de treinta y cinco horas de televisión a la semana. En palabras de Elysha: «¡Es como tener otro trabajo a tiempo completo!».

Si ves treinta y cinco horas de televisión a la semana y yo solo cinco, ¿te sorprende que yo te parezca una persona extremadamente productiva?

¿Te estoy pidiendo que dejes de ver la televisión? Por supuesto que no. No he dejado de hacerlo. Elysha y yo estamos viendo *Los Simpson* con nuestro hijo Charlie, empezando por el primer episodio de la primera temporada. Es casi más entretenido escuchar a Charlie reírse a carcajadas que ver el programa en sí. Actualmente estoy viendo *The Office* para escuchar luego un *podcast* presentado por dos de las estrellas de la serie en el que hablan de las aventuras entre bastidores de cada episodio.

Elysha y yo justo hemos acabado de ver *Loki,* de Marvel. Ahora mismo estamos viendo especiales de comedia en pequeños trozos. Nos gusta la televisión. Compramos un televisor y un sistema de sonido de última generación e hicimos que nos los montaran en la pared. Nos encanta la televisión. Pero lo que te pido es que calcules el número de horas semanales que pasas delante del televisor y decidas si esa cifra es adecuada para ti.

¿Cómo se sentiría la versión centenaria de ti mismo respecto a tus hábitos televisivos? ¿Esa versión estaría satisfecha con la cantidad de tiempo que pasas viendo la televisión? ¿Podrías ver menos televisión y dedicar el tiempo a estar más cerca de hacer realidad tus sueños?

Muchos de mis amigos han insistido en que vea la serie *Dexter*. Están seguros de que me encantará. Al parecer, la trama de la serie se parece a la de una de mis novelas, salvo que mi libro es menos cruento. Otro amigo quiere que vea *Friday Night Lights*. Conociendo mi amor por el fútbol americano, está seguro de que me encantará. Quizá acabe viéndola. Pero esto es lo que sé: en mi lecho de muerte, no lamentaré la ausencia de *Dexter* en mi vida. No lamentaré no haber visto *Friday Night Lights*. Nadie ha lamentado nunca no haber pasado más tiempo viendo la televisión.

Como escribió Teal Burrell en el *Washington Post* en 2017: «Los estadounidenses estamos obsesionados con la televisión, pasamos una media de cinco horas al día incluso cuando nos quejamos de que estamos más ocupados que nunca».[6] Ver la televisión no solo es una forma terrible de alcanzar tus objetivos, sino que demasiada televisión es destructiva en muchos sentidos. El artículo de Burrell en el *Washington Post* también informa de que: «Las personas que ven más televisión suelen ser más infelices, pesan más y duermen peor, y tienen un mayor riesgo de morir antes».[7]

Evitar la televisión no es difícil. Simplemente no la enciendas. No permitas que se convierta en el ruido de fondo de tu vida. No la conviertas en el medio por defecto de pasar el tiempo porque no tienes otra forma de llenar las horas. Busca otra cosa con la que pasar el rato. La lista de posibilidades es infinita. Lee un libro. Juega a un juego de mesa. Aprende a tocar la guitarra. Teje. Escribe cartas a tus amigos. Aprende a hornear. Da un paseo. Cultiva un huerto. Pinta. Esculpe. Vuelve a tapizar el sofá. Llama a tu abuela. Empieza un negocio paralelo. Haz ejercicio. Hazte voluntario en una línea telefónica de prevención del suicidio. Medita. Cría conejos. Practica más sexo. Memoriza poesía. Baila desnudo en el salón.

Vive la vida. Haz realidad tus sueños. Haz las cosas que te llevaron a leer este libro.

Cuando estés viejo y decrépito y mirando a la muerte a la cara, te prometo que las tardes que pasaste bailando desnudo en el salón de tu casa y las horas que pasaste al teléfono aconsejando a adolescentes suicidas serán más importantes para ti que haber terminado *The Wire* o averiguar si enviarán a la cárcel al malo n.º 625 al final del capítulo de *Ley y Orden*.

Vive una vida más rica y real que la gente que ves en televisión. Mira la televisión. Ama la televisión. Simplemente ve menos televisión.

Redes sociales

Peor aún que la televisión son las redes sociales. Según Statista, el estadounidense medio pasó 145 minutos al día en las redes sociales en 2019, lo que equivale a más de un mes al año.[8] (Esa cifra se disparó a 230 minutos al día en 2020, gracias en gran parte a la pandemia). Piénsalo: un estadounidense medio se pasa casi el diez por ciento del año mirando el teléfono o la pantalla del ordenador para otras cosas que no son trabajar, leer, escribir, investigar o jugar a videojuegos.

Simplemente, se desplazan por las redes sociales: fotos, vídeos y breves ráfagas de texto de otros seres humanos. ¿De dónde sacan ese tiempo? ¿Qué hacíamos antes de que nacieran las redes sociales? ¿No estábamos igual de ocupados en 2006, cuando Facebook, Twitter, Instagram y TikTok no existían para la mayoría de nosotros?

Si utilizas las redes de forma constante, han sustituido algo en tu vida, y probablemente no hayas ganado con el cambio.

¿Son malas todas las redes sociales? Por supuesto que no. Yo me mantengo en contacto con amigos y familiares a través de las redes de una forma que antes no habría sido posible. He construido mi base de lectores y mi marca a través de ellas. He hecho contactos importantes y amigos de verdad participando en las redes sociales. Mi página de Twitter, con contenido cuidadosamente seleccionado, me proporciona gran parte de mis noticias diarias.

Pero soy muy selectivo con el tiempo que paso en esas plataformas. También sé lo siguiente: todos los momentos que pase hoy en las redes sociales serán irrelevantes y en dos o tres días no los recordaré. Las redes sociales son momentos pasajeros, a menudo sin sentido, de ligera satisfacción que, en última instancia, no aportarán nada. A menos que uses las redes sociales para ganarte la vida, llevar tráfico de clientes hacia algo más significativo, crear una marca o provocar un cambio real en el mundo, deberías preguntarte qué hacen las redes sociales por ti.

Al fin y al cabo, los «me gusta» no valen nada.

Las menciones no tienen sentido.

Los retuits pronto serán noticias de ayer.

Para la mayoría de la gente, las redes sociales no aportan mucho en términos de productividad.

Tengo tres amigos que no utilizan redes sociales de ningún tipo. Los tres son seres humanos de gran éxito y excepcionalmente felices. Menciono esto porque es posible no utilizar las redes sociales y ser un miembro funcional de la sociedad.

¿Te estoy sugiriendo que sigas este camino? No. Pero si intentas hacer algo de valor, lanzar un negocio o ampliar tu vida creativa, quizá te interese considerarlo.

Yo lo he hecho. Muchas veces. Al final, las redes sociales tienen valor para mí, pero limito su uso solo a las cosas que me aportan valor y limito agresivamente mi tiempo en ellas.

Tú también deberías hacerlo.

Caminar

Sé que suena simple y estúpido, pero si quieres ser más productivo, camina rápido.

Te lo aconsejo aunque sepa que para algunas personas caminar rápido es imposible. Mi amiga Beth tiene esclerosis múltiple y necesita un andador para desplazarse. Mi amigo Ron, un bastón. Durante cuatro meses de mi vida, tuve la pierna escayolada del tobillo hasta la cadera.

Esto no funciona para todo el mundo, pero si eres capaz de andar deprisa, hazlo. A menudo mis compañeros se burlan de mí porque camino por los pasillos a velocidades que dan vértigo. Muchos suponen que estoy increíblemente ocupado y, aunque puede que sea así, mi decisión de andar rápido es consciente y la tomo para recuperar el tiempo.

Camino rápido siempre que puedo. Los aparcamientos, los supermercados, las aceras y los centros comerciales son lugares estupendos para caminar rápido y recuperar tiempo, pero hay muchísimos más. Si me ves en cualquiera de estos lugares, probablemente me verás moviéndome más deprisa que la gente que me rodea. El hecho de ir más rápido no solo me aumenta el ritmo cardíaco y me proporciona un poco de ejercicio, sino que además llego a los sitios antes que los demás. Casi todos los días aparco el coche y paso junto a gente que pasea por el aparcamiento como si estuviera adornado con obras de arte.

Como si un aparcamiento invitara a pasar más tiempo.

¿Ahorro mucho tiempo en el proceso? A lo largo de un día, una semana, un mes o toda la vida, la respuesta es sí. Absolutamente. La cantidad de tiempo que ahorro en cada aparcamiento, pasillo y supermercado es mínima, pero se acumula rápidamente.

Caminar deprisa no es algo que me resulte natural. Necesito recordarme constantemente que debo andar más deprisa. Es fácil pasear. Es normal adoptar la velocidad de los que te rodean. Incluso es un poco incómodo adelantar a la gente como si estuviéramos en una pista de carreras.

Pero me ahorra tiempo.

Me permite volver a los lugares donde quiero estar.

Me permite estar con la gente con la que quiero pasar mi tiempo.

Cinco o diez minutos más con mis hijos son un auténtico regalo. No desprecies esos preciosos minutos en aras de la conformidad o la comodidad. Si realmente comprendes el valor del tiempo, querrás preservar todos los minutos que puedas.

3 | Duerme correctamente

«Dormir se me da tan bien que puedo
hacerlo con los ojos cerrados».
DESCONOCIDO

Durante años, la gente que me conoce bien ha dado por sentado que mis logros se deben a que duermo poco. Me he equivocado al permitir que esta creencia se afianzara. Era una respuesta fácil, y además es cierta. No duermo tanto como la mayoría
de la gente. Pero fue un error permitir que se creyera que eso es
lo que me permite hacer tanto por tres razones:

1. Evidentemente, no es el único motivo por el que logro
   abarcar tanto (como espero haber demostrado en el capítulo anterior).
2. Dormir es increíblemente importante para tener una
   mente y un cuerpo sanos y creativos, por lo que insi-
   nuar que dormir muy poco es el secreto para el éxito es
   un mensaje dañino e inexacto para el mundo.
3. Y lo que es más importante, perpetuar este mito no
   ayuda a las personas a alcanzar sus sueños.

Si asumes que poseo una capacidad sobrehumana para dormir
menos horas que la mayoría de la gente, ¿cómo vas a poder re-
plicar mi nivel de productividad y mis logros? O bien sentirás
que es imposible y asumirás la derrota antes de empezar o bien

94

empezarás a dormir menos, cosa que puede dañar tu salud y ser contraproducente para la consecución de tus objetivos.

Déjame que te explique la realidad: paso menos horas en la cama que la mayoría de la gente, e incluso puede que duerma menos horas que el resto, pero lo más importante es que trato el sueño de forma seria y sagrada. Todavía no he conocido a nadie que haga lo mismo.

Es irónico, porque odio dormir. Tumbarme y entrar en un estado de inconsciencia intencionada es para mí algo parecido a la muerte temporal. En lugar de escribir un musical, ver la última obra de Pixar, comerme una hamburguesa con queso, leer las memorias de uno de mis cómicos favoritos, montar en bicicleta estática, practicar piano o jugar a *Exploding Kittens* con mis hijos, mi estúpido cuerpo me obliga a pararlo todo al menos una vez al día para pasar un periodo muy largo de tiempo en un estado de impotencia improductiva.

Todas las cosas que hacen que merezca la pena vivir quedan atrás para que cierre los ojos y deje de existir a nivel consciente.

Lo odio con toda mi alma.

Dicho esto, sé que el sueño es necesario. Se trata de una parte esencial de un estilo de vida sano y crucial para funcionar como es debido, tanto física como mentalmente.

Es horrible, pero necesario. Algo así como las estúpidas verduras que hay que comer.

Por ello, trato al sueño con reverencia y respeto. La mayoría de la gente no lo hace. Me atrevería a decir que probablemente tú tampoco.

Esto no quiere decir que algunas personas no padezcan trastornos del sueño complejos, debilitantes y graves que hacen que les resulte casi imposible dormir bien. Desde luego, no quiero decir que todas las personas del planeta puedan mejorar su sueño mediante algunos cambios sencillos pero importantes en sus hábitos, pero si tú puedes (y creo que la inmensa mayoría de la gente puede), imagínate los beneficios que puedes conseguir.

Me acuesto en algún momento entre las 23.00 y las 23.30, y me despierto entre las 4.00 y las 4.30. Duermo una media de unas 5,5 horas por noche. El estadounidense medio duerme casi 7,5 horas por noche. Esto significa que cada día gano dos horas con respecto al estadounidense medio. Más de medio día a lo largo de una semana. Más de treinta días a lo largo de un año. Un mes de tiempo adicional al año en el que yo estoy despierto y el americano medio, dormido.

La ventaja es enorme.

Por favor, compréndelo: no te estoy sugiriendo que duermas 5,5 horas por noche. Es suficiente para mí. Cualquiera que me conozca bien dirá que casi nunca parezco somnoliento, aletargado o cansado. Tengo energía hasta el momento de acostarme, y salgo de la cama con la misma energía y entusiasmo. Parte de esto puede deberse a la genética. Mi hermano y mi hermana también tienen fama de dormir poco.

Pero si puedes acortar el tiempo que pasas en la cama cada noche, aunque tan solo sea quince minutos, eso se traduciría en más de noventa horas adicionales que pasarías despierto cada año.

Casi cuatro días.

De nuevo, no te estoy pidiendo que empieces a dormir menos. Pero apuesto a que, si empiezas a tratar el sueño con el respeto sagrado que merece, probablemente puedas recuperar quince minutos o más cada noche. Mi propuesta es que empieces por aumentar la eficacia de tu sueño. Si tienes que tumbarte y quedarte inconsciente al menos una vez al día, intenta hacerlo de forma que el sueño sea lo más breve y reparador posible.

Por supuesto, quizá te encante dormir. La idea de pasar menos minutos en la cama puede parecerte una blasfemia. Quizá pienses en el sueño del mismo modo que yo pienso en el golf, el sexo o las hamburguesas con queso. Si es así, por supuesto, duerme. Disfruta de tu largo periodo de inconsciencia. Mientras tengas tiempo suficiente para pintar en tu lienzo, inventar la mejor ratonera, componer tu álbum de rap o cosechar tu nueva variedad de manzana, duerme todo lo que quieras.

Pregúntate también si eso es lo que tu yo de cien años quiere que hagas. Si crees que esa versión final está satisfecha con la cantidad de tiempo que pasas en la cama, bien por ti. Duerme todo lo que quieras.

Pero sospecho que la versión centenaria —la que se prepara para una eterna siesta en la Tierra— querrá que hagas más con el tiempo que te queda. ¿No es así?

Si buscas más tiempo en el día para hacer lo que quieres, fabricar tus cosas, inventar tus artilugios y ser creativo, a menudo lo encontrarás durmiendo de forma más eficiente.

O al menos una parte.

Así que hablemos del sueño y, más concretamente, de lo que debes hacer para mejorar su calidad y acortar su duración.

¿Qué es el sueño?

Parece una pregunta absurda, pero la verdad es la siguiente: la mayoría de la gente confunde la cantidad de sueño que necesita con la cantidad de tiempo que pasa en la cama, cuando estas dos cifras casi nunca son correlativas.

Para comprender la diferencia entre las dos, responde a estas preguntas:

- ¿Cuánto tiempo pasa entre el momento en que te acuestas en la cama y el momento en que te duermes?
- ¿Lees, ves la televisión, utilizas el teléfono o haces cualquier otra cosa en la cama antes de irte a dormir?
- ¿Te duermes rápidamente o das vueltas en la cama?
- ¿Te despiertas en mitad de la noche con cierta regularidad?
- Cuando te despiertas por la mañana, ¿cuánto tiempo permaneces en la cama en un estado de vigilia o vigilia parcial antes de empezar el día?

Hace poco hice estas preguntas a una clienta para determinar su actitud y sus hábitos con respecto al sueño. Me informó de que necesitaba dormir al menos ocho horas cada noche para sentirse descansada y renovada. Yo no tendría ningún reparo en aceptar esta cifra si fuera cierta, pero la cuestión es que no lo era.

Las ocho horas de sueño declaradas por mi clienta representaban en realidad la cantidad de tiempo que pasaba en la cama cada noche. Estas ocho horas incluían:

- Al menos veinte o treinta minutos leyendo o viendo la televisión en la cama antes de apagar las luces. A veces mucho más.
- De quince a veinte minutos dando vueltas en la cama antes de quedarse dormida.
- Al menos quince minutos todas las mañanas tumbada en la cama después de que sonara el despertador.

Según estos cálculos, mi clienta solo necesita unas siete horas de sueño real cada noche, y podría dormir incluso menos si tratara el sueño como algo sagrado, cosa que decididamente no hace.

Ahorra una hora por noche y ahorrarás 365 horas a lo largo del año. Más de quince días de tu vida recuperados de repente.

Entonces, ¿cuánto duermes realmente cada noche? ¿Hay alguna diferencia entre el tiempo que pasas en la cama y el que pasas durmiendo? Si es así, ¿cuánto sueño necesitas de verdad? ¿Has estado contando el tiempo que pasas en la cama sin dormir como tiempo de sueño necesario?

Si es así, tus cálculos, como los de mi clienta, están muy equivocados.

El objetivo del sueño es dormir. No pasar tiempo en la cama haciendo tonterías antes y después dormir. La eficacia del sueño intenta reducir al mínimo el tiempo que pasas en la cama cuando no estás durmiendo. Se trata de tiempo que se puede recuperar fácilmente para emplearlo mejor.

Trata el sueño como algo sagrado

Los pasos para mejorar tu sueño son sencillos y esenciales, pero probablemente exijan un cambio de rutina.

No hay que saltarse ninguno. Esto no es un bufé de estrategias en el que puedas escoger la que más te guste. Todas y cada una de ellas son fundamentales.

Adopta un horario de sueño

Acuéstate y levántate aproximadamente a la misma hora todos los días sin excepción. Es fundamental establecer un horario regular a la hora de acostarse y levantarse.

Los fines de semana, las vacaciones y los días festivos no deben provocar cambios drásticos en tu horario de sueño. Deberías acostarte y levantarte aproximadamente a la misma hora todos los días, 365 días al año, independientemente de las circunstancias.

Lamentablemente, la mayoría de la gente no mantiene horarios de sueño regulares. La hora a la que se acuestan y la hora a la que se levantan varían mucho en el día a día. Esperan a acostarse una hora o más para disfrutar de un episodio adicional de la serie de televisión que están viendo del tirón, o se acuestan una hora antes de lo normal porque se sienten cansados, cuando lo que probablemente les habría venido bien es hacer un poco de ejercicio. La mayoría de la gente también altera su horario de sueño los fines de semana, ya sea cambiando sus horas de sueño para acostarse y despertarse más tarde de lo normal o, simplemente, durmiendo hasta tarde los sábados y los domingos por la mañana.

Nada de esto es bueno. De hecho, es enormemente perjudicial para tu sueño y afecta a tu salud a largo plazo.

Adopta un horario de sueño regular.

El objetivo de este horario es que tu cuerpo aprenda cuándo es hora de dormir y cuándo de despertarse. Es imposible entrenar a tu cuerpo para que sea consciente de tus horas de sueño y vigilia si le cambias constantemente el horario de sueño.

Acabo de empezar mis vacaciones de verano como maestro. Dos gloriosos meses en los que no tengo que ir hacia la escuela cada mañana, y, sin embargo, sigo despertándome en algún momento entre las 4.30 y las 4.45 de la madrugada porque así es como he entrenado a mi cuerpo. Alterar mi horario de sueño los fines de semana o mientras estoy de vacaciones de verano sería un terrible error.

Esto se debe a que tu cuerpo necesita saber cuándo empezar el proceso físico de quedarse dormido, que idealmente comienza unas dos horas antes de que empiece el sueño real, cuando la melatonina se libera en tu torrente sanguíneo, haciendo que empieces a sentir somnolencia. Si asignas a tu cuerpo dos horarios de sueño diferentes —un horario de semana laboral y otro de fin de semana—, entonces no tienes horario de sueño. Tu cuerpo está perpetuamente confundido.

Hay un dicho en el fútbol americano que dice que si tu equipo tiene dos *quarterbacks,* no tiene *quarterback.* La misma regla se aplica a los horarios de sueño.

O tienes uno o no tienes ninguno.

Soy tan riguroso con mi horario de sueño que, si actúo en Nueva York, oficio una boda o asisto a una representación de *The Rocky Horror Picture Show* que me mantiene fuera hasta medianoche o más tarde, me levantaré de la cama a la mañana siguiente antes de las 5:00. Prefiero estar cansado al día siguiente que confundir a mi cuerpo más de lo imprescindible.

Mi horario es tan constante que, cuando mi hija tenía cuatro años, me preguntó por qué las mamás necesitan dormir y los papás no, porque nunca me había visto en la cama. Yo siempre estaba despierto antes de que ella abriera los ojos y siempre me iba a la cama mucho después de que se durmiera.

Los beneficios de un horario constante son enormes:

- Te dormirás más rápido entrenando a tu cuerpo para que se prepare para dormir a la misma hora todos los días. Yo me duermo menos de un minuto después de que mi cabeza toque la almohada cada noche, sin excepción. No exagero. Aunque hay muchas razones para ello, de las que también te hablaré, una de ellas es que mi cuerpo espera dormirse en algún momento entre las 23.00 y las 23.30 cada noche y ya está preparado para el sueño cuando me meto bajo las sábanas.

- Empezarás a despertarte de forma natural cada mañana, a menudo sin la ayuda de un despertador. Siempre pongo la alarma a las 4.45 por si no me despierto antes, pero mientras escribo estas palabras, ya llevo treinta y dos días consecutivos en los que me he despertado de forma natural antes de que suene la alarma. Esta mañana me he despertado a las 4.44.

¿Por qué esto es importante?

Despertarse de forma natural es una manera mejor y más saludable de empezar el día. En lugar de que una alarma me sobresalte, me despierto lentamente, de la forma en que mi cuerpo está diseñado para despertarse. Cuando abro los ojos para empezar el día, me siento descansado y preparado.

A decir verdad, me siento muy bien.

¿Cuándo fue la última vez que te despertaste de forma natural a la hora que querías despertarte? En mi caso, ocurre aproximadamente el ochenta y cinco por ciento de las veces. Si suena la alarma, casi siempre estoy ya en proceso de despertarme, así que incluso entonces me siento descansado y listo para emprender el día.

La mayoría de la gente se despierta con los ojos legañosos y medio dormida porque no ha entrenado a su cerebro para que libere las sustancias químicas necesarias para estimular la mente y el cuerpo e iniciar los procesos físicos requeridos para despertarse de forma natural. Su cuerpo suele estar totalmente dormido cuando suena la alarma, lo que hace que el proceso sea confuso, antinatural y poco agradable.

La mayoría de la gente odia despertarse por la mañana. Muchas veces se debe simplemente a la forma en que lo hacen. Son las mismas personas que no entienden cómo puedo tener la energía y la concentración necesarias para escribir antes de que haya salido el sol.

Puedo hacerlo porque mi cuerpo y mi cerebro están preparados para ello. Estoy despierto, alerta, con energía y me siento bien. No bebo café (como he dicho antes, ni siquiera lo he probado) y no necesito cafeína ni ningún otro estimulante para alcanzar un mayor estado de alerta. Simplemente, sigo un horario de sueño que aprovecha la forma en que mi cuerpo y mi cerebro funcionan de manera natural.

Tú también puedes hacerlo.

Recuerda que la cama sirve para dormir

Si lees, ves la televisión, miras el teléfono o haces cualquier otra cosa en la cama antes de dormir, deja de hacerlo de inmediato. Hacer esas cosas es una forma perfecta de arruinar el sueño.

En esencia, si las haces, lo estás saboteando.

Al igual que entrenamos el cuerpo y el cerebro para dormir siguiendo un horario, también debemos entrenarlos para que sepan que, cuando nos tumbamos en la cama, solo hay un propósito: dormir.

En cuanto introduces un libro, la televisión o el teléfono en la ecuación, estás entrenando a tu cerebro para que piense que dormir es una de las muchas actividades que realizas mientras estás en la cama. Esto no es bueno. Es muy probable que te cueste más conciliar el sueño y tardes más en llegar al sueño profundo, y casi seguro aumentará la cantidad de tiempo que pasas en la cama.

Elimina todas estas cosas de tu ritual de acostarte inmediatamente.

Quejas frecuentes:

«Pero me encanta leer antes de acostarme. Me da sueño». Primero, establece un horario de sueño regular. Eso también te dará sueño y lo hará de forma natural, sin necesidad de subtramas complejas ni diálogos realistas.

Además, lee antes de acostarte si quieres. No hay ningún problema. No en un dispositivo electrónico, por supuesto —la luz de un iPad, un portátil o un teléfono causará estragos en tu capacidad para conciliar el sueño rápidamente y dormir bien, así que asegúrate de que lees un libro de verdad o un lector electrónico sin retroiluminación—, pero no leas en la cama: lee en un sillón acogedor, en el sofá o en cualquier otro lugar. En un puf. En un taburete de cocina. En un banco del parque. Debajo de la mesa del comedor.

Pero nunca en la cama.

«Pero no puedo dormir sin la televisión encendida de fondo». Una vez más, establece un horario de sueño regular. Eso te ayudará a conciliar el sueño de manera natural, sin ver actores antinaturalmente atractivos ni la multitud de anuncios de colonias, coches y curas para la disfunción eréctil.

Además, tu idea de que no puedes dormir sin la televisión de fondo es una tontería. ¿Me estás diciendo que cuando se va la luz en una tormenta no duermes? ¿Me estás diciendo que si te vas de acampada con una tienda de campaña no duermes?

En octubre de 2011, Connecticut sufrió una tormenta invernal cuando muchas de las hojas aún estaban en los árboles. El peso de la nieve sobre esas hojas hizo que miles de árboles y ramas se rompieran y cayeran al suelo, arrastrando consigo cables eléctricos. La mayoría de los habitantes de la zona de Hartford se quedaron sin electricidad durante diez días o más. De hecho, Elysha y yo fuimos de las pocas personas de la zona que aún tenían electricidad, por lo que nuestra casa se convirtió en un centro de lavandería, carga de aparatos y preparación de comida para los necesitados.

¿Estuvieron diez días sin dormir aquellos de «tengo que ver la tele para dormirme»?

Por supuesto que no.

Ver la televisión en la cama entrena a tu cerebro para pensar que la cama es un sofá, y por eso no puedes dormirte sin la televisión. Simplemente, en algún momento caíste en un hábito poco saludable que requiere corrección para mejorar enormemente tu sueño. Entrena a tu cuerpo y a tu cerebro para que piensen que tu cama es solo una cama, y la necesidad de la televisión se evaporará. Un sueño más reparador ocupará su lugar.

Reproducir ruido blanco

Si no utilizas el ruido blanco mientras duermes, es que ni siquiera lo estás intentando. Incluso si duermes bien, deberías probarlo. Elysha y yo reproducimos ruido blanco a través de nuestro Amazon Echo, pero también se pueden comprar máquinas específicas.

Cumple dos funciones importantes:

1. Proporciona una señal auditiva única para provocar que el cerebro se duerma. Igual que puedes entrenar a tu cuerpo para que se duerma a una hora determinada, también puedes entrenarlo para que lo haga al oír un sonido específico. Para mí, ese sonido es el ruido blanco: el siseo de una estática suave y constante. Pero también funcionan sonidos como el oleaje del mar, el murmullo de un arroyo, el viento sobre un mar de hierba o cualquiera que sea suave y constante.
2. Aumenta tus posibilidades de dormir toda la noche al enmascarar cualquier sonido que pueda despertarte. Si

te despiertas con frecuencia en mitad de la noche, hay una razón. Quizá necesites hacer pis (y, por tanto, beber menos antes de acostarte). Puede que estés entre los dos ciclos que caracterizan el sueño de la mayoría de la gente. O quizá ladró el perro del vecino. O un helicóptero sobrevoló tu casa. O tu pareja tosió. O crujió una viga de tu hogar. A menudo no sabrás qué te ha despertado, pero probablemente haya sido un ruido. El ruido blanco ahoga la mayoría de esos sonidos, lo que te permite seguir dormido y aumentar así la eficacia del sueño.

Relájate

La ansiedad y el estrés matan el sueño. Te tendrán dando vueltas en la cama toda la noche. A mi mujer le encanta hablarme de las tensiones del día justo cuando mi cabeza toca la almohada. Muy a su pesar, siempre me duermo en menos de un minuto, con lo que se queda sola dando vueltas en la cama.

La capacidad de relajarse antes de acostarse es fundamental para conciliar el sueño rápidamente. Si tu mente está plagada de preocupaciones e inquietudes o tu cuerpo está tenso, dormir te resultará difícil. Pero hay formas de relajar la mente y el cuerpo antes de dormir que te ayudarán mucho a conciliar el sueño con rapidez.

Entre ellas están las siguientes:

Meditación. Llevo diez años practicando la meditación cada mañana durante diez o quince minutos.

Esta afirmación en sí misma es asombrosa. No soy una persona espiritual. Soy muy muy terrenal. No practico yoga porque es un deporte sin marcador. No hay ganadores ni perdedores. Me encantan las hamburguesas con queso, la confrontación y los deportes de contacto. Echo de menos los días de mi infancia en los que me peleaba a puñetazos o a pedradas y jugaba a las bofetadas o a pegar en las manos.

La meditación no encaja conmigo.

En consecuencia, al principio pensé que la meditación era una tontería, pero alguien que conozco y en quien confío insistió en que le diera una oportunidad, y estoy muy contento de haberlo hecho. Al cabo de un año, conseguí despejar mi mente de todas las preocupaciones e inquietudes y entrar en un estado de felicidad sin distracciones. Se me ha dado tan bien que ahora puedo meditar casi a cualquier hora, lo que también me permite echarme una siesta reparadora de diez minutos en mitad del día si surge la necesidad. Todo lo he conseguido sin la ayuda de las numerosas aplicaciones de meditación disponibles hoy en día.

Este es el mensaje: si yo puedo hacerlo, tú también. Y deberías hacerlo. He conocido a muchas personas —incluida mi esposa— que me dicen que no pueden dormir por la noche debido a las preocupaciones y el estrés del día. Pero hay una solución. No es una píldora mágica ni una pulsera mística. Es la meditación. Llevará tiempo y práctica, pero los beneficios, tanto para dormir como para el resto de tu vida, son asombrosos.

Aliviar la tensión. Tuve problemas para dormir cuando era joven. Las preocupaciones y miedos asociados a una infancia carente de apoyo paterno hicieron que sintiera estrés constante de niño. A menudo pasaba hambre, tenía que pedir a otros adultos que me llevaran a sitios, todo ello mientras intentaba desesperadamente que mis hermanos y hermanas no se metieran en líos.

Se lo comenté a mi profesor de música, Russ Arnold, un día en que me dijo que parecía tenso durante una clase de flauta. Me dijo que localizara los lugares de mi cuerpo donde retenía el estrés para relajarlos antes de dormir, y que practicara antes de la próxima clase. Resultó que mantenía la tensión en la mandíbula y en las manos. Cuando relajé esas partes de mi cuerpo, no solo me ayudó a dormir, sino que también mejoré como flautista.

Así que cada noche, al apoyar la cabeza en la almohada, libero intencionadamente la tensión de la mandíbula y las manos, donde sigue residiendo hoy en día. Una vez liberada esa tensión y con la mente vacía gracias a la meditación, el sueño llega casi instantáneamente.

Encuentra los lugares donde retienes tensión empezando por los dedos de los pies y subiendo por el cuerpo, relajando cada parte lenta y deliberadamente. Con el tiempo, encontrarás un lugar en el que te resulte difícil relajarte o en el que te sientas increíblemente aliviado cuando lo haces. Libera la tensión ahí y es probable que el sueño llegue antes.

Agua caliente. No te estoy sugiriendo que te bañes, porque me opongo radicalmente a los baños. Consumen una enorme cantidad de tiempo y, parafraseando a Cosmo Kramer, un baño es repugnante. Te sientas en un charco tibio lleno de tu propia suciedad.

Te sugiero una ducha caliente antes de acostarte si te cuesta conciliar el sueño, pero si prefieres un baño, adelante.

La cuestión es esta: la temperatura del agua influye en tu estado de alerta. El agua caliente relaja el cuerpo y la mente, lo que hace que una ducha caliente sea una forma terrible de empezar el día, pero una forma estupenda de terminarlo.

Ejercicio

Sé que suena extraño, pero el ejercicio mejorará enormemente tu sueño. Incluso un paseo a paso ligero en algún momento del día mejorará la eficacia de tu sueño. Algunas investigaciones han demostrado repetidamente que el ejercicio de moderado a intenso puede aumentar la calidad del sueño de los adultos al reducir el tiempo hasta que te duermes. El ejercicio también es excelente para aliviar el estrés, lo que, como sabes, también te ayudará a dormir mejor.

Hay pocas cosas en la vida que puedan mejorar más tu calidad de vida que el ejercicio. Omitirlo es un terrible error.

Olvídate del botón de repetición de la alarma

No utilices el botón de repetición de alarma, en inglés *snooze*, ese que apaga la alarma y hace que vuelva a sonar al cabo de unos minutos. Repetirla es una de las peores cosas jamás inventadas y debería desaparecer de la faz de la Tierra inmediatamente después de las armas nucleares y la cazuela de judías verdes.

Mi amigo Jeff me contó hace poco que una mañana, sin querer, se quedó dormido durante quince minutos y no volvió a sentirse bien el resto del día. Esto se debe a que permitió que su cuerpo entrara en un nuevo ciclo de sueño, y luego lo interrumpió bruscamente para empezar el día.

Resulta terrible para tu cerebro y tu cuerpo.

El botón de repetición se basa en la estúpida convicción de que despertarse dos veces en un periodo de diez a quince minutos es una buena idea.

Y no lo es.

Se basa en la estúpida convicción de que pasar diez minutos más en la cama después de despertarse es útil de alguna manera.

Tampoco lo es.

Acaba inmediatamente con el uso del botón. Cuando suene la alarma, o, mejor aún, cuando te despiertes naturalmente, salta de la cama. Mueve el culo. Empieza el día con brío y vigor.

No estoy seguro de lo que es «brío», pero ya me entiendes.

Establece una temperatura ambiente óptima

Duerme en una habitación fresca, con una temperatura de dieciocho grados centígrados si es posible. Por extraño que parezca, hay razones científicas por las que una temperatura ambiente de unos dieciocho grados es óptima para dormir. Esto está relacionado con la regulación de la temperatura interna del cuerpo.

Esta temperatura cambia a lo largo del día. Es lo que se conoce como ritmo circadiano. Tu cuerpo empieza a bajar su temperatura interna alrededor de la hora de acostarse y continúa enfriándose hasta alcanzar su punto más bajo cerca del amanecer.

Este proceso de enfriamiento se lleva a cabo dilatando los vasos sanguíneos de la piel. Cuando tu temperatura empieza a bajar por la noche, notarás que tus manos y pies se calientan. Esto se debe a que tu cuerpo está dejando escapar el calor a través de ellos para reducir tu temperatura central.

Si la temperatura de tu entorno de sueño es demasiado alta o baja, puede afectar al descenso de la temperatura interna y provocarte trastornos del sueño.

Examina tu iluminación

Duerme en una habitación oscura, sobre todo si el sol va a salir antes de que te despiertes. Instala cortinas opacas si es necesario. No quieres que tu última hora o par de horas de sueño se conviertan en un dormitar inquieto y poco reparador porque el sol se asoma a tu dormitorio.

Duerme o no duermas. No hay punto intermedio.

Si utilizas tu portátil o dispositivo después de que se haya puesto el sol, instala una aplicación llamada *f.lux*. Es gratis y compatible con Mac y PC. Esta hace que el color de la pantalla de tu ordenador se adapte a la hora del día, simulando una luz cálida de interior por la noche y la luz del sol durante el día. Le dices qué tipo de iluminación tienes, dónde vives y tu patrón de sueño típico, y ella hará el resto.

Elysha se queja de que mi pantalla parece una mancha marrón amarillenta al final de la noche. Es cierto, pero yo nunca me quejo de que me cueste conciliar el sueño. ¿Qué es más importante?

Lamentablemente, *f.lux* también tiene un ajuste de «dormir más los fines de semana» para personas que no entienden cómo tratar el sueño adecuadamente. Nunca utilices esta función insensata.

¿Puedes dormir menos?

Hace unos años, mi amiga y compañera de trabajo Erica acudió a mí en busca de consejo. Acababa de dar a luz a su tercera hija —las tres se llaman como presidentes de Estados Unidos (te dejaré adivinar qué presidentes, pero dos fueron asesinados y a otro le dispararon)— y le costaba encontrar tiempo para sí misma. No estaba logrando todo lo que quería en la vida. Conocía mi nivel de productividad y me preguntó si podía ofrecerle algunas sugerencias.

La primera fue la siguiente: «Intenta levantarte una hora antes».

Se resistió, insistiendo en que necesitaba dormir.

—Tal vez —le dije—. Pero ¿por qué no lo intentas?

Le sugerí que utilizara la hora extra para hacer ejercicio, leer, meditar o lo que necesitara. Le insistí en que simplemente lo intentara. Le dije que creo en la importancia de dormir bien y me lo tomo muy en serio, así que, si levantarse una hora antes no funcionaba, no pasaba nada.

—Al menos lo habrás intentado.

Tres semanas después, asomó la cabeza por mi clase para decirme que la hora extra que había estado pasando por la mañana sola —haciendo ejercicio, desayunando y, en general, cuidándose— le había cambiado la vida. Al cabo de un par de semanas, había descubierto que una hora de ejercicio y autocuidado era más importante que una hora de sueño. Se sentía mejor durmiendo un poco menos y haciendo un poco más.

¿Te estoy sugiriendo que reduzcas una hora de sueño? No. Creo que primero deberías poner en práctica todas las estrategias que he descrito antes. Trata el sueño como algo sagrado. Aumenta la eficiencia de tu sueño para reducir el tiempo que pasas en la cama y promover un sueño más profundo y reparador.

Pero después de todo eso, quizá también puedas experimentar con el sueño. Tal vez recortar treinta minutos o una hora cada día y ver qué pasa. Si conviertes ese sueño perdido en ejercicio, una dieta más sana, meditación o el desarrollo de tus actividades creativas, puede que descubras lo mismo que descubrió Erica: quizá no necesites dormir tanto como creías.

Mientras escribía este libro, le pregunté a Erica si seguía levantándose una hora antes. Me envió un mensaje y me contó lo siguiente:

> Desde que empecé a hacer ejercicio en casa, es entonces cuando hago ejercicio. Así que sí. Ha tenido un efecto dominó. Me ha dado más tiempo para estar con mi familia después del trabajo porque no voy al gimnasio de 4 a 5 de la tarde y no llego a casa a las 5.30 todos los días. Además, me ayuda si necesito ponerme al día con el trabajo. Puedo quedarme en la escuela y hacerlo en lugar de traerlo a casa, porque no voy corriendo a la clase de las 4 en el gimnasio.

«Efecto dominó». Me gusta mucho esta frase.

¿Ves cómo una hora puede cambiar literalmente una vida?

Erica, una entusiasta del CrossFit, lanzó hace poco su propia empresa: un negocio de *coaching* personal, en el que ayuda a la gente a controlar su dieta, su régimen de ejercicio y su salud mental. Es algo en lo que ha estado trabajando durante un tiempo, y ahora por fin lo ha sacado adelante.

Probablemente, esa hora extra también le está reportando dividendos en ese sentido.

Mi amigo Bill dijo hace poco algo que, al parecer, digo tan a menudo que han empezado a citarme: «Puedes dormir ocho horas por noche y no escribir un libro, o puedes dormir siete horas por noche y convertirte en escritor». Es cierto. Si te levantas una hora antes de lo que lo haces actualmente y dedicas ese tiempo a escribir, tendrás un libro en uno o dos años.

¿Dormir menos?

Tal vez.

¿Dormir correctamente? ¿Dormir eficazmente?

Por supuesto.

Esto es lo más loco de mi reciente colonoscopia: me quedé dormido mientras me la hacían.

Tras subirme a la camilla y cubrirme con una manta caliente, me dejaron solo unos diez minutos. Cuando llegó la enfermera para administrarme una vía y hacerme muchas preguntas, yo estaba dormido. Me despertó y seguimos con su cuestionario.

Cuando se fue, volví a quedarme solo otros diez minutos. Cuando llegó el anestesista para revisar mi historial médico, estaba dormido de nuevo. Tuvo que despertarme antes de proceder a la revisión.

Cuando se fue, estuve solo una media hora antes de que llegara una enfermera para llevarme a la sala donde se realizaría la intervención. También me encontró dormido. Me despertó y nos pusimos en marcha.

En la sala donde iba a tener lugar la intervención, volví a quedarme dormido mientras esperaba a que se hicieran los últimos preparativos. Una enfermera tuvo que despertarme para que me pudieran anestesiar. Comentó que nunca había tenido que despertar a un paciente antes de administrarle el medicamento que lo volvería a dormir.

—Te gusta mucho dormir —me dijo una de las enfermeras—, ¿verdad?

—No —dije—. En realidad, lo odio.

Simplemente he pasado años entrenando mi cuerpo y mi mente para dormirme en la cama casi al instante. Lo hago en casa. Lo hago en hoteles. Lo hago casi en cualquier sitio cuando quiero echarme una siesta de diez minutos.

Es cierto que mi persistente sonambulismo es menos que ideal, pero este problema me ha atormentado desde la infancia y no parece que vaya a desaparecer pronto. A menudo me despierto en lugares distintos, y muchas veces me despierto mientras estoy comiéndome un tazón de cereales, enzarzado en una conversación con Elysha, vistiéndome para ir a trabajar o sentado en el sofá viendo una pantalla de televisión apagada.

Una vez aprobé la operación de urgencia de la columna vertebral de mi perro cuando mi veterinario llamó en mitad de la noche. Aunque Elysha y yo mantuvimos una breve pero importante discusión sobre los miles de dólares que gastaríamos sin saber si daría resultado, no tengo ningún recuerdo de aquella conversación, ni de la decisión, porque yo seguía dormido. Afortunadamente, la operación fue un éxito y mi perro vivió muchos años.

Una vez escribí quinientas palabras de una novela mientras dormía, y resultaron lo bastante buenas como para dejarlas en el libro. Multitarea en estado puro.

Pero aparte de estas aventuras nocturnas ocasionales, dormir es algo que hago con facilidad y que considero sagrado. Algo que me esfuerzo por hacer con eficacia. Algo en lo que mi cuerpo cae sin demasiado esfuerzo. Incluso en medio de una colonoscopia.

Quiero lo mismo para ti.

4   El águila y el ratón

«La gente es frugal a la hora de cuidar sus bienes personales;
pero en cuanto se trata de malgastar el tiempo, derrochan con
descuido la única cosa en la que está bien ser tacaño».
SÉNECA

Hace años, antes de los niños, los seguros de vida y los tra-
tamientos de impermeabilización de ventanas, Elysha y yo
trabajábamos en el mismo colegio. Allí nos conocimos y nos
enamoramos.

En realidad, yo me enamoré primero. A Elysha le costó
mucho más. Con el tiempo, empezamos a salir y nos casa-
mos. Durante el primer año de matrimonio, un día Elysha
paró a nuestro director, Plato Karafelis, en el pasillo para quejarse de mí.

No era broma.

Su queja era la siguiente: la tarde anterior, nos habíamos
sentado juntos a trabajar en los boletines de notas. En menos
de dos horas, yo había completado los veintiún boletines, al
tiempo que ganaba cuatrocientos dólares jugando al póquer
en línea (cuando eso era legal en Estados Unidos) y escuchaba
un audiolibro. En ese mismo periodo de tiempo, Elysha solo
había completado dos boletines y nada más.

—Es muy molesto —le dijo a Plato—. No sé cómo vivir
con él. —Esta era su queja, sobre su marido recién casado,
presentada a nuestro jefe.

El consejo de Plato fue el siguiente: la tradicional rueda de los espíritus de los nativos americanos está habitada por cuatro animales, entre ellos el águila y el ratón. En su esencia, el águila se eleva por encima de la contienda, ve el panorama más amplio y la totalidad del terreno. El ratón, por el contrario, está cerca del suelo, oculto entre la maleza, viendo los aspectos minúsculos pero importantes de la vida.

Ninguna de las dos posiciones de la rueda espiritual es buena o mala. Ninguna es mejor que la otra. El propósito de la vida es habitar, en última instancia, todas las partes de esta rueda espiritual. Ser un águila cuando ver el panorama más amplio sea ventajoso, y ser un ratón cuando los detalles sean lo más importante.

—Matt es un águila —explicó Plato a Elysha—. Vuela por encima y ve el panorama general. Sabe hacia dónde se dirige mejor su esfuerzo. Hace las cosas sabiendo lo que hay que hacer y lo que se puede evitar. Tú, en cambio, eres el ratón. Ves cada pequeño detalle. Te preocupas por cada elemento. Te implicas en cada particularidad, y eso también es importante.

Elysha escuchó, reflexionó y luego dijo:

—¡Pero las águilas comen ratones!

El consejo no cambió nada en nuestra relación y, afortunadamente, no perjudicó a mi carrera en modo alguno, pero ayudó a Elysha a comprenderme mejor. Cuando me lo contó, me ayudó a mí a entenderla.

Mientras Elysha sufría con la elección de palabras, la construcción de frases y los ejemplos adecuados para incluir en los boletines de notas de sus alumnos (como la mayoría de los profesores), yo sabía que estas elecciones no significan mucho en el plano global. A los padres no les preocupa la calidad de la escritura en un boletín de notas. No se enfadan por una errata fácil de corregir. No me juzgarían por el uso correcto de las comas y del punto y coma.

En realidad, nunca he usado un punto y coma en mi vida. No tengo tiempo para esas tonterías.

Los padres solo quieren saber que quiero a sus hijos. Quieren saber que los veo y los entiendo. Quieren estar seguros de que comprendo sus fortalezas y debilidades. Quieren saber que animaré, engatusaré y empujaré a su hijo hasta el máximo rendimiento académico posible, al tiempo que intentaré por todos los medios hacerle reír. No tengo que preocuparme de escribir excepcionalmente bien o de proporcionar datos de evaluación cuando una versión ligeramente menos elocuente del mismo boletín de notas es suficiente.

Elysha buscaba la perfección. Yo solo aspiraba a ser lo bastante bueno. Al final, ambos conseguimos el mismo objetivo. De paso, logré ganar algo de dinero y escuchar un libro en el proceso. En el caso de los boletines de notas, el águila sabía qué hacer y que era demasiado. El ratón, en cambio, lo hacía todo.

En realidad, yo también tengo mucho de ratón. No se pueden escribir novelas, ejercer como ministro en bodas, actuar en el escenario, gestionar inversiones y poseer y dirigir múltiples empresas sin prestar atención a los detalles. Para un creador, los detalles son inmensamente importantes.

A veces. Pero no siempre.

Pero Plato tenía toda la razón. En muchos sentidos, yo soy el águila. Veo el panorama general. Sé dónde dirigir mi atención y dónde no me servirá de nada.

Por desgracia, la mayoría de creadores tienen demasiado ratón dentro. Se obsesionan con los detalles y se preocupan por cada pequeña cosa. Tiene sentido. Si vas a fabricar algo con valor, debes dedicar tiempo a los detalles. Novelistas, pintores, cocineros, inventores, coreógrafos, escultores, artistas del bonsái, diseñadores de fuegos artificiales y empresarios deben sudar siempre la gota gorda. La atención a los detalles determinará a menudo su éxito o fracaso.

Pero si no adoptan también el poder del águila, los creadores pueden perderse en la maleza, incapaces de dedicar el tiempo, la concentración y los medios necesarios a hacer el trabajo que hay que hacer. Al tratarlo todo con el mismo nivel de atención, invierten tiempo en cosas que no importan y, por tanto, priorizan mal.

Si quieres hacer algo, debes aprovechar los puntos fuertes del águila para tener éxito. Esto te enseña a dar prioridad a las cosas que harán avanzar tu carrera y tu felicidad general, dejando de lado las que no lo hacen.

La curiosidad mata la productividad: cultiva el desinterés deliberado

Hace poco recibí la liquidación de derechos de autor de mi editorial coreana. Junto con el cheque venía un informe sobre el número de libros vendidos en distintos formatos en Corea del Sur. Mi suegro, que estaba sentado a la mesa mientras firmaba el reverso del cheque, me preguntó cuántas novelas mías se habían vendido en Corea.

—No lo sé —le dije—. Tiré la liquidación de ventas.

—¿No la miraste? —preguntó.

—¿Por qué molestarse? —le pregunté—. Tengo mi cheque. Saber cuántos libros se han vendido realmente no cambia nada. No es como si pudiera hacer *marketing* de mis libros y venderlos a medio mundo de distancia en un idioma que no hablo.

Pensó que estaba loco. Pensó que mi falta de curiosidad era trágica.

Tenía razón sobre mi falta de curiosidad. Pero no es trágica. Es estratégica.

Los minutos cuentan. Podía pasarlos intentando averiguar cómo leer un extracto de ventas coreano para determinar cuántos ejemplares se vendieron de una traducción de uno de mis libros, o podía invertirlos en acercarme a terminar el siguiente.

Elegí lo último.

El águila sabe que no debe invertir su recurso más preciado en cosas que, al fin y al cabo, son irrelevantes. No pierdas el tiempo en cosas que no significarán nada para ti horas o días después.

No dediques ni un minuto a algo que olvidarás dentro de una hora. Ni siquiera pienses en aquello que no puedes controlar.

Limita la toma de decisiones

Solo disponemos de un determinado ancho de banda en un momento dado y de una limitada capacidad mental en un día concreto. Cuanta más información procesemos y mayor sea el número de decisiones que tomemos, menos capacidad tendremos cuando llegue el momento de ser creativos y productivos.

Si me preocupo por el número de libros que he vendido en Corea del Sur, tendré menos capacidad cuando llegue el momento de revisar un capítulo, ensayar un discurso, escribir una columna o redactar una carta pidiendo a un hotel local que patrocine nuestro espectáculo de *storytelling*. La ciencia nos ha demostrado una y otra vez que cuanta más información procesamos y más decisiones tomamos, menos eficaces somos a lo largo del día. Las decisiones nos desgastan. El águila sabe que debe limitarlas siempre que sea posible.

Por eso Steve Jobs llevaba todos los días la misma ropa, incluido un jersey de cuello alto diseñado por Issey Miyake, comprado al por mayor para tener «suficientes para el resto de mi vida».[1]

Es la razón por la que el presidente Obama se limitaba a elegir entre dos colores de traje. «Tienes que eliminar de tu vida los problemas cotidianos que absorben a la mayoría durante partes significativas de su día», dijo Obama. «Verás que solo llevo trajes grises o azules. Intento reducir las decisiones. No quiero decidir sobre lo que como o visto. Porque tengo demasiadas otras decisiones que tomar».[2] Obama también mencionó una investigación que demuestra que el simple hecho de tomar decisiones degrada esa misma capacidad.

El CEO de Facebook, Mark Zuckerberg, ha declarado que posee una veintena de camisetas grises idénticas. «Es decir, me pongo lo mismo todos los días, ¿verdad? Lo digo literalmente, sería obvio si pudieras ver mi armario en casa. Así es más fácil».[3]

Por eso Einstein compró varios trajes grises idénticos, para no tener que decidir nunca más qué ponerse.

Por eso Matthew Dicks siempre lleva vaqueros azules, una camiseta negra, un par de zapatillas y un sombrero cuando actúa en el escenario. Por eso su elección de ropa en un día cualquiera a menudo se reduce a «¿Qué hay encima del montón?».

Puede que esté un poco loco, pero estoy en muy buena compañía. Y muy productiva.

Una de mis alumnas me dijo hace poco:

—No te vistes mal, pero, desde luego, no te vistes para impresionar. Vistes como al azar.

Exacto. Además, «al azar» era una de nuestras palabras nuevas de vocabulario de esa semana, así que su comentario fue doblemente brillante.

¿Por qué iba a vestirme para impresionar cuando mis clientes son niños de diez años que a menudo van manchados de salpicaduras del desayuno y se dibujan tatuajes con bolígrafo en los brazos? Si mi elección de ropa influyera de algún modo en la trayectoria de mi carrera o contribuyera a escribir un libro o al crecimiento de mi empresa, entonces sería más cuidadoso. Pero dado que las opiniones de niños de diez años no significan nada para mí cuando se trata de moda y estilo, mi alumna tenía razón: no me visto para impresionar. Me visto rápidamente para poder pasar a otra cosa.

Se podría argumentar que debería vestirme para impresionar a mis administradores. El dicho reza: «Vístete para el trabajo que quieres, no para el que tienes». Pero yo quiero ser profesor. No busco ascender en la docencia. Ascender en la enseñanza significaría pasar menos tiempo con los niños y más con adultos. No es por esto por lo que me hice profesor. No es por lo que sigo siendo profesor.

Me visto para el trabajo que quiero, que también resulta ser el que tengo actualmente. Y en ese puesto, la ropa que elijo llevar (es decir, la ropa que llevo en un momento dado) es irrelevante para mi éxito con alumnos de quinto curso.

No tomo decisiones sobre nada que en última instancia sea irrelevante, porque la toma de decisiones es agotadora para el cerebro y tengo cosas más importantes de las que preocuparme que las camisas o los pantalones. El águila entiende cuándo la moda es relevante y cuándo no.

Y sí, también muestro un increíble y deliberado desinterés hacia cualquier decisión que no pueda controlar o que no haga avanzar mi causa. Siempre tengo en mente el panorama general para preservar el tiempo, la energía y el ancho de banda necesarios para centrarme en las cosas que importan.

Cada agosto, por ejemplo, se envía un correo electrónico a los profesores con una lista de horarios para el curso siguiente. Guardias de recreo. Clases de arte, música y educación física. Los horarios son equilibrados, en el sentido de que cada profesor dispone de la misma cantidad de tiempo de planificación y de trabajo a la semana, pero el horario real del día a día es diferente. Uno puede tener arte el martes y música el jueves, y otro puede invertir esos horarios. Puede requerir que un profesor supervise el recreo del lunes, mientras que a otro puede asignarle el recreo del jueves. Así comienza la batalla del horario preferido. La negociación por el conjunto ideal de responsabilidades y tiempo de planificación.

Yo no participo en esta negociación. Simplemente les digo a mis compañeros que me asignen el horario que sobre. Porque el horario no importa realmente. Nunca en mis veintitrés años de carrera docente la ubicación de mi clase de música o el día de mi turno de recreo han tenido relación con mi enseñanza, mi negocio o mi vida creativa. En realidad, ni siquiera miro el horario hasta el primer día después del verano. Antes del primer día de clase, me desentiendo estratégicamente de todo lo relacionado con la escuela, porque lo contrario es una tontería.

Al final del curso escolar nunca volveré la vista atrás y pensaré que los cuatro días que habría invertido durante el verano planificando, maniobrando y negociando mi horario fueron productivos en modo alguno. Así que no los invierto.

Céntrate en lo que realmente importa... hoy y mañana

La visión del águila dice: «Si esto no va a importar dentro de una hora, un día, una semana o incluso un año, ¿por qué voy a permitir que importe ahora?».

Un ejemplo: durante la pandemia, llené el congelador de nuestro sótano con cientos de dólares en carne y alimentos preparados, preocupado por la posibilidad de que fuera difícil conseguir comida durante un tiempo. En algunos casos, así sucedió. Cuando las cadenas de suministro se estabilizaron y las estanterías de los supermercados volvieron a abastecerse, Elysha y yo prometimos pasarnos el verano comiendo todos los congelados que teníamos almacenados.

Pero un día Clara sacó un polo del congelador y no cerró la puerta. Pasaron tres días hasta que Elysha bajó al sótano y descubrió que todo se había descongelado. Toda la carne y los alimentos preparados almacenados estaban en charcos de agua tibia.

Elysha se enfadó. Se quedó mirando el desastre y el desperdicio de comida, calculando mentalmente la pérdida de tiempo y dinero. Le concedí un momento de angustia, que era totalmente comprensible y razonable, pero luego le dije:

—Escucha, dentro de tres días nada de esto nos importará. Antes de que nos demos cuenta, esto se convertirá en una divertida anécdota sobre el polo más caro de la historia. Así que hagamos como si eso ya hubiera ocurrido y no dejemos que nos arruine el día.

Hay que decir en honor de mi esposa que dejó de lado su visión de ratón, adoptó esta filosofía de águila, y olvidó su enfado y su frustración. Todo lo que pudo.

El águila calcula el valor futuro de las decisiones y acciones a tomar en el momento para decidir si merecen nuestro tiempo. El águila dice cosas como:

Si no importa mañana, no dejes que importe hoy.

Si soy el único que lo notará, no vale la pena hacerlo.

Deja para más adelante las tareas estúpidas y de poca importancia. En cinco minutos podrías morir si te cae encima un avión. ¿Quieres gastar los últimos cinco minutos de tu vida en una tarea sin sentido que podrías realizar la semana que viene?

Organizar simplemente por organizar es una tontería, perpetrada por personas que no valoran adecuadamente su tiempo y olvidan lo pronto que morirán. Si ordenar los papeles por colores en una carpeta te cuesta diez minutos pero solo te ahorra treinta segundos de esfuerzo, no lo hagas.

Sé organizado cuando ahorres tiempo

Esto no quiere decir que mantenerse organizado no sea importante. Es de vital importancia.

El águila sabe que, si pasas veinte minutos cada semana buscando tus llaves porque no les has asignado un lugar fijo, estás perdiendo muchísimo tiempo. En lugar de eso, invierte en un hogar y una rutina para tus llaves.

El águila sabe que, si tardas horas en recoger los documentos fiscales cada abril porque no has archivado los recibos y las declaraciones a lo largo del año, te está costando un tiempo y una energía preciosos. En lugar de eso, invierte en un sistema para documentar y recopilar información a lo largo del año, de modo que no tengas que apresurarte a la hora de pagar los impuestos.

El águila sabe que si dedicas una hora a la semana a limpiar tu escritorio en lugar de evitar el desorden manteniéndote organizado, estás malgastando tu vida.

El águila sabe que no puedes quedarte atrás. Esto parece excepcionalmente obvio, pero también es extremadamente importante y a menudo se pasa por alto.

Casi siempre se pasa por alto.

Calificar trabajos es un buen ejemplo que veo a menudo. Si un profesor se permite retrasarse una o dos semanas en la corrección, la montaña de trabajos sin corregir se transforma (en la mente de muchas personas) en un proyecto a largo plazo que requerirá un periodo de tiempo específicamente asignado —un sábado por la tarde, un martes por la noche o un domingo entero— para completarlo.

Como resultado de esta desafortunada mentalidad, si ese mismo profesor se encuentra con cinco o diez minutos libres en su día (lo que ocurre a menudo), es mucho menos probable que intente utilizar ese tiempo para hacer una pequeña mella en su enorme pila, ya que el progreso realizado le parecerá insignificante. En lugar de trabajar durante cinco o diez minutos, es probable que desperdicie esas pequeñas porciones de tiempo, que se acumulan rápidamente hasta sumar mucho tiempo, como vengo insistiendo una y otra vez.

Una vez trabajé con una profesora que tuvo que tomarse un día por enfermedad para rellenar sus boletines de notas porque la montaña de calificaciones que había acumulado requería un día entero de trabajo. Pero si no te retrasas en la corrección y la pila de trabajos sin calificar sigue siendo manejable, entonces los pocos minutos extra que encuentres durante el día pueden ser realmente productivos, y es mucho más probable que los utilices con fines productivos.

Lo mismo puede decirse de muchas tareas. La colada es otro buen ejemplo. Si no dejas que la ropa sucia se acumule en montones enormes, y si no permites que la ropa doblada llene numerosos cestos, estarás en mejores condiciones para lavar una pequeña carga o guardar la ropa cuando te encuentres con unos minutos libres. Yo guardo la mayor parte de la colada mientras espero a que mi mujer se prepare para ir a la cama. De otro modo, sería un tiempo improductivo, pero como la cantidad de ropa que tengo en el cesto nunca es abrumadora, puedo completar una parte suficiente del trabajo como para que el tiempo parezca bien empleado.

Esto también se aplica a tareas como ordenar el garaje o un armario, limpiar el coche u organizar la despensa. Si nunca permites que ninguna de estas áreas se vaya al infierno, entonces puedes emplear unos minutos aquí y allá para ordenar un rincón y hacer progresos marginales, pero seguir sintiendo que has hecho mella en la tarea.

Cuando sientes que puedes marcar la diferencia, es más probable que utilices ese tiempo de forma productiva. Pero una vez que tu garaje, tu armario, tu coche o tu despensa llegan al punto de requerir horas para limpiarlos y organizarlos, es mucho menos probable que utilices esas rendijas de tiempo que quedan en tu vida para hacer progresos.

Esto no quiere decir que no puedas o no quieras hacerlo. Escribir un libro es un proceso enorme, difícil de manejar, que dura años, pero si me encuentro con diez minutos libres, me sentaré e intentaré escribir cuatro buenas frases. Este tipo de vigilancia productiva es difícil de conseguir. Pero es mucho más fácil si no has dejado que todo se acumule. Es mucho más sencillo si organizas tu tiempo, tu espacio y tus materiales.

El águila sabe que si mantienes el trabajo pequeño y manejable, es mucho más probable que utilices las migajas de tiempo libre que te quedan a lo largo del día de forma más productiva, y esos pequeños momentos acabarán sumando.

El águila también conoce el valor de la organización. El águila comprende que mantener cierto nivel de orden en tu vida es fundamental para el éxito.

A veces.

Pero si estás coordinando por colores tu cajón de los calcetines porque te gusta cómo queda, deja de hacerlo. Si estás etiquetando tu cajón de los cubiertos para evitar que alguna cuchara se mezcle con los tenedores, para. Si estás recreando un documento para que el tipo de letra y formato coincidan con el tipo de letra y formato de los documentos que tienes al lado, tienes que replantearte tus prioridades.

Una vez vi a una profesora —madre de tres niños pequeños— recortar la imagen de una jirafa de una página de un cuaderno de ortografía y sustituirla por otra imagen de una jirafa que le gustaba más. La imagen era irrelevante para la tarea. La palabra jirafa estaba incluida en la lista de ortografía de la semana, pero la tarea no dependía en absoluto de la imagen. Era puramente decorativa.

Sin embargo, esta profesora dedicó tiempo a cambiar jirafas. ¿Por qué?

Hay varias posibilidades:

- Suponía que viviría eternamente, por lo que el tiempo carecía de sentido para ella.
- No valoraba el tiempo pasado con su marido y sus hijos, probablemente porque son unos monstruos.
- Era tan increíblemente ratonil y se fijaba tanto en los detalles innecesarios que no podía priorizar ni siquiera cuando se trataba de las tareas más insignificantes.
- Tenía una vida tan pequeña, vacía y poco ambiciosa que, de algún modo, había convertido el intercambio de imágenes de jirafas sin sentido en una actividad digna propia de una buena vida.

En casos como este, el águila debería comerte. Mereces que te coman por perder así el tiempo.

En palabras del escritor Stephen Vincent Benét, ganador del Premio Pulitzer, a quien cité al principio del capítulo 2: «La vida no se pierde al morir; la vida se pierde minuto a minuto, día tras día, de mil pequeñas formas insignificantes».[4]

Bien dicho.

Además, para que conste, el punto y coma es de Benét. No mío.

Esas «mil pequeñas formas insignificantes» incluyen jirafas de repuesto, cajones de calcetines de colores coordinados, discusiones interminables sobre tamaños de letra, elección de restaurantes o colores de pintura, y una reunión de *marketing* de setenta y cinco minutos en la que los asistentes debatieron sobre el uso de «comunicación» frente a «colaboración» en una presentación de PowerPoint que contenía dos docenas de diapositivas.

Esto último es una historia real. Afortunadamente, me pagaron bien por escuchar atentamente mientras ponía los ojos en blanco.

No eres el centro del universo, así que deja de actuar como si lo fueras: el efecto foco

Esa interminable discusión sobre la elección de «comunicación» o «colaboración» es un excelente ejemplo del efecto foco: un fenómeno en el que las personas tienden a creer que son el centro de atención. Esto entra en juego sobre todo cuando has elegido hacer algo atípico, pero también se aplica a la apariencia física, la conversación y muchos otros aspectos de la vida.

En pocas palabras, la gente cree que los demás les prestan más atención de la que realmente les prestan. La idea errónea tiene sentido: eres el centro de tu propio universo, así que es natural pensar que también eres el centro del universo de los demás.

O que al menos estás cerca del centro de su universo.

Afortunadamente, esto no es cierto. Las águilas comprenden que no es cierto. Nadie notará si elegiste utilizar «comunicación» o «colaboración» en tu presentación y absolutamente nadie se acordará de ello. Diez minutos después, tampoco te importará a ti.

Sin embargo, por alguna razón, cierto grupo de ejecutivos de *marketing* pensaron que todo el mundo que escuchara su presentación sí prestaría atención a ese detalle, cuando lo cierto es que nadie iba a hacerlo.

Las águilas entienden esto.

Las águilas entienden que las pequeñas cosas que a menudo consumen a los demás son irrelevantes porque nadie te está prestando tanta atención.

El efecto foco es real.

Esta es la verdad: casi todos los días buenos que experimentas solo los vives y notas tú. Nadie notará, y mucho menos recordará, la mancha de café de tu camisa. Nadie recordará que te expresaste mal durante tu presentación de ventas. Nadie sabe que has engordado o adelgazado cinco kilos. Una vez que aceptas esta verdad, la vida se vuelve mucho más fácil, ya que desaparecen las rutinas, los rituales y la preocupación infinita por minucias sin sentido.

Las águilas no se preocupan por todo esto. El águila ignora, descarta, desprecia y avanza a través de las pequeñas cosas sin importancia, esforzándose en cambio por aplicar el poder del ratón solo en los temas más pertinentes y productivos.

El sábado por la mañana me encontré con un amigo en el supermercado. Tras intercambiar cumplidos, me dijo:

—Te admiro. Yo nunca podría salir de casa así.

El «así» consistía en pantalones de chándal, una camiseta vieja y una gorra de béisbol. Acababa de llegar del gimnasio, aunque podría haber ido vestido del mismo modo si viniera de casa.

—¿Tan mal aspecto tengo? —le pregunté.

—No —dijo, echándose inmediatamente atrás—. Solo digo que... tengo que ponerme más presentable antes de salir de casa. ¿Sabes?

Lo sé. También sé que no es el único que necesita estar presentable antes de salir de casa. Por desgracia para mi amigo, no se da cuenta de que a nadie le importa si va presentable. Nadie se acuerda, y casi nadie se da cuenta.

Esta necesidad de estar presentable en la mayoría de las circunstancias públicas, si no en todas, es muy improductiva. Aunque no digo que debas tener un aspecto desaliñado para ser productivo, tampoco creo que debas preocuparte demasiado por tu aspecto si tu destino es el supermercado, una tienda o un lugar similar, sobre todo si vestirte con más cuidado te va a retrasar.

La tienda en la que estaba comprando —Stop & Shop, por supuesto— abre a las 6.00. Me gusta llegar pronto porque las colas para pasar por caja pueden llegar a ser excesivamente largas durante el fin de semana. También quería parar en el gimnasio de camino.

Le expliqué todo esto a mi amigo. Me dijo que él no podría hacerlo.

—Puede que ahorre tiempo, pero yo no podría salir a comprar con ese aspecto. Tendría que hacer ejercicio en el gimnasio, ir a casa, ducharme, vestirme y luego salir a hacer la compra.

Este pobre hombre cree de verdad que a la gente le importa su aspecto cuando va de compras un sábado por la mañana. Cree que un día después se acordarán de su aspecto.

No es el único, por supuesto.

Pero cuanto menos te preocupes por tu aspecto físico, más productivo serás. Y preocuparse menos es una buena idea en muchísimos casos. Quizá no cuando te reúnes con un cliente o haces una presentación o asistes a la boda de tu primo, pero en tu vida cotidiana preocuparse menos es bueno, porque a nadie le importa tanto como crees.

Hace un tiempo asistí a una boda. Ya no llevo corbatas, y un amigo me señaló que era el único hombre de toda la boda que no llevaba una.

—¿No te incomoda? —me preguntó.

Pues no. Aquella boda fue hace más de un año. ¿Cuántos de los invitados a aquella boda recuerdan todavía que no llevé corbata? ¿Cuántos se dieron cuenta de la ausencia de corbata aquella noche? ¿Cuántos se dieron cuenta y pensaron mal de mí?

La respuesta a todas estas preguntas es ninguno o casi ninguno.

A nadie le importa tu aspecto.

En una prueba del efecto foco[5] se pidió a los estudiantes que llevaran camisetas amarillas brillantes de Barry Manilow en una clase de introducción a la psicología. Los investigadores les pidieron que calcularan cuántas personas de la clase se habían fijado en su camiseta.

Los estudiantes estimaron que el cincuenta por ciento de sus compañeros se habían fijado en su camiseta. En realidad, casi nadie lo hizo.

No solo a la gente no le importa tu aspecto, sino que rara vez te presta atención. Cuando lo aceptes, serás más productivo. Pasarás menos tiempo preparándote para salir. Estarás más dispuesto a subirte al coche en pijama y camiseta para hacer un recado. Estarás más dispuesto a vestir con sensatez en lugar de con estilo.

Imagina cuánta vida podrías recuperar si pasaras menos tiempo frente al espejo cada día. O menos tiempo eligiendo un atuendo. O menos tiempo preocupándote por tu aspecto.

Piensa en cómo habría vivido mi amigo su mañana si hubiera comprendido el efecto foco. Se habría esforzado menos por «estar presentable», y se habría ahorrado mucho tiempo en el proceso.

Al ir del gimnasio a la tienda y luego a casa, sin ducharme entre medias, me ahorré un viaje innecesario. Mi ruta me garantizaba estar en la tienda cuando abriera, lo que me permitía evitar las colas de caja. Mi camino era mucho más rápido y, por tanto, más productivo, y te prometo que utilicé sabiamente el tiempo que gané.

No digo que parezcas un vagabundo. No digo que ignores por completo tu apariencia. Lo que sugiero es que probablemente pasas demasiado tiempo preocupándote por tu aspecto y, en consecuencia, demasiado tiempo poniéndote presentable.

Sugiero que probablemente podrías recortar valiosos minutos de tu rutina matinal sin que eso tuviera el menor efecto en la opinión que nadie tiene de ti o de tu aspecto.

Al mismo tiempo, podrías eliminar el estrés y la preocupación innecesarios que conlleva la preocupación por la apariencia. Dado que dispones de un ancho de banda limitado en cualquier momento dado, lo último de lo que necesitas preocuparte es de si ese día tienes el pelo fatal o de si los vaqueros te quedan mal o de qué par de zapatos ponerte. Los creadores ya tienen bastantes cosas en la cabeza como para preocuparse además por su aspecto mientras hacen recados, sobre todo cuando a nadie más le importa.

Tal vez te resulte imposible prescindir de tener una gama de zapatos. Quizá la paleta de colores de tu calzado es demasiado importante para ti como para abandonar esta decisión que tomas a diario. Pero ¿seguro que no hay otras decisiones que podrías eliminar de tu vida?

Yo no llevo paraguas, ni gafas de sol, ni reloj, ni joyas de ningún tipo por razones similares. Opto por una existencia sencilla y racional. Creo que eliminar estos objetos de mi vida me ahorra tiempo y libera mi mente.

Excepto los días en que voy a pasar horas al aire libre con un tiempo gélido, llevo el mismo abrigo, gorro y guantes. Es cierto que el abrigo es solo una sudadera con capucha, pero es gruesa y calentita, y no soy particularmente friolero. Mis alumnos afirman que nunca me han visto llevar abrigo, pero eso es porque no conocen la calidez de una sudadera bien fabricada. Además, intento vestirme para el lugar donde voy a estar y no para el minuto o tres minutos que pasaré caminando al descubierto desde mi coche hasta ese sitio.

Si no son los zapatos, quizá podrías eliminar de tu vida otras opciones y accesorios.

Andy Anderson, bisabuelo de 104 años, dio este consejo a su bisnieta, la escritora Macy Cate Williams: «Todo el mundo tiene demasiada ropa. Ponte lo que tienes y deja de comprar más».[6]

Conozco a mucha gente que, si tuviera la oportunidad, se pasaría todos los fines de semana comprando ropa. Mucha gente.

También conozco a demasiada gente que, de hecho, se pasa todos los fines de semana comprando ropa.

Una amiga me dijo una vez que era incapaz de pasar un día en Nueva York conmigo, porque si alguna vez dispusiera de tanto tiempo lejos de sus hijos, se pasaría el día entero en los *outlets*. Pensé que bromeaba. No lo hacía.

Hace poco, mientras daba una charla en Chicago, un miembro del público me pidió algunos consejos sobre productividad. Mi respuesta: «Intenta tener un solo cinturón».

Le expliqué que, cuando abrí la maleta en la habitación del hotel, pensé que me había olvidado de meter el cinturón, lo que me habría obligado a comprar uno nuevo y, por tanto, a duplicar mi actual reserva de cinturones.

—Feliz —dije—, encontré el cinturón enrollado dentro de un zapato. Así que sigo teniendo un cinturón. Es negro por un lado y marrón por el otro. No necesito más.

Conozco a una persona que posee catorce cinturones. A otra que tiene once. Según al menos una encuesta de la industria de la moda, el estadounidense medio posee «más de cinco» cinturones.[7]

Sin saber nada más que el número de cinturones que posee una persona, ¿quién esperarías que tuviera más tiempo al día para ser productivo? ¿La persona que posee un cinturón o la que posee una cantidad de cinturones que se va a los dos dígitos? ¿Acaso alguien se da cuenta de todos esos cinturones distintos? El efecto foco dice que probablemente no.

Yo también digo que no.

Cuando se trata de productividad, menos es más. Cuantas menos decisiones tengas que tomar y menos artículos tengas, más tiempo tendrás y mejores decisiones tomarás.

Numlock News informó:

Un nuevo estudio publicado en *Nature* descubrió que, cuando los sujetos se disponían a arreglar algo, preferían añadir cosas antes que quitarlas para intentar que funcionara correctamente. Cuando se les pidió que arreglaran un itinerario de viaje, solo el veintiocho por ciento eliminó alguna parada. Cuando se les pidió que mejoraran un ensayo, solo un diecisiete por ciento eligió acortarlo. Cuando se les pidió que crearan un patrón formado con cuadrados, solo el veinte por ciento eliminó cuadrados para crearlo. Cuando se les preguntó cómo mejorar una universidad, solo el once por ciento propuso eliminar algo.[8]

Cuando consulto a clientes sobre productividad y eficacia, compruebo una y otra vez que esto es totalmente cierto. Muchas personas y organizaciones intentan resolver un problema creando un formulario, estableciendo un nuevo procedimiento, desarrollando una nueva secuencia o esbozando nuevas normas o reglamentos. Con frecuencia, esto lleva a la frustración, a perder el tiempo, a malgastar energía y a realizar un trabajo menos significativo. Además, a menudo el problema no se resuelve del todo con el trabajo añadido.

Mucho de lo que se nos pide que hagamos o de lo que nos pedimos a nosotros mismos puede eliminarse.

Hay formularios que debo rellenar en el trabajo en los que suelen pedirme que indique mi «posición». Se supone que debo poner «profesor», pero durante los últimos veintitrés años he indicado que mi posición era «de pie», y nadie ha dicho nunca una palabra al respecto. Como sospechaba, la pregunta es innecesaria y una pérdida de tiempo.

Aunque la profesora que sustituyó a una jirafa por otra no tuviera otro objetivo en la vida que mejorar los ejercicios de los alumnos, sustituir a esa jirafa seguía siendo increíblemente estúpido, porque seguro que de vez en cuando se queja de que no tiene tiempo, y tiene razón. Ninguno de nosotros tiene tiempo suficiente.

Abrí el primer capítulo con esta cita del maestro budista y experto en cuidados paliativos Frank Ostaseski, pero es que no se puede decir demasiadas veces: «La muerte no nos espera al final de un largo camino. La muerte está siempre con nosotros, en el tuétano de cada momento que pasa. Es la maestra secreta que se esconde a la vista de todos, y nos ayuda a descubrir lo que es más importante».[9]

Estoy de acuerdo con la primera parte de su cita. La muerte nos acompaña en todo momento. Al intercambiar jirafas, continuamos nuestra interminable marcha hacia la muerte, pero invalidamos los pasos que damos. Les arrebatamos el sentido. El problema es que, a menos que tengamos la visión del águila, nunca descubrimos lo más importante. Desperdiciamos nuestros pasos en cosas que no son nada. Deshonramos el tiempo que tenemos en este mundo. Permanecemos ciegos ante lo precioso que es cada minuto.

El águila nos recuerda que debemos despejar nuestra andadura de asuntos innecesarios. Dedicar el menor tiempo, energía y ancho de banda posibles a las tonterías de la vida para poder dedicar más tiempo a las cosas que deseamos ver, hacer, construir, fabricar y aprender.

5   Cosas que no merecen tu tiempo

«Decimos que malgastamos el tiempo, pero eso es imposible.
Nos malgastamos a nosotros mismos».
ALICE BLOCH

Reconozco que estoy obsesionado con la productividad. «¿Cómo puedo hacer más en menos tiempo?» ha sido un faro que ha guiado mi mente durante mucho, mucho tiempo. Desde que tengo uso de razón. En la misma línea va esta pregunta: «¿Cuál es la forma más productiva de emplear mi tiempo?».

Más importante: «¿Cuál es la forma menos productiva de emplear mi tiempo?».

Aún más importante: «¿Qué cosas no importan?».

La segunda y la tercera pregunta me surgieron cuando tenía unos doce años. Mi amigo Jeff repartía periódicos en su barrio, y un día me pidió que lo acompañara. Acepté. Repartía la edición vespertina del *Woonsocket Call* de lunes a viernes, además de la edición matutina de los domingos. Nos divertíamos, caminando de casa en casa mientras me presentaba la idiosincrasia de cada uno de sus clientes contándome qué hacían cuando llegaba el día de pago:

- La anciana que le daba una galleta Oreo rancia cada viernes.
- La mujer que una vez abrió la puerta sin darse cuenta de que estaba en *topless*.

- El tipo que siempre abría la puerta en bata y zapatillas mientras se fumaba un puro.
- Los clientes que no había visto nunca. «Dejan el dinero en un sobre debajo del felpudo para mí, como hacían con el anterior repartidor».
- La interminable sucesión de perros enfadados.

Por aquel entonces, las rutas de reparto de periódicos eran muy valiosas. Para conseguir una, tenías que comprársela a un repartidor que se jubilara por una cantidad considerable de dinero. Mientras caminaba con Jeff, me preguntaba si mi repartidor de periódicos se jubilaría pronto. Quizá yo también podría repartir periódicos y tener por fin algo de dinero en el bolsillo. Recorrí la ruta del periódico con Jeff varias veces, hasta que la hicimos juntos un viernes.

El viernes era el día de cobro. Fue entonces cuando vi cuánto dinero ganaba Jeff a la semana. No me lo podía creer. A pesar de lo pobre que era y de lo mucho que deseaba tener dinero en el bolsillo, un cálculo rápido en mi cabeza determinó que aquel debía de ser el trabajo menos productivo del planeta. El sueldo era miserable. Minúsculo. No valía la pena dedicarle tiempo.

No solo la paga era patética, sino que aceptar el trabajo de repartidor de periódicos significaba dedicarte todas las tardes a tu ruta sin excepción. Nada de deportes extraescolares. Nada de visitas a los amigos. Ir directo a casa y empezar a entregar periódicos. Y no importaba si llovía o nevaba. No importaba si hacía cero o treinta grados. No importaba si estabas enfermo o herido. Un repartidor de periódicos salía a repartirlos todos los días, pasara lo que pasara.

Era el maldito Pony Express sin el poni.

Ese fue el momento en que me di cuenta de que, por muy pobre que fuera, algunos trabajos sencillamente no valen la pena, por el tiempo que requieren y lo poco que compensan económicamente. Mi tiempo, llegué a comprender, es excepcionalmente valioso, y el mero hecho de tener más dinero del que tenía antes nunca debería ser la razón para aceptar un trabajo. Ese fue el momento en que me di cuenta de que mi tiempo valía una cierta cantidad de dinero y, lo que es quizá más importante, debía emplearlo en algo de lo que me sintiera orgulloso, así que mi objetivo era encontrar un trabajo que equilibrara la ecuación entre mi tiempo, el esfuerzo, el dinero y las prestaciones que me ofreciera a cambio.

Unos meses más tarde me contratarían para mi primer trabajo: peón en una granja local propiedad de un hombre llamado Jesse Deacon. Enganchaba y bajaba pacas de heno de los remolques de los tractores. Colocaba alambre de espino. Clavaba postes de valla. Limpiaba establos. Desbrozaba matorrales. Alimentaba y ejercitaba a los caballos. Trabajaba seis horas los sábados por la mañana y ganaba más dinero que Jeff en una semana.

No era mucho dinero, pero 10 dólares la hora en 1984, cuando el salario mínimo en Massachusetts era de 3,35 dólares la hora, hacía que valiera la pena dedicar a ello mi sábado por la mañana.

Lamentablemente, nunca vi nada de ese dinero. Entregué todos los cheques durante más de dos años a mi padrastro, que me dijo que lo ingresaba en una cuenta de ahorros para mí. Cuando tuve edad para necesitar dinero, me dijo que lo había utilizado para cosas más importantes. Mis ahorros de casi cinco mil dólares habían desaparecido. Para un chico de diecisiete años que necesitaba dinero para gasolina, aquello era perder una fortuna. Más tarde, cuando destrocé el coche de mi madre —un Datsun B-210 de 1978— y estuve a punto de morir en el accidente, ese mismo hombre me exigió que pidiera un préstamo de ocho mil dólares para pagar el coche. Un coche sin valor con más de una década de antigüedad. Este préstamo me agobió durante años. No fue un buen comienzo para mi vida financiera.

Pero a pesar de perder mi sueldo, aprendí que el tiempo es oro. Y lo que es más importante, que mi tiempo es valioso. Si voy a intercambiarlo en forma de trabajo o cualquier otra cosa, será mejor que me asegure de que el dinero y los beneficios ofrecidos a cambio se corresponden con el tiempo dedicado.

Es cierto que el trabajo de peón agrícola no contribuía precisamente a cambiar el mundo. En ese sentido, había una diferencia marginal entre ese trabajo y el repartir periódicos, pero, para mí, el trabajo en la granja significaba algo. Los postes que hundía y el alambre de espino que tendía eran signos significativos y tangibles del trabajo que había realizado. Un pajar lleno de heno y unos caballos bien alimentados me importaban mucho.

Quizá Jeff sintiera lo mismo al repartir periódicos. Quizá se sintiera muy orgulloso de llevar las noticias del mundo a las puertas de los vecinos de su barrio. Basándome en la forma en que trataba el trabajo, no lo creo, pero es posible. Si así era, quizá estuviera empleando su tiempo sabiamente, a pesar de su escaso salario.

Más de tres décadas después, sigo pasando por delante de la granja de Jesse Deacon cuando vuelvo a mi ciudad natal, y todavía veo los postes de la valla que hundí en la tierra cuando era adolescente. Allí están los establos que llenaba de heno y las cuadras que limpiaba. Cuando paso por delante de la granja, siento como si aquel sitio todavía poseyera un pedacito de mí. Dejé mi huella en un lugar, y todavía queda la marca.

Como he dicho, es un trabajo que significó algo para mí. Soy hijo de un auténtico vaquero que abandonó mi vida cuando yo solo tenía siete años. El trabajo que realicé en aquella granja hizo que me sintiera conectado al niño que fui una vez y a las raíces de una familia que se deshizo demasiado pronto en mi vida.

Se puede contabilizar tu tiempo en dólares, pero la forma en que lo empleas debería además significar algo para ti. En un mundo ideal, siempre deberías emplear tu tiempo en algo que significara algo para ti, incluso décadas después.

Con demasiada frecuencia, veo a personas que aceptan tareas adicionales, nuevos encargos y empleos paralelos que, sencillamente, no merecen la pena por el tiempo invertido y que, a la larga, carecerán de sentido. Aunque comprendo la inclinación a decir que sí a todo ingreso adicional, debes tener en cuenta el panorama general: el tiempo es el bien más valioso del planeta, y tú tienes tanto como las personas más ricas del mundo. Valóralo en consecuencia. Nunca lo malgastes. Encuentra las tareas y empleos adicionales que paguen lo que realmente vale tu tiempo. Dedica el tiempo que necesites a encontrar el trabajo adecuado. Invierte en ti mismo y en tus habilidades para que al final puedas ganar lo que te mereces. Exige a cada empleador que tu remuneración sea proporcional a tu capacidad.

Presumir es estúpido

He aquí otra pérdida de tiempo que es de una negligencia casi criminal.

La cadena californiana de comida rápida In-N-Out Burger abrió sus dos primeros locales en Colorado en 2018, en Aurora y Colorado Springs. Las colas en Aurora alcanzaron los tres kilómetros de longitud, según la policía, que tuvo que esforzarse durante todo el día para que no se colapsara el tráfico. Algunos clientes esperaron catorce horas para ser atendidos.

Catorce horas es más de medio día. Catorce horas es más de lo que se tardó en completar el desembarco inicial en la playa de Omaha el Día D.

Catorce horas de espera por una hamburguesa con queso no es perder el tiempo, es asesinarlo. Es gente que, literalmente, está desperdiciando su vida. Las probabilidades de que cualquier ser humano exista son infinitesimales. Un diminuto espermatozoide debe superar a cientos de millones de otros diminutos espermatozoides para fecundar un óvulo y crear una vida humana. Todo para que ese ser humano pase catorce horas de esa preciosa e improbable vida esperando una hamburguesa con queso.

Duro, lo sé. Intento no juzgar, pero esta situación de In-N-Out Burger me superó. Sé que valoro mucho (quizá demasiado) la productividad, la eficacia y el uso calculado, decidido y estratégico del propio tiempo. Quizá me vendría bien un poco menos de intensidad y un poco más de relajación. Pero catorce horas por una hamburguesa con queso me parecen una locura. Un desprecio total y absoluto por todo lo que se podría haber logrado o disfrutado en ese tiempo. Una sobrevaloración de una experiencia que podría vivirse con la misma facilidad una semana más tarde por una fracción ínfima del tiempo.

Hace años, se abrió un Krispy Kreme en mi ciudad. Durante tres semanas, el tráfico alrededor de esa tienda de dónuts fue una pesadilla. El atasco se extendía a lo largo de más de un kilómetro y medio. Las noticias locales informaron de las largas colas durante una semana. El tiempo de espera del primer día superó las seis horas.

Tres semanas después de la gran inauguración, entré en la tienda y compré un dónut en menos de cinco minutos. El mismo dónut. La misma experiencia culinaria. Salvo que me costó cinco minutos en vez de trescientos sesenta. Además, solo era un dónut. Tampoco era tan bueno. Hoy ese local de Krispy Kreme es un banco. Nunca te creas el bombo publicitario. No caigas en la excitación general.

Cuando la gente pierde el tiempo a una escala como la de Aurora en 2018, no puedo evitar sentirme indignado por el total y absoluto desprecio que muestran por el bien más preciado de este planeta: el tiempo. Una persona nunca gastaría catorce horas de su sueldo en una hamburguesa con queso. Jamás trabajaría duro durante casi dos jornadas laborales para comprar carne de vaca con pan. Tratan el dinero como si tuviera un gran valor, pero tiran el tiempo como si no valiera nada. No tiene sentido. ¿Por qué lo hacen?

Para poder comerse una hamburguesa In-N-Out el día de inauguración. Hacerse una foto recibiendo su hamburguesa para Instagram. Decir a sus amigos que fueron una de las primeras personas de Colorado en probar la famosa Double-Double. Lo hacen porque creen que esperar durante horas por una hamburguesa In-N-Out significa algo. Consiguen decir que comieron una de las primeras hamburguesas In-N-Out de Colorado. Uno de los primeros dónuts Krispy Kreme de Connecticut.

Esto es lo que pasa con las fanfarronadas: a nadie le importan.

Solo ha habido veintitrés partidos perfectos en las Grandes Ligas de Béisbol. Se han jugado más de doscientos mil partidos en toda su historia, pero solo veintitrés han sido perfectos: un partido de un lanzador (o combinación de lanzadores) que dura nueve o más entradas en el que ningún bateador contrario llega a primera base por pelotazo, bolas o error.

Yo asistí a dos de ellos. Personalmente, he asistido a menos de cien partidos de las Grandes Ligas a lo largo de mi vida, pero también he presenciado el acontecimiento más raro de todo el béisbol. Dos veces.

Eso es para presumir. Pero ¿te importa? Sospecho que no.

Significa algo para mí, pero poco para los demás. Probablemente signifique algo más para ti que la historia de la persona que se comió la primera hamburguesa In-N-Out de Colorado o el primer dónut Krispy Kreme de Connecticut, pero seguramente solo un poco más. Las fotos en las redes sociales son efímeras en el mejor de los casos. Afirmar ser el primero en cualquier cosa se olvida minutos después de haberlo comunicado. Nada de esto significa nada, aunque algunas personas piensan que sí.

Y no es así.

Intento no juzgar, pero en este caso, juzgo. Es una necedad. Una estupidez. En palabras de mi mujer, cuando le conté lo de las catorce horas de espera: «Es la cosa más idiota de la historia».

El agujero negro de los juegos adictivos

Dong Nguyen, creador de *Flappy Bird* (que superó en popularidad a *Angry Birds* en 2014 para convertirse en el juego gratuito más descargado de la App Store de Apple) retiró inesperadamente su juego de las tiendas de aplicaciones de iOS y Android el 10 de febrero de 2014, a pesar de su popularidad. Nguyen tuiteó afirmando que, a pesar de los 50 000 dólares que ganaba diariamente con el juego, este estaba arruinando su vida y la de los usuarios, por lo que consideraba su naturaleza muy adictiva y que su uso era excesivo.

Aplaudí el final de *Flappy Bird*. Nunca jugué. Ni siquiera había visto el juego. Pero lo que sí he visto es el asombroso poder adictivo de estos juegos y las enormes cantidades de tiempo que pierden las personas en ellos. Puede que *Flappy Bird* arruinara la vida de Dong Nguyen, pero juegos como este siguen arruinando la vida de las personas que miran fijamente sus teléfonos todos los días para jugar.

Candy Crush es el juego que más a menudo veo en mis círculos. Veo jugar mucho. Cada vez, no puedo evitar pensar en el tiempo que se pierde y se desperdicia. Tiempo que nunca se podrá recuperar.

No me malinterpretes: me encantan los videojuegos. De niño pasé incontables horas jugando a videojuegos, tanto en casa como en los salones recreativos. Incluso de adulto, he pasado fines de semana enteros jugando a videojuegos con amigos. Pero la diferencia entre los videojuegos a los que he jugado y juegos como *Candy Crush* y *Flappy Bird* es que con los videojuegos, lo hago socialmente. Mis amigos y yo juntamos nuestros portátiles o nos reunimos en torno a la Wii de mi amigo, y pasamos el fin de semana intentando ganar a un juego o a los demás.

Con los videojuegos estoy pasando tiempo con amigos. Estoy hablando, bromeando, maquinando, riendo, recordando, luchando, compitiendo y engatusando. Las personas a las que veo jugar a juegos como *Candy Crush* (y presumiblemente *Flappy Bird)* están perdidas en las pantallas de sus móviles, presentes en cuerpo pero ausentes mentalmente del mundo y de la gente que las rodea, sin obtener por ello más que un placer momentáneo y sin propósito.

No quiero decir que nunca me vayas a ver con la cabeza metida en el teléfono. Me verás. Demasiado a menudo, de hecho. Pero cuando estoy mirando una pantalla, me gusta pensar que, al menos, soy productivo. Lo más probable es que esté leyendo. Me desplazo por mi secuencia de Twitter cuidadosamente seleccionada en busca de noticias, leo una página web, un PDF del informe de beneficios de una empresa, la última teoría educativa o un libro. O estoy trabajando en un proyecto en Notion (que recientemente ha sustituido a Evernote). Estoy recopilando información, leyendo por placer o avanzando.

Esto puede hacer que suene como un loco de la productividad. Probablemente suene tan divertido como un trapo de cocina. Puedo parecer alguien que no sabe desconectar y relajarse. Es posible que todo eso sea cierto, pero te diré qué no pasará nunca: no me encontrarás en mi lecho de muerte odiándome a mí mismo por haber desperdiciado horas preciosas jugando al *Candy Crush.* Cuando sea un anciano, no odiaré a la versión más joven de mí mismo por el tiempo que pasé jugando a *Flappy Bird.*

Esto tampoco quiere decir que no me encantaría jugar a juegos como esos. Conociendo mi personalidad adictiva y obsesiva y mi inclinación natural hacia los videojuegos, creo que me engancharía a *Candy Crush.* Que me pasaría la vida en *Flappy Bird.*

Por eso nunca descargo ningún juego en mi teléfono. No me permito empezar a jugarlos. Hacerlo me llevaría seguramente por el camino de *Candy Crush* a una perdición segura.

Mi consejo: elimina todos los juegos de tu teléfono inmediatamente. Encuentra un uso más productivo del tiempo que pasas mirando la pantalla de tu teléfono.

Mis sugerencias: carga un libro en tu teléfono. Busca fuentes de noticias que te atraigan. Utiliza el tiempo que pasas en el teléfono para hacer la lista de la compra, responder a un correo electrónico, revisar tu extracto bancario o buscar la respuesta a una pregunta por la que siempre has sentido curiosidad.

En estos momentos estoy leyendo sobre el escándalo del Teapot Dome a través de la aplicación Wikipedia de mi teléfono. Es algo de lo que siempre he sido vagamente consciente, pero que nunca he entendido del todo. A finales de hoy o mañana, lo entenderé. A continuación, tengo previsto leer sobre Elvis Presley. He estado escuchando la canción «Suspicious Minds» y me ha hecho pensar mucho en él. No sé gran cosa sobre su vida, pero al final de la semana lo sabré. Fleetwood Mac es el siguiente.

Una aplicación gratuita llamada Duolingo te enseñará un idioma extranjero y está diseñada para entretenerte como si fuera un juego. Es fantástica. Es competitiva, desafiante y está llena de esos niveles, recompensas y marcadores típicos que hacen a los juegos como *Candy Crush* tan adictivos. No estoy preparado para pasar de la lectura que hago en mi teléfono a un juego como este, pero puede que algún día llegue el momento. Pero si estás sentado en una reunión o en una sala de espera jugando al *Candy Crush,* ¿por qué no jugar a un juego que te permita hablar español, francés o alemán?

Hay millones de usos para tu teléfono móvil. Constantemente se desarrollan nuevas aplicaciones que encontrarás en las tiendas de aplicaciones. Por el bien de tu futuro yo anciano y enfermo, haz que el tiempo que pasas con la cabeza en el teléfono sea más útil y productivo.

5½ Cómo arruinar el mundo

«Las personas que disfrutan con las reuniones
no deberían estar a cargo de nada».
THOMAS SOWELL

En el libro *Simple Sabotage: A Modern Field Manual for Detecting and Rooting Out Everyday Behaviors That Undermine Your Workplace*, Robert M. Galford, Bob Frisch y Cary Greene examinan el *Manual básico de sabotaje*, una guía publicada por la OSS (la predecesora de la CIA) en 1944 para ayudar a los espías europeos a debilitar a las potencias del Eje desde dentro. Galford, Frisch y Greene examinan ocho técnicas descritas en el manual de campo que son inquietantemente similares a lo que ocurre a menudo en los centros de trabajo hoy en día.

He aquí las ocho tácticas que la OSS recomendaba para sabotear una agencia del Eje desde dentro:

1. Insiste en que todo se haga a través de canales establecidos. Nunca permitas que se tomen atajos para acelerar las decisiones.[1]
2. Haz discursos. Habla con la mayor frecuencia posible y largo y tendido. Ilustra tus «argumentos» con largas anécdotas y relatos de tus experiencias personales.
3. Cuando sea posible, remite todos los asuntos a comités, para que continúen su «estudio y consideración».

144

Intenta que los comités estén formados por el mayor número de personas posible, nunca menos de cinco.

4. Saca a relucir temas irrelevantes con la mayor frecuencia posible.

5. Discute sobre las palabras exactas elegidas para redactar comunicaciones, actas y resoluciones.

6. Retoma un asunto decidido en la última reunión e intenta reabrir la cuestión sobre la conveniencia de la decisión tomada.

7. Aboga por la «cautela». Sé «razonable» e insta a tus compañeros a ser «razonables» y a evitar las prisas, que podrían dar lugar a situaciones embarazosas o dificultades posteriores.

8. Preocúpate por la corrección de cualquier decisión. Plantea la cuestión de si [está] dentro de la jurisdicción del grupo o si podría entrar en conflicto con la política de algún escalafón superior.

En mis casi tres décadas de trabajo en diversos campos, he visto desplegar estas estrategias con una regularidad aterradora. Yo añadiría a esa lista algunos puntos más de mi cosecha:

- Celebra reuniones y sesiones de formación con presentaciones de PowerPoint compuestas por docenas de diapositivas llenas de texto. Si es posible, lee directamente de tus diapositivas.

- Prepara los órdenes del día de las reuniones en orden inverso al de la importancia de los temas que tratan, colocando el tema más importante en último lugar y asegúrate de que, si la reunión se alarga, el orden del día no pueda recortarse.

- Al principio de cada reunión, pide a los adultos que repasen (y si es posible lean en voz alta) una serie de normas (una lista de reglas básicas de comportamiento decente para adultos razonables), tratando así a los asistentes a tu reunión como si fueran niños mal educados.

- Asigna asientos en las reuniones y sesiones de formación, reforzando de esta manera la idea de que ves a los asistentes a tus reuniones como niños mal educados. Infantilizar a tus subordinados es un medio muy eficaz de generar discordia. Hazlo siempre que sea posible.
- Empieza las reuniones con actividades sin sentido para «que nos conozcamos todos». Las actividades que incluyen pegar notas adhesivas en las espaldas de los compañeros, lanzarse pelotas de juguete y búsquedas del tesoro son especialmente destructivas tanto para la productividad como para la moral.
- En el correo electrónico, utiliza «responder a todos» y añade a personas innecesarias a las listas de distribución siempre que sea posible.
- Antes de enviar un correo electrónico a tus subordinados, pregúntate: «¿Podría incluir esta información relativamente sencilla en el orden del día de mi próxima reunión, prolongando así esa reunión?». Si la respuesta es afirmativa —y casi siempre lo es— borra el correo electrónico y añade la información como punto del orden del día para la siguiente reunión.
- Nunca permitas que una cadena de correos electrónicos termine. Responde siempre, independientemente de lo definitivo y cerrado que fuera el último correo, con frases anodinas como «Gracias», «Suena bien» o «Entiendo». Cada correo electrónico adicional enviado supone una pérdida de productividad.

Mi amiga y *storyteller* Anne McGrath, que en su día asesoró a organizaciones sin ánimo de lucro y ahora realiza evaluaciones de empresas y organizaciones, propuso los siguientes añadidos a la lista, que me parecieron dignos de compartir:

- Asume que nadie ha intentado nunca hacer lo que tú pretendes, y empieza de cero.
- Esconde los errores que cometas en el camino y no te molestes en recopilar o compartir ideas en una carpeta de mejoras o de lecciones aprendidas.
- No inviertas tiempo en identificar y reclutar socios o participantes eficaces para tu proyecto. Invita a cualquiera y a todos, independientemente de lo que puedan aportar.
- Ten una visión, unos objetivos, unos propósitos y unos valores poco claros o que nunca hayan sido formulados y debatidos. Supón que todos tienen en mente el mismo e idéntico objetivo final que tú.
- No evalúes la capacidad de liderazgo. Utiliza el mismo líder para cada proyecto.
- No involucres a quien intentas ayudar. Por ejemplo, si estás en una escuela, deja a los alumnos fuera de la ecuación en todas las decisiones que tengan un impacto directo en sus vidas.
- Termina las reuniones sin un plan de acción claro sobre las cosas que hay que hacer y retomar en la siguiente reunión. Esto ayuda a crear reuniones que se eternizan sin que nada cambie.

6   Sé un delincuente

«La vida es corta. Rompe las reglas».
MARK TWAIN

Hace años se jubiló el que fue mi director en la escuela durante catorce años, el gran Plato Karafelis. Fue uno de los peores días de mi carrera profesional.

En su lugar llegó un cocodrilo que procedió a devorar el paisaje, a volcar todos los carros de manzanas y a convertir en un desastre todo lo que había sido bueno.

Así empezaron tres años miserables hasta que por fin conseguimos expulsarlo de la escuela.

Parte de esta miseria fue una interminable serie de reuniones de profesorado y sesiones de desarrollo profesional, que eran decididamente menos inspiradoras, informativas, relevantes y respetuosas que a las que me había acostumbrado con nuestro anterior director. Tenían un contenido horrible presentado de forma horrible por una persona horrible.

Al verme atrapado en estos ejercicios de autopromoción y narcisismo implacable, que me hacían perder el tiempo y me entumecían la mente, necesitaba una forma de hacer que mi tiempo fuera más útil y productivo. Como dice mi amigo Steve, que se unió a nuestra facultad durante los años del cocodrilo, decidí hacer un «Matt Dicks» a estas reuniones, lo que significaba que siempre venía armado con algo más significativo que hacer.

Mi primera tarea fue hacerme notario. La madre de un amigo era notaria y, como consecuencia, a menudo podía ayudar a amigos, familiares y vecinos que necesitaban algo notariado rápidamente. Como siempre estaba buscando otro trabajo que añadir a mi ya considerable pila de empleos, decidí hacer lo mismo.

El proceso implicaba leer un PDF de cincuenta y ocho páginas y rellenar una larga solicitud que requería respuestas escritas a mano y en párrafos. En lugar de dedicar más de cuatro horas de mi vida al proceso de lectura y solicitud, acudía a todas las reuniones y sesiones de formación armado con mi carpeta de notario, preparado para completar un poco cada sesión. Tardé casi dos años en completar la solicitud, pero hace poco el hijo de un amigo, que alquilaba su primer piso en Nueva York, necesitaba ayuda de un notario para no perder el piso a manos de otra persona. Al ser domingo, era difícil encontrar alguien que lo hiciera, pero sabiendo que soy notario, él y su madre pasaron por mi casa y resolvimos el asunto en un par de minutos.

Cuando digo a la gente que soy productivo en las grietas de mi vida, me refiero a esto. Unos minutos aquí y allá a lo largo de dos años me convirtieron en notario sin dedicarle tiempo específico. ¿Era esta la forma correcta y adecuada de pasar el tiempo en una reunión del claustro de la escuela o en una sesión de desarrollo profesional? Claro que no. Pero a veces tenemos que pensar como delincuentes. Tenemos que romper las reglas, tomar atajos y saltarnos las normas para que florezcan nuestras actividades creativas.

Y lo que es mejor, también escribí casi una novela entera durante esas terribles reuniones. En una de aquellas primeras reuniones de la facultad que me destrozaban el alma, levanté la vista y vi que mis compañeros de mesa y amigos no lo estaban pasando bien. Parecían tristes. Abatidos. Poco inspirados por el reptiliano administrador que no paraba de hablar de sí mismo. Tal vez estaban preocupados por el futuro de nuestra escuela.

Sé que yo lo estaba.

Así que cogí el cuaderno que tenía delante y escribí rápidamente una lista: «Cosas estúpidas que hacen los administradores estúpidos en las reuniones del profesorado».

Era una combinación de realidad e hipérbole. Observaciones ocurrentes y cosas estúpidas que suceden en la vida real. Cuando terminé la lista, pasé el cuaderno a mis compañeros de mesa y vi cómo cada uno de ellos la leía y sonreía. Uno incluso se rio. Cuando me devolvieron el cuaderno, empecé otra lista: «Por qué las reuniones dan asco». De nuevo, pasé la lista e hice sonreír a mis amigos.

Este proceso continuó reunión tras reunión, hasta que empezó a ocurrir algo extraño: yo dejé de ser el protagonista que escribía estas listas. En lugar de ser yo quien las pensaba y creía en ellas, se convirtieron en las listas de alguien totalmente distinto a mí. Alguien decididamente menos seguro de sí mismo. Menos estable y optimista. Con más problemas económicos. Nació un personaje en mi mente, y rápidamente se hizo tan real como cualquier protagonista de mis novelas.

Además, empezaron a contar una historia.

Cuando mencioné esta colección de listas a mi agente literaria, ya había terminado más de la mitad del libro. Un libro escrito enteramente en forma de listas. Una historia contada enteramente en listas. Un libro escrito enteramente en reuniones que, de otro modo, me hacían perder el tiempo. Al final, mi editor insistió en publicarlo, aunque todavía no estuviera acabado, así que dejé de lado mis otros proyectos literarios y lo terminé.

Poco más de un año después, ese libro, *Twenty-One Truths about Love* ('Veintiuna verdades sobre el amor'), llegó a las estanterías de las librerías. Escribí casi un libro entero y me convertí en notario mientras un cocodrilo nos castigaba con su versión egocéntrica e introspectiva de lo que era una reunión. A esto me refiero cuando digo que seas un delincuente. No solo debes tratar de torcer o romper una norma para robar un poco de tiempo, sino que, como creador, también debes cuidar de tu alma. Debes encontrar formas de alimentar tu espíritu y tu creatividad a toda costa. Ser un delincuente significa reconocer que el mundo no se creó para satisfacer tus necesidades, así que a veces tienes que torcer o romper algunas de sus partes por tu propio bien. No siempre es fácil, pero hay momentos en la vida en los que debes decidir que las normas no se te aplican. Que tu tiempo es más preciado que las expectativas, las políticas o la comodidad. Que la preservación de tu alma creativa debe anteponerse a otras necesidades.

Esta es la verdad: los que siguen las normas tienen que escalar colinas más altas y empinadas. Tienen que superar a más porteros. Sufren más exigencias sobre su tiempo y su energía. Las personas que se esfuerzan por llevar una vida más productiva, creativa y plena no siempre pueden permitirse luchar contra estos retos adicionales, por lo que deben saltarse las normas para tener éxito. Esto puede significar cualquier cosa, desde robar tiempo cuando es necesario hasta tomar atajos para alcanzar el éxito.

En qué se equivocan los que cumplen las normas

A principios de verano, llevé a mi familia a la Reserva Yawgoog Scout con motivo del Día de los Antiguos Alumnos. Pasé los veranos de mi infancia en este campamento y quería que mis hijos vieran los lugares que habían generado tantos de mis recuerdos y tantas historias de sobremesa. Cuando llegamos a los muelles, estaban cerrados. Los campistas y los socorristas habían salido a comer, así que no había nadie de servicio. Llevé a mis hijos a la torre de vigilancia, donde yo había pasado muchos días de verano contemplando el lago y mirando a través de los prismáticos que tenía montados.

Quería que mis hijos vieran el paisaje que me cautivó durante gran parte de mi juventud. Y yo quería volver a verlo.

Pero cuando llegamos a las escaleras de la torre, había una cuerda tensada en la entrada, indicando que la torre estaba cerrada. Desenganché la cuerda, la dejé caer a un lado y empecé a subir los escalones.

—Espera —dijo mi hijo—. Está cerrada.

—Lo sé —dije—. Pero venga. ¿Qué es lo peor que puede pasar?

Mi hijo y mi hija se resistieron hasta que les ordené que subieran las escaleras. Mis hijos siguen las reglas a rajatabla, y eso me vuelve loco como padre. Siempre tienen miedo de meterse en líos, siempre les preocupa salirse de lo establecido, así que están atrapados en los confines de normas y leyes innecesarias, y cuerdas que les impiden subir las escaleras para disfrutar de unas vistas maravillosas.

Cuando llegaron arriba, se alegraron mucho de haberme escuchado. La vista era espectacular, y les conté muchísimas historias de mis aventuras allí. Aun así, les preocupaba constantemente que volviera un socorrista y ¿qué? ¿Que nos dijera que bajáramos? Una simple cuerda les habría privado de una vista increíble y de un montón de historias. A mucha gente le sucede lo mismo constantemente. Permiten que pequeñas barreras innecesarias y arbitrarias les impidan hacer lo que es bueno para ellos.

Peor aún, no tienen en cuenta las consecuencias de infringir las normas, que a menudo son infinitesimales o inexistentes. Cuando se ladra, pero nunca se muerde, el ladrido llega a carecer de sentido. Actúa en consecuencia.

Como profesor, trabajo casi exclusivamente con cumplidores de normas. Los profesores suelen ser antiguos alumnos excelentes y obedientes que decidieron convertirse en profesores. Nunca han experimentado ningún problema real, por lo que perciben que las figuras de autoridad tienen mucho más poder del que realmente tienen. Perciben como problema el hecho de que un superior les diga que dejen de hacer algo o que hagan algo correctamente.

Por supuesto, eso no son problemas. Es simplemente *feedback*. Los problemas ocurren cuando al *feedback* le siguen consecuencias reales que te pueden cambiar la vida: la pérdida del trabajo, privilegios, el puesto o el sueldo. Un retraso o una limitación permanente al avance profesional. Trágicamente, la mayoría de los profesores (y de los cumplidores de normas en general) nunca ven las cosas de este modo. Siguen las normas porque es lo que toda la vida les han dicho que tienen que hacer. No quieren decepcionar a las figuras de autoridad. No quieren ser percibidos por los demás como la oveja negra.

No consiguen hacer realidad sus sueños porque están demasiado preocupados por consecuencias insignificantes y las percepciones de los demás.

Por el contrario, yo era un estudiante que se comportaba mal en la escuela —batí el récord de más horas consecutivas de castigo— y también me detuvieron, como compartí en el capítulo 1, y me juzgaron por un delito que no había cometido. Pasé un tiempo en la cárcel. Entiendo lo que son los verdaderos problemas. He aprendido que una cuerdecita nunca debe detenerte.

Por eso cada año enseño Shakespeare a mis alumnos de quinto curso, y antes a los de tercero y segundo. Leemos novelizaciones de las obras, y luego estudiamos el texto original. Como ya he dicho, construí un escenario en mi clase, con iluminación soldada a las vigas de soporte, un sistema de sonido y telones. A final de curso, representamos una obra completa de Shakespeare para los padres.

Aquí está la cosa: Shakespeare no forma parte de nuestro plan de estudios. Simplemente decidí, con el apoyo de mi antiguo director, enseñar Shakespeare.

Algunos profesores me han preguntado a lo largo de los años:

—¿Cómo te sales con la tuya enseñando algo que no está en el plan de estudios?

Mi respuesta es siempre la misma: a mis alumnos les encanta. Los padres están contentos. Mis resultados en los exámenes estandarizados siempre son buenos. ¿Quién quiere ser la persona que impida estudiar Shakespeare en mi clase? La verdad es que el cocodrilo lo intentó, pero yo me defendí y gané.

Incumplo las normas y me salgo con la mía porque los resultados justifican mi conducta delictiva. Los niños se enamoran de *Macbeth* y *Hamlet*. Representan *Romeo y Julieta*. Hacen cosas que pocos alumnos de primaria hacen.

Incumplir las normas me permitió instalar enormes rocas como asientos fuera de mi aula sin decírselo a nadie, porque si hubiera informado a las autoridades competentes, el papeleo, las aprobaciones y otras tonterías habrían impedido su instalación. En lugar de eso, la empresa de piedras simplemente se presentó un día y las dejó caer en semicírculo antes de que nadie se diera cuenta. Al conserje no le gustó y se quejó de que las piedras hacían más difícil cortar la hierba. A mi director no le gustó que se hiciera una instalación de esa magnitud sin su conocimiento. Pero para cuando alguien se quejó, las piedras ya estaban instaladas y los niños estaban sentados en ellas, leyendo y escribiendo bajo un árbol.

¿Quién iba a obligarme a quitarlas?

Si queremos que las cosas sucedan, a veces tenemos que ser delincuentes. A veces necesitamos romper las reglas, burlar los reglamentos, desafiar las normas y ser atrevidos.

En el trabajo, me gusta seguir el plan «No voy a hacerlo, a ver qué pasa». Cuando una tarea parece arbitraria, carente de sentido o puramente burocrática intento evitarla a toda costa, sabiendo que si no la ejecuto es casi seguro que no habrá ningún problema. Hace años, se pidió a los profesores de mi distrito que introdujeran los datos de los exámenes en una hoja de cálculo que yo sabía que nadie utilizaría jamás, así que no lo hice.

No pasó nada.

Me la salté al año siguiente. Volvió a no pasar nada.

Así pasaron cuatro años hasta que un nuevo director tomó el mando. Es el ratón más ratonil que he conocido. Es el tipo de persona que etiqueta tu carpeta de reuniones del profesorado (algo que no existía hasta que lo conocí) con tu nombre, y luego se enfada si garabateas en la carpeta antes de que la vuelvas a entregar para que la rellenen en la siguiente reunión.

También codifica todo por colores, planifica con dieciocho meses de antelación, insiste en las decisiones finales sobre el diseño de todos los documentos de la escuela y viste impecablemente todos los días de su vida. Es un líder increíble, pero es probable que su corazón le falle antes de llegar a la jubilación. Se preocupa por todo en lugar de intentar preocuparse solo por lo importante.

Como es un ratón, hizo un seguimiento de la tarea de introducción de datos en la base de datos, no para utilizar los datos (yo ya había demostrado después de cuatro años que nadie los utilizaba), sino para asegurarse de que se completara esa tarea inútil, sin sentido y que destrozaba el alma. Un día entró en mi aula cuando mis alumnos estaban fuera en el recreo.

—Matt, no has introducido los datos de los exámenes en la hoja de cálculo *online*.

—Lo sé —le dije—. Nunca los introduzco, y a nadie le importa.

—¿Que qué?

Tuvo que agarrarse a un pupitre para que mis palabras no le hicieran perder el equilibrio.

—Hace cuatro años, puse en marcha el plan «No voy a hacerlo, a ver qué pasa», y no pasó nada. Así que no hago esa tarea tan tonta.

Mi director es un hombre amable y gentil, pero en algún lugar de su interior explotó su reactor nuclear personal de Chernóbil. Me dijo que introdujera los datos. Le dije que lo haría. Siempre que puedo, subvierto las normas, pero nunca me insubordino intencionadamente.

Excepto cuando el cocodrilo estaba al mando.

Pero piensa en todo el tiempo que ahorré, y en cuánto de él se transfirió sin duda a resultados más positivos para mis alumnos y para mí.

Sé un delincuente.

Las normas de otro no tienen
por qué ser las tuyas

Mi mujer cree que vacío fatal el lavavajillas. Pongo los platos todavía húmedos en los armarios en lugar de secarlos con un trapo o dejarlos fuera para que se sequen. Evito intencionadamente ese paso innecesario. Argumento que mi forma de vaciar el lavavajillas es más rápida, y aunque ella está de acuerdo, sostiene que también es incorrecta.

Qué raro, ¿verdad?

Ella cree que existe un ideal platónico a la hora de vaciar el lavavajillas. Cree que hay una forma correcta y otra incorrecta. Parece creer que existe una Comisión Internacional sobre el Uso Adecuado de los Lavavajillas que ha decidido cuál es el único modo correcto de realizar esta tarea.

Esto, le dije, es la destilación perfecta de mi argumento: ella está dispuesta a intercambiar gotas de agua en un plato limpio por tiempo. Yo no.

Muy a menudo en la vida, la gente da por sentado que hay una forma correcta de hacer las cosas, cuando, en realidad, lo más frecuente es que simplemente nos dejemos llevar por las reglas, la tradición, la forma en que nuestros padres hacían algo o las expectativas de la sociedad.

Cuando te liberas de esas normas innecesarias, inmanejables e ilógicas, ahorras tiempo. Se conserva el ancho de banda.

Sé un delincuente.

A menudo «invento» plazas de aparcamiento en solares y garajes que supuestamente están llenos. Hace poco, Elysha y yo fingimos ser huéspedes de un hotel para poder utilizar un aseo en Nueva York.

Para conseguir un puesto de ponente en una conferencia TEDx, me salté el proceso de solicitud requerido, mentí a una auxiliar administrativa para conseguir el número de teléfono de la organizadora de la conferencia y la llamé.

Sé un delincuente.

Si estás creando, construyendo o inventando, necesitas cada segundo que puedas conseguir. No puedes permitir que lo evitable te detenga.

No te propongo que infrinjas ninguna ley importante ni que hagas daño a nadie persiguiendo tus sueños. Simplemente te pido que estés atento al mundo en busca de oportunidades en las que puedas torcer, romper o eludir las reglas autoimpuestas o incluso impuestas legalmente por otros.

No permitas que una pequeña cuerda te impida ascender hacia la grandeza.

7 No pierdas días por culpa de gente mala

«Los estúpidos son muy peligrosos».
Suzanne Collins

Hace unos años, impartí un taller de *storytelling* de día completo a una docena de personas. Era para principiantes, diseñado para que los asistentes se sentaran y no dijeran nada.

—Sé una seta —suelo decir al principio—. Hoy no hace falta que digas nada. Solo aprende.

Es un taller cuyo objetivo específico es que los participantes se sumerjan en las aguas del *storytelling* sin que se sientan cohibidos por no compartir nada propio.

A las tres horas del taller, una de las asistentes envió un correo electrónico a Elysha, que ese fin de semana se había ido a visitar a su hermana en Nueva Jersey con los niños. Quería que Elysha supiera cómo este taller —al que aún le quedaban más de tres horas— ya había transformado su vida. Durante tres largos párrafos, escritos durante nuestra pausa para comer, cantó mis alabanzas.

Tres horas más tarde, cuando el taller estaba a punto de terminar, envió un segundo correo electrónico a mi mujer y le dijo que le estaba haciendo perder el tiempo. Que le arruinaba la vida. Que le robaba dinero de su bolsillo. Le dijo a Elysha que, si tuviera un martillo en el bolso, lo habría utilizado en mi cráneo.

También envió un correo electrónico a la Sociedad Histórica de Connecticut, mi socia en esta actividad, exigiendo que le devolvieran el dinero.

Todo esto lo hizo mientras yo seguía enseñándole.

El problema de esta alumna era que no se le había dado la oportunidad de contar una historia, a pesar de que en la descripción del acto se decía claramente que se trataba de un taller diseñado para crear un entorno sin riesgos en el que los alumnos pudieran aprender sin la presión de tener que interpretar. Imparto muchos talleres en los que los alumnos cuentan historias. Pero no en ese.

Yo, por supuesto, no tenía ni idea de la existencia de los correos electrónicos (y desconocía la amenaza de violencia física contra mi cráneo) mientras terminaba de impartir el taller. Elysha no me llamó hasta que llegué a casa para contarme el extraño cambio de opinión de esta participante a lo largo del día. Una hora más tarde, mi contacto de la sociedad histórica me llamó para informarme del correo electrónico de la mujer y de su decisión de devolverle el dinero.

Ese fin de semana estaba solo en casa. Tenía que actuar al día siguiente, así que mi plan era pasar el fin de semana escribiendo, actuando y jugando al golf con los amigos. En lugar de eso, mientras estaba sentado en mi escritorio, mirando fijamente la pantalla del portátil, dejé que las críticas de aquella mujer me consumieran.

¿Había cometido un error al no permitirle contar su historia? ¿Había otros alumnos de la clase igual de disgustados, pero temían hablar? ¿Era el buen profesor que me había imaginado al principio del día?

Durante el resto de la tarde y gran parte de la mañana siguiente, me invadieron las dudas y la incertidumbre. Estaba disgustado conmigo mismo e inseguro de que mis métodos fueran buenos. Hasta que no volví a hablar con Elysha por teléfono y le confesé mis sentimientos, no me dijo lo que necesitaba oír: llevaba años enseñando a contar historias. Había enseñado a miles de alumnos. Trabajado con docenas de empresas y organizaciones sin ánimo de lucro. Sacerdotes, ministros y rabinos. Adultos y niños.

Esta era mi primera queja. La primera.

La mujer, en resumen, era irracional y mezquina. Expresó el deseo de golpearme el cráneo con un martillo. No era alguien que debiera ocupar ni una pizca de espacio mental.

Elysha tenía razón. Por desgracia, perdí casi un día de mi vida antes de darme cuenta.

Recuerdo bien aquel fin de semana porque no suelo permitir que las personas negativas me afecten. Lo normal es que no lo hagan en absoluto.

En la primavera de 2007, un pequeño número de cobardes anónimos extrajeron cinco años de entradas de mi blog, sacando frases totalmente de contexto, para arrojar sobre mí una luz muy negativa. Me compararon con un asesino en serie, me declararon no apto para enseñar a niños pequeños y exigieron que me despidieran de mi puesto de profesor, junto con mi mujer y mi director, Plato. Enviaron este contenido, treinta y siete páginas en total, al Consejo de educación y al ayuntamiento de la ciudad. Los funcionarios escolares investigaron las acusaciones, las consideraron falsas, chuscas y deliberadamente engañosas, y no hicieron nada.

En respuesta, la misma colección de cobardes envió el paquete de treinta y siete páginas a trescientas familias de mi distrito escolar. A todos los de mi comunidad les habían dicho que yo era un hombre violento y peligroso al que no se debía confiar la custodia de sus niños.

De algún modo, aquella negatividad no me afectó tan profundamente como aquella mujer del taller. Tal vez fuera el apoyo de amigos y compañeros. Quizá fue lo pobre y tosco que fue el intento de socavar mi credibilidad. Tal vez la actitud guerrera que asumí durante aquel tiempo.

Lo más probable, no obstante, es que simplemente sabía que sus afirmaciones eran falsas. Sabía que era un buen profesor. No tenía ninguna duda sobre mi habilidad o integridad. La confianza, la resistencia y la conciencia de mí mismo me sirvieron de escudo contra sus ataques. Como resultado, me recuperé rápidamente.

Pero no tuve tanta confianza cuando la mujer que quería abrirme el cráneo presentó su queja. Por alguna razón, en aquel momento estaba menos seguro de mi capacidad para enseñar a contar historias. Es probable que todavía estuviera luchando contra el síndrome del impostor.

Sospecho que mucha gente reacciona a la negatividad como yo respondí a aquella mujer. La duda, el miedo y la incertidumbre pueden introducirse en la mente y arruinar un día, una semana, un mes o más. Las personas negativas pueden destruir nuestro espíritu. Nos despojan de nuestro entusiasmo, ilusión y motivación. Estos son componentes críticos de la creatividad. Son la sangre vital de cualquiera que intente hacer algo.

No podemos permitir que nadie dañe estos preciados bienes. En todo caso, tenemos que encontrar la manera de rodearnos de personas más positivas y productivas. Un estudio de 2017 descubrió que trabajar cerca de personas que son buenas en su trabajo te hace más eficaz en el tuyo.[1] Sentarse a menos de seis metros de una persona de alto rendimiento en el trabajo mejoraba el rendimiento de un trabajador determinado en un quince por ciento, mientras que sentarse a menos de seis metros de una persona de bajo rendimiento empeoraba el suyo en un treinta por ciento.

Parece que los modelos de conducta son muy importantes. ¿Qué significa esto para mí?

Soy un hombre que pasa su jornada laboral a menos de seis metros de dos docenas de niños de quinto curso casi todo el tiempo. Dos docenas de niños de diez años que a veces pueden rendir a un alto nivel, pero que también pueden pasar enormes cantidades de tiempo mirando por las ventanas, viendo rodar los lápices por sus pupitres y garabateando la imagen de una cabeza de cerdo cientos de veces en docenas de pósits.

Son niños que atascan papeles importantes en los rincones más recónditos de sus pupitres para no volver a verlos nunca más, que de alguna manera pierden los libros de la biblioteca durante el trayecto de quince metros hasta el aula, y que tienen dificultades para llevarse el agua de la fuente a la boca sin hacer un charco en el suelo. Incluso cuando rinden a su máximo nivel, nuestros niveles óptimos no se corresponden en modo alguno. Merezco una paga extra por el riesgo.

A pesar de todos sus defectos, los niños suelen ser seres humanos alegres. Se maravillan de las cosas más pequeñas. Se ríen de lo más sencillo. Se emocionan con una chocolatina en la fiambrera, una excursión a una planta de tratamiento de aguas o un día de pijama. Han sido una fuente constante de inspiración para mí a lo largo de los años. Aunque tengo colegas que han convertido el quejarse en su pasatiempo favorito y son capaces de encontrar defectos en cualquier cosa, la energía positiva de mis alumnos es tan grande que hace que su influencia sea irrelevante.

Hace varios años, el profesor que he mencionado antes, Steve, se trasladó a nuestro centro después de que su mujer fuera ascendida a directora en su escuela. Hasta que lo conocí, me consideraba la persona más positiva de mi alrededor. Mi mujer me describía como «opresivamente optimista». También «implacablemente positivo».

Ninguna de las dos era un cumplido.

Resulta que Steve es incluso más positivo que yo. Es una fuente inagotable de optimismo. Es alguien que cree que el trabajo duro, la determinación y la persistencia pueden lograr milagros. ¿El resultado? Me volví aún más positivo. Mejoré mi juego. Encontré un modelo de conducta que me ofrecía una visión de un nivel de positividad que no sabía que existía. Conocerlo me inspiró a ser mejor y me sentí obligado a ser una fuerza tan positiva para Steve como él lo era para mí.

Estar cerca de una persona de alto rendimiento mejoró mi rendimiento.

Las personas negativas te hundirán. Las personas positivas te levantarán.

Esto no quiere decir que a veces no tengamos que cargar con personas negativas en nuestras vidas. A veces nos vemos obligados a tratar con personas que se quejan, lloriquean, critican, cotillean e incluso nos perjudican. Que sin querer o adrede intentan hacernos daño.

Debemos actuar frente a estas personas. No tratar el problema que nos plantean de forma intencionada y estratégica nos roba energía psíquica. Nos desgastan. Nos sacan de nuestro juego. Nos hacen la vida más difícil de lo necesario. Pasamos tiempo preocupándonos e inquietándonos por ellas, y eso nos roba nuestra capacidad de ser creativos y productivos.

Lo último que quieres mientras cosechas tus fresas o escribes esa aria o inventas un mejor dispensador de toallas de papel es estar pensando en cómo Sarah te perjudicó, o en cómo Alan se comportó de forma injusta o en cómo Bonnie y Linda intentaron destruir tu carrera.

Estos pueden o no ser ejemplos reales de mi vida.

En cualquier caso, no son pensamientos productivos ni conducen a la creatividad.

Tengo cuatro estrategias para tratar con estas personas que siguen asolando nuestra psique. Las personas de nuestra vida actual que nos hacen daño, así como las de nuestro pasado que todavía pueden molestarnos.

El matón del instituto.

El excónyuge.

El padrastro malvado.

El amienemigo tóxico.

La jefa miserable.

La empleada mentirosa.

La tía egoísta.

No puedes permitir que esas personas sigan dominando tu mente. No puedes permitir que consuman tus pensamientos o influyan en tu estado de ánimo. Mi sugerencia es que utilices una de las cuatro estrategias siguientes para acabar con la infección: perdón, empatía, eliminación o una lista de enemigos.

Perdón

Esta es quizá la estrategia más difícil de utilizar, pero también es la que te permite hacer borrón y cuenta nueva. Cuando encuentras una manera de perdonar a la persona negativa que plaga tus pensamientos y sentimientos, encuentras la verdadera libertad.

El perdón es para ti.

Mi madre no era la más eficaz. Pasé gran parte de mi infancia sintiéndome ignorado y olvidado. Mis padres nunca me hablaron de mi futuro ni me ayudaron a planear una vida más allá de la escuela. En vez de eso, me echaron de casa después de graduarme en el instituto, ya que consideraban que su trabajo estaba completo. He ido por mi cuenta desde entonces.

Durante mucho tiempo, estuve enfadado con mi madre por no hacer más. Pensé que debería haber sido una madre mucho mejor. Estaba molesto porque no me habían dado la infancia que creía que todos los niños merecían. Amaba a mi madre. No entendía por qué no me quería más.

Entonces, un día, mientras le hablaba de ella a una amiga, Elysha dijo:

—Matt, sabes que tu madre sufrió de depresión la mayor parte de su vida, ¿verdad?

Nunca se me había ocurrido, pero tan pronto como Elysha dijo esas palabras en voz alta supe con certeza que eran verdad. Casi instantáneamente, encontré el perdón para ella por primera vez en mi vida. Todos sus fracasos como madre fueron arrastrados por el entendimiento de que sufrió de depresión no diagnosticada durante la mayoría de su vida adulta, si no toda.

A menudo el perdón requiere algún tipo de comprensión. No puedes perdonar hasta que algo sobre el transgresor o su transgresión tenga sentido para ti. Buscar la comprensión es a menudo el primer paso hacia el perdón.

Pero no siempre.

Una persona con la que trabajé me trató mal en su momento. Falló en apoyarme de una manera que hubiera sido simple para ella pero que podría haber significado todo para mí. Aunque a día de hoy mi esposa todavía está molesta y no la ha perdonado, yo lo he hecho. Decidí que su transgresión no valía mi tiempo ni mi energía mental. Seguir enfadado con ella habría consumido pensamientos y concentración innecesarios. Tengo cosas más importantes en las que enfocarme, en las que redirigir mi energía y que conseguir. Además, tengo que trabajar con ella a diario. Permanecer molesto haría que el día de trabajo fuera más difícil de lo necesario. Además, lo estoy haciendo bastante bien tanto personal como profesionalmente. Aunque su reticencia a apoyarme no ayudó a mi carrera, tampoco la destrozó. Su desprecio se ha vuelto irrelevante. No menos cruel o egoísta, sino trivial y sin sentido.

La perdoné, porque era conveniente y útil hacerlo, aunque la sangre de Elysha todavía hierva.

Perdonar es difícil, pero cuando es posible, es la mejor manera de detener la infección y eliminar la negatividad de tu vida. Maya Angelou dijo una vez: «Perdonar es uno de los mayores regalos que puedes hacerte a ti mismo. Perdona a todo el mundo».[2]

Si puedes perdonar a todo el mundo, mejor para ti. El resto de nosotros a veces necesitamos una estrategia alternativa…

Empatía

La empatía es diferente del perdón, porque la empatía simplemente te permite comprender a tu transgresor sin que comporte perdón en modo alguno. La empatía te permite decir: «Ahora está pasando por un momento difícil. Su divorcio fue complicado, y el hecho de que su exmujer se casara con su hermano pequeño debe de hacer que las Navidades sean incómodas. Tuvo mucha mala suerte de que el meteorito cayera en su armario. Y ese maldito tercer pezón debe de complicarle bastante la vida ahora que vuelve a tener citas. Hizo mucho daño a mi carrera sin que yo tuviera la culpa, y no tiene ni un hueso de bondad en todo su cuerpo, pero lo entiendo. No puedo perdonarle que sea un monstruo, pero entiendo por qué lo es».

La empatía no cura una relación, pero reduce su toxicidad. Evita que pierdas tiempo y espacio mental preguntándote el cómo y el porqué. La empatía me ha permitido ignorar la negatividad de los vecinos que creen que las vacunas COVID-19 contienen chips de seguimiento y que la obligación de llevar mascarilla es una violación intolerable de su libertad, porque sé que están atrapados en burbujas de desinformación, partidismo y engaño deliberado. Son personas que nacieron en un entorno propenso a creer ese tipo de cosas. Les enseñaron esas ideas a temprana edad. Han vivido constantemente rodeados de estas creencias. Reforzados cada día por apoyarlas.

No les perdono por poner en peligro mi vida y la de mi mujer y mis hijos, pero al menos entiendo por qué sus creencias están tan arraigadas. Sigo enfadadísimo por lo que le están haciendo a nuestro país, pero comprendo su equivocación y confusión.

Lo que hacen no es intencionado. Simplemente, es inevitable.

Si yo estuviera atrapado en la burbuja de una familia, unos amigos y una comunidad que creyeran estas tonterías, también me costaría confiar en la ciencia. También podría pensar que los seres humanos y los dinosaurios habitaron el planeta al mismo tiempo.

El principal motivo por el que no perdono es porque no puedo. Hasta ahora ha estado más allá de mi capacidad. Pero al menos puedo comprender, lo que me permite apartar un poco la negatividad y seguir adelante con mi vida. Quizá no toda la negatividad, pero sí la suficiente para que las relaciones sean más fáciles de gestionar.

Pregúntate por qué alguien en tu vida actúa tan mal. Busca el origen de su negatividad. Intenta comprender la razón de su estupidez y crueldad. Cuando puedas empatizar con su lucha, puede que te encuentres mejor equipado para apartar ese pesimismo, recuperar parte de ese necesario ancho de banda y seguir adelante con las cosas que importan.

Eliminación

Esta estrategia es sencilla: elimina a la persona negativa de tu vida o, como mínimo, reduce al mínimo el tiempo que pasas con ella.

Esto, por supuesto, es mucho más difícil de lo que parece, pero a veces la mejor forma de eliminar un cáncer es simplemente extirparlo.

Duele, pero es eficaz.

Mis amigos y yo solíamos jugar al golf con alguien que a menudo perdía los nervios en el campo. Golpeaba el palo contra el suelo, pisoteaba el *green* y se comportaba como un niño pequeño cuando las cosas no iban como él quería. Con el tiempo, sus rabietas empezaron a arruinar nuestra diversión, así que simplemente dejamos de invitarlo. Nunca preguntó por qué, pero si lo hubiera hecho, habría sido sincero. Una conversación difícil, por supuesto, pero una vida de rondas de golf más agradables como resultado.

Cuando no puedes eliminar el contacto, a veces minimizarlo puede marcar una gran diferencia. Para reducir al mínimo el tiempo que pasaba con una persona especialmente negativa, una de mis compañeras empezó a cerrar la puerta de su aula con llave durante la comida, con la esperanza de que eso disuadiera a esa persona de almorzar con ella. Incapaz de eliminar por completo a un compañero de trabajo de su vida, se ocupó de sí misma estableciendo límites. En este caso, un límite de madera con cerrojo.

Hace años, mi director anunció una nueva iniciativa curricular de un año de duración. Equipos formados por profesores de cada curso trabajarían juntos durante un año y diseñarían un nuevo programa de lectura. En un esfuerzo por evitar trabajar con gente negativa, me reuní con el director inmediatamente después y le pregunté si podía formar mi propio equipo. Aceptó.

Mientras que algunos de mis compañeros consideraron este acto injusto y motivo de enfado, mi director lo vio como propio de alguien dispuesto a tomar la iniciativa. Yo lo vi como un medio de evitar al tipo de personas que lo considerarían injusto. Eliminé la negatividad de mi vida rodeándome del mayor número posible de personas positivas.

Cuando dirigía restaurantes McDonald's, manipulaba el horario para evitar trabajar en turnos con gente horrible. Cuando iba a la universidad, identificaba en silencio las clases a las que asistía cierto estudiante cada semestre y las evitaba siempre que podía. Cuando me entrevistaban parejas que querían contratarme como DJ para su boda, yo también las entrevistaba a ellas para determinar si eran el tipo de personas con las que quería pasar mi tiempo. Si no lo eran, de repente no estaba disponible el día de su boda.

La gente mala abunda en este mundo. Mala hierba nunca muere. No podemos eliminar todo contacto con lo peor de lo peor, pero cuando tenemos esa posibilidad, debemos hacerlo. Están en juego nuestro tiempo, nuestra mente y nuestro bienestar emocional.

Una nota específica sobre la eliminación de la negatividad de tu vida: si sales con alguien que no gusta a la mayoría de tus amigos, deja de salir con esa persona inmediatamente. En la historia de la civilización humana, nunca ha habido un novio o novia al que los amigos más íntimos odiaran o en el que no confiaran al principio y sobre quien, con el tiempo, cambiaran de opinión y llegaran a amar.

Cuando se trata de relaciones románticas, el consenso al que llega el grupo acierta siempre.

Lista de enemigos

Déjame que te explique esto. Sé que suena un poco maquiavélico, pero mantener una lista de enemigos es una estrategia razonable y viable para eliminar de tu vida a la gente mala. En ocasiones, una persona te ha tratado de forma tan atroz que el perdón o la empatía son, sencillamente, imposibles. Incluso cuando eliminas a esa persona de tu vida, su comportamiento pasado sigue atormentándote con regularidad. Aunque ya no esté cerca de ti, la mera idea de su existencia o el recuerdo ocupan espacio en tu mente.

En estos casos, una lista de enemigos puede ayudarte.

Una lista de enemigos es un lugar en el que se puede colocar el nombre de la persona, empresa u organización infractora hasta que se consiga el perdón, la empatía o la venganza. En esencia, es una oportunidad para mantener a raya y alejadas a esas fuerzas de la oscuridad durante un tiempo, sabiendo que la lista podrá utilizarse cuando sea necesario.

Suena raro, lo sé, pero a mí me ha resultado muy eficaz, y dos psicólogos que conozco apoyan esta práctica, pues reconocen que a veces lo mejor que podemos hacer con la ira es guardarla en una caja para otro día.

Esto es lo que mi lista de enemigos hace por mí. Aparta a esas personas malas durante un tiempo para que pueda seguir adelante con mi vida.

Actualmente en mi lista hay ocho nombres: dos son directores o ex directores de escuela primaria que me hicieron daño a mí, a mis compañeros o a alguien a quien quiero. Dos son parientes o ex parientes de la familia política que han hecho daño a mis seres queridos. Uno es un antiguo cargo electo al que ya he demandado con éxito una vez, pero no estoy satisfecho con esa única victoria. Otro es una organización sin ánimo de lucro que me perjudicó. Otro es una empresa que también me perjudicó. El último es un grupo anónimo de cobardes que lo intentó.

Todas estas entidades me enfurecen legítimamente, pero al incluir sus nombres en mi lista de enemigos, de repente me libero de esa obsesión por la venganza. Puedo dejar que esos sentimientos se vayan, confiando en que, con el tiempo, se abordarán mediante la acción, la empatía, el perdón o alguna combinación de los tres.

Sospecho que en la mayoría de los casos la solución será la venganza, aunque si un par de ellos tuvieran la ecuanimidad suficiente como para reconocer que lo que hicieron fue terrible, pedir perdón y quizá esforzarse por corregir su fechoría, eso podría bastar. Para el resto, seguramente acabaré vengándome. No el tipo de venganza de «contratar a un asesino a sueldo» o «publicar fotos robadas del tercer pezón de alguien». Más bien tengo en mente algo como conseguir yo mismo un éxito notable o poder exponer ante otros lo horribles que son.

Los monstruos del «sí, pero»

Hay otra mala persona que me gustaría que evitaras a toda costa: los monstruos del «sí, pero». Estas personas son nefastas. Estas dos palabras son nefastas.

No es que yo mismo no diga estas dos palabras de vez en cuando, pero cada vez que me sorprendo diciéndolas, me desprecio. Me recuerdo lo estúpido y derrotista que parezco. Incluso me disculpo por ellas si el momento es propicio.

«Sí, pero» nunca es bueno. Es un acuerdo poco sincero. Un intento artificial de seguir adelante y descartar todo lo que fue posible anteriormente. Es un intento de desacreditar o ignorar lo que se acaba de decir, pero se hace bajo la apariencia de una aceptación solo para ir directamente a la tierra de la negatividad.

«Sí, pero» es el lenguaje de los que lloran por nada. Personas que perseveran sobre injusticias pasadas. Individuos incapaces de dejar atrás lo que no pueden cambiar o lo inevitable y seguir adelante. A lo hecho, pecho.

También es el lenguaje de los que no rinden cuentas. De los que se quejan. Los que echan la culpa. Los que señalan con el dedo. Los incapaces de dar crédito a quien lo merece. Los que nunca reconocen la sabiduría o el éxito de los demás. Es el arma roma e ineficaz de los celosos, los envidiosos y los mezquinos.

Estas cosas las dicen las personas que no creen en el futuro.

«Sí, pero» también suele ser un salto hacia un argumento ilógico. Un llamamiento irracional. Un revoltijo de detritos verbales plagado de emociones. A nadie le gustan los monstruos del «sí, pero». Son los quejicas del mundo. Son los que paralizan los momentos de auténtica productividad. Elimina los «sí, pero» de tus propias conversaciones siempre que sea posible. Desprécialos tanto como yo.

Haz del mundo un lugar mejor.

7½ Escribe tu propio puñetero *Gatsby*

El escritor Hunter S. Thompson copió una vez *El Gran Gatsby* en una máquina de escribir solo para sentir lo que era escribir una gran novela. A menudo se alaba este hecho como una demostración de su compromiso con el oficio y su deseo de excelencia.

No puedo imaginar una forma más estúpida de emplear el tiempo.

¿Quieres escribir una gran novela? Intenta escribir una. Luego vuelve a intentarlo una y otra vez.

Thompson consiguió escribir una gran novela, por supuesto (muy buena, en mi opinión), pero quizá si no hubiera pasado tanto tiempo haciendo lo que se parecía mucho a un castigo común para niños durante mi infancia —hacerles copiar definiciones del diccionario—, habría tenido tiempo de escribir otra novela más. O para haber dedicado un poco más de tiempo a pulir uno de sus manuscritos.

Tengo demasiadas historias que contar como para dedicar un solo momento a mecanografiar la historia de otro. Francamente, dudo que Thompson hiciera de verdad este ridículo ejercicio. Es el tipo de anécdota que inventaría un gran escritor como él, sabedor de su atractivo inherente para el gran público.

Espero que se la inventara. Que se pierda el tiempo, aunque lo pierdan otros, siempre me duele.

Parte 2

DAR EL SALTO

«Para empezar, empieza».
WILLIAM WORDSWORTH

8 Di que sí

«Todo en el mundo empezó con un sí.
Una molécula dijo sí a otra molécula y nació la vida».
CLARICE LISPECTOR

Es otoño de 1997. Estoy sentado en mi escritorio escribiendo un ensayo sobre oscuros poetas mártires del siglo XVI cuando suena mi teléfono. Es mi mejor amigo, Bengi. Antes incluso de saludarme, me hace la pregunta que va a cambiar mi vida para siempre:

—¿Quieres ser DJ de bodas?

Es una pregunta descabellada por muchas razones. En la década que hace que conozco a Bengi, nunca he mencionado el deseo de ser DJ de bodas. Ni él tampoco hasta este mismo momento. Además, no quiero tener y dirigir mi propio negocio. Nunca me he planteado trabajar por mi cuenta. Francamente, suena espantoso. Plagado de estrés y responsabilidad. Quiero ser profesor y escritor. No dedicarme a la música.

Añade a esto que en toda mi vida solo he asistido a dos bodas, y una de ellas fue la de Bengi hace dos meses. No solo no sé nada de ser DJ de bodas, sino que no sé nada de bodas.

Pero por eso llama. No le gustó nada el DJ que tuvieron y está convencido de que nosotros podríamos hacerlo mejor.

Yo estoy convencido de que no. Además, no hay nadie menos preparado que nosotros para ese trabajo. No sabemos nada del sector. No sabemos nada de música fuera de nuestros

175

grupos favoritos de *rock* y *heavy metal*. Yo ni siquiera sabía que existía la industria de las bodas.

Aunque quisiera ser DJ de bodas, que no es el caso, estoy estudiando a tiempo completo en el Trinity College de Hartford (Connecticut) para licenciarme en Inglés. Al mismo tiempo, asisto a la Universidad de Saint Joseph para licenciarme en Educación Primaria. También a tiempo completo.

Además, trabajo a tiempo completo en un restaurante de McDonald's, como encargado, y a tiempo parcial como tutor de escritura en el centro de escritura del Trinity. También estoy casado con una mujer que pronto descubriré que es la mujer equivocada para mí. Estoy ayudando a criar a su hija.

Es lo más ocupado que he estado nunca. Por eso, cuando Bengi me pregunta: «¿Quieres ser DJ de bodas?», mi respuesta es sencilla.

Sí.

Digo que sí, porque eso es lo que la vida me ha enseñado a hacer. Digo que sí, porque esa versión centenaria de mí dice: «Nadie volverá a hacerte esta pregunta. Esta oportunidad no se te volverá a presentar».

Así que le digo:

—Sí, pero déjame terminar este ensayo sobre Anne Askew y hablamos.

El resultado de ese simple sí es extraordinario. Ese sí da lugar a un árbol de posibilidades (a una ramificación de nuevas oportunidades) de enormes proporciones. El crecimiento que surge de ese simple sí es asombroso. En primer lugar, me convierto en DJ de bodas. Esto implica la compra de equipos y música, interminables horas de práctica, la creación de una base de datos de canciones y la organización de una fiesta para amigos en un salón local de los Veteranos de Guerras en el Extranjero como una especie de ensayo.

No sale bien.

Aun así, menos de seis meses después de aquella llamada, tenemos nuestra primera boda. Tres meses después, reservamos tres docenas de bodas para el año siguiente en nuestra primera feria nupcial. Y comenzamos.

En nuestros veinticinco años de actividad, Bengi y yo hemos entretenido a invitados de 454 bodas. Eso son 454 parejas —907 personas— que nos han contratado para trabajar para ellas en uno de los días más importantes de sus vidas.

Sé lo que estás pensando: $454 \times 2 = 908$. Pero mi número es 907 porque hace años un tipo llamado Doug nos contrató para su boda, luego se divorció, se volvió a casar y nos volvió a contratar. Cambió de mujer, pero no de DJ.

Además de Doug, conozco a un gran número de personas a lo largo de los años. Muchas pasan brevemente por mi vida sin dejar mucha huella, pero algunas son categóricamente inolvidables. Como la novia que desaparece de su propia fiesta durante más de una hora. Cuando por fin la encuentro, está sentada detrás del coche, fumando un cigarrillo y llorando porque nadie sabe que es fumadora, incluido su recién estrenado marido. Su plan había sido dejarlo el día de su boda, pero ahora sabe que no puede, y no sabe cómo va a decírselo a su pareja. Así que me siento con ella y elaboramos un plan sobre cómo, cuándo y dónde va a decirle a su marido que es fumadora y que necesita ayuda para dejar de fumar.

Una vez hecho el plan, ella y yo volvemos a la recepción, donde baila toda la noche. Conté esa historia una década después para un campeonato de Moth GrandSLAM, y gané.

Luego está Scott, que me pregunta si podría ejercer de ministro en su boda además de ser el DJ. Le señalo que soy ateo reticente —alguien a quien le gustaría creer en un poder superior, pero sencillamente no puede—, pero dice que no le importa.

—Quiero que seas mi ministro. Ordénate por Internet.

Y así lo hago. A pesar de que nunca quise ser ministro y de no saber realmente lo que implica el trabajo, digo que sí. Planeamos una ceremonia que incluye pequeñas referencias a los Dallas Cowboys —el equipo favorito de Scott—, lo que vuelve loco a su suegro, pero al final la ceremonia queda preciosa.

Entonces me convierto en el DJ que además puede oficiar tu boda. Pronto celebro ceremonias para todo tipo de parejas. Oficio la de una mujer que decidió hacerse cortes en las muñecas y sangrar en el suelo donde se iba a casar una hora antes de que celebráramos la ceremonia, lo cual suena extraño, pero también es hermoso.

Luego estas parejas empiezan a tener bebés y me piden que bautice a sus hijos, así que empiezo a celebrar bautizos y ceremonias para poner nombres a los bebés. Recuerda: soy una persona que en realidad no cree en Dios, y ahí estoy, bautizando niños en patios traseros.

Todo porque dije que sí.

Entonces, un día, la ministra de una iglesia unitaria universalista me llama y me pregunta si estaría dispuesto a oficiar el servicio dominical mientras ella está de vacaciones. Cuando le comunico que me ordené por Internet y que en realidad no creo en Dios, me dice que eso no importa. Cuando le digo que no sé cómo dirigir un servicio religioso de verdad, me dice que me enseñará. Cuando le digo que no sé qué decir durante el sermón, me dice:

—Cuenta historias. Les gustará y les hará pensar.

Así que acepto. Le digo que sí. Tres años después, trabajo como ministro sustituto en media docena de servicios de tres iglesias distintas. Incluso me dejan hacer sonar las campanas de alguna que otra.

Y luego está Matthew Shepard, autor del epílogo de este libro, al que llamamos Shep porque dos Matts es demasiado. Se casa con Kelly en 2002. El matrimonio no dura, pero nuestra amistad sí. Si lo único que hubiera sacado de ser DJ de bodas fuera mi amistad con Shep, sería más que suficiente. Se convierte en uno de mis mejores amigos. Pero Shep me presenta a Tony, su primo, que tiene dos abonos de temporada extra para los New England Patriots y necesita venderlos. Como somos seguidores de toda la vida de los Patriots, Shep y yo los compramos, y es la temporada en que Tom Brady se hace cargo del equipo y lo conduce a su primera victoria en la Super Bowl. Desde aquella temporada, Shep y yo nos sentamos codo con codo en la sección 331 del Gillette Stadium, haga viento, frío o llueva o, menos frecuente, incluso si hace sol. Gritamos y animamos. Nos peleamos con los aficionados de los Jets y los Ravens. Abrazamos a desconocidos cuando nuestro equipo marca un *touchdown*. Lloramos durante remontadas épicas. Insultamos a los árbitros. Asistimos al récord de siete campeonatos de la Confederación Asiática de Fútbol.

No exagero si digo que algunos de mis mejores momentos en las dos últimas décadas han tenido lugar en la sección 331 del Gillette Stadium.

En otoño de 2021, me llama Kelly, la exmujer de Shep. Se va a casar de nuevo y quiere que oficie la boda. Antes fui su DJ, ahora me convierto en su ministro.

Pero Shep hace algo aún más grande por mí. Un día me llama y me pregunta si quiero empezar a jugar a *Dragones y Mazmorras* con él. En ese momento no tengo novia, así que le digo que no, porque me gustaría encontrar novia algún día, y no creo que *Dragones y Mazmorras* ayude en esa misión. Además, ya jugué de niño. Entonces me gustaba, pero hoy me resulta mucho menos atractivo.

Shep vuelve a llamar al día siguiente.

—Vale —dice—. ¿Por qué no nos escribes las aventuras?

—Eso suena incluso peor que simplemente jugar a *Dragones y Mazmorras* —le digo.

Entonces el tono de Shep cambia. Parece serio, pero también agresivo. Dice:

—¿No me habías dicho que querías ser escritor algún día? Porque, por lo que veo, no escribes nada. Así que ¿por qué no escribes esto?

Shep tiene razón. Desde que terminé la universidad, he intentado escribir varias novelas, pero cada intento resulta peor que el anterior. Así que, en cierto modo, he renunciado a ese sueño. He decidido de manera tácita que tal vez escribir no sea para mí. Al menos, la ficción. Ese sueño de convertirme en novelista está casi muerto. Me ha dado un toque de atención. Todos necesitamos gente como Shep en nuestras vidas.

Así que digo que sí. Durante más de un año, escribo aventuras de *Dragones y Mazmorras* para mis amigos. Por primera vez en mucho tiempo, la gente lee mi trabajo. Empiezo a considerarme escritor de nuevo.

Entonces, un día de la primavera de 2004, llamo a Shep y le digo:

—No voy a escribir más *Dragones y Mazmorras*. Voy a intentar escribir una novela.

Shep dice que debería hacer ambas. Me niego. Shep se ofrece a ser mi primer lector. Sigue siendo mi lector de prueba hasta el día de hoy.

En 2007 termino mi novela. En 2008, mi agente, Taryn, y yo la vendemos a Doubleday, y en 2009 se publica. Publico libros en 2010, 2013, 2017, 2018, 2019 y 2021. Mis novelas se traducen a más de veinticinco idiomas de todo el mundo. Mi tercera novela se convierte en un *best seller* internacional, como ya he mencionado. Cuatro de ellas son seleccionadas para el cine.

Pero no he terminado. Mientras publico novelas (y porque estoy publicando novelas), mi amigo Andy, músico, acude a mí con una idea para una ópera *rock* y algunas canciones.

Odio la ópera.

Escucho sus canciones. No me gustan.

Me cuenta la idea para su historia. No me gusta nada. La odio.

—¿La escribirías conmigo?

Le digo que sí. Aunque realmente no debería, digo que sí. Dos años después, producimos esa ópera *rock* en nuestro teatro local. Me siento en primera fila y escucho a actores profesionales recitar y cantar las palabras y la historia que imaginé en mi mente. Es increíble.

Al final de esa producción, Andy dice:

—Quiero escribir un musical para preadolescentes y adolescentes, de doce a catorce años.

Odio a los niños de doce a catorce años. Por eso enseño en primaria. Pero digo que sí. Hasta ahora hemos escrito y producido tres musicales para campamentos de verano. Cada uno me gusta más que el anterior.

Ahora estoy escribiendo uno que protagonizaré junto a mi compañera de escritura. Cantaré, aunque no sepa cantar. ¿Por qué?

Mi compañera de escritura, Kaia, dijo que me ayudaría, así que dije que sí.

Pero en 2009 ocurre algo todavía mejor. Mi familia celebra la publicación de mi primera novela con una fiesta en casa de mi primo. Estoy firmando un libro para mi tía cuando mi padre cruza la puerta y entra en el patio trasero.

Hace veinte años que no veo a mi padre. Ha venido a la fiesta porque he escrito un libro. Acordamos escribirnos cartas. Todavía hoy lo hacemos.

No lo olvides. Todo esto empezó porque un día le dije que sí a Bengi.

Hazte preguntas difíciles

¿Y si no tienes a ningún Bengi en tu vida pidiéndote que te conviertas en DJ de bodas? ¿Y si no tienes a nadie que te pida que salgas de tu zona de confort? ¿Y si no has sido agraciado con un Bengi, un Shep o una Kaia? En ese caso, tú también tienes que hacerte estas preguntas. No puedes esperar a que otros las hagan. A veces tienes que preguntártelo tú mismo.

En 2009, empiezo a escuchar un *podcast* de una organización llamada The Moth, que produce programas con historias reales contadas en directo delante de un público y sin notas. Me gusta el *podcast*. Me gustan mucho las historias que se cuentan en escenarios de Nueva York, Chicago, Boston y de todo el mundo. Me pregunto: «¿Podré hacer eso algún día? ¿Podría ser uno de esos narradores?».

Se lo comento a Elysha y a mis amigos, y les digo que tal vez algún día podría ser un *storyteller* de Moth.

—Sí —me dicen—. Deberías intentarlo.

Dos años después, por fin digo que sí a la pregunta que me hice por primera vez en 2009. Voy a un Moth StorySLAM en Nueva York con Elysha. Un concurso de *storytelling* con micrófono abierto. Dejo caer mi nombre en el sombrero lleno de nombres de narradores esperanzados. El plan es contar una historia. Una y ya está.

A decir verdad, en el momento en que dejo caer mi nombre en el sombrero, empiezo a desear que nunca lo saquen. Esa noche hay más de veinte nombres dentro. Solo saldrán diez. Quizá pueda convertir este sí en un «Bueno, qué se le va a hacer...».

Mi nombre sale el décimo. No me lo puedo creer. Al principio permanezco callado y quieto. Nadie, aparte de mi mujer, me conoce en esta sala. Si no me muevo, acabarán asumiendo que Matthew Dicks se ha ido a casa y sacarán otro nombre.

Elysha me da una patada por debajo de la mesa.

—Sube al escenario y cuenta tu historia.

Cuento una historia sobre salto con pértiga en el instituto. Es un milagro, pero gano. Me convierto en *storyteller*. Pero en realidad no me ha caído del cielo. Sin saberlo, llevo mucho, mucho tiempo entrenándome para este momento.

Mi entrenamiento comenzó cuando Bengi me pidió que fuera DJ de bodas y continuó durante toda una década, poniéndome delante de cientos de invitados a la vez, hablándoles extemporáneamente, ganando confianza con la oratoria, aprendiendo a hablar sin apuntes.

Continuó con la escritura de mis libros, sumergiéndome en los matices de la narración eficaz. Practicando el oficio en la página antes de llevarlo al escenario.

¿Sabía algo de esto cuando dije sí a Bengi hace años? Por supuesto que no. Por eso decimos que sí: nunca sabemos a dónde nos puede llevar un sí.

¿Pero un no? Un no siempre lleva a un sitio: a ninguna parte.

Desde que gané aquel primer Moth StorySLAM en 2011, he ganado más de cincuenta SLAMs en total, además de siete campeonatos GrandSLAM. Me he convertido en el *storyteller* con más victorias de la historia de Moth. He recitado historias por todo el mundo. Mis historias han aparecido en *The Moth Radio Hour,* y millones de personas en América las han escuchado.

Pero eso es solo la punta del iceberg de ese sí. Algunos editores me ven actuar en el escenario y me piden que escriba para ellos. Publico artículos en las revistas *Parents* y *Slate.* Un editor de cómics me pide que escriba para él, aunque no me gusten los cómics ni los lea.

Digo que sí. Como resultado, hoy soy guionista de cómics.

Dos años después, Elysha y yo lanzamos Speak Up, un negocio propio de *storytelling.* Empezamos a producir espectáculos en Connecticut y en toda Nueva Inglaterra. Con el tiempo, los espectadores me piden que les enseñe lo que hago en el escenario. Al principio no quiero. Me paso el día educando a niños. Lo último que quiero hacer es enseñar a adultos. Pero, en lugar de eso, digo que sí. No quiero enseñar a contar historias, pero lo intentaré una vez a ver qué me parece.

Resulta que me encanta ayudar a la gente a contar sus historias. Ese taller, impartido en una pequeña sala de una biblioteca pública, es el primer paso hacia una carrera en la enseñanza, el *coaching* y la consultoría. Hoy trabajo con grandes empresas de la lista *Fortune 500,* empresas de publicidad, universidades, hospitales, atletas olímpicos, alpinistas de talla mundial, cómicos, clérigos, papás noeles, la tribu Mohawk de Canadá y muchos, muchos más. Trabajo con ellos en *storytelling, marketing,* estrategia, publicidad, ventas y en otras cosas. Aunque sigo siendo profesor de primaria, hago ese trabajo porque me encantan los niños. Mis asesores financieros insisten en que lo deje. Las oportunidades que me da el *storytelling* se han vuelto mucho más rentables de lo que nunca será la enseñanza. Pero me gustan mucho los niños.

Contar historias me ha llevado a escribir guiones, presentar programas de televisión en cadenas de *streaming* y colaborar con guionistas de televisión y directores de documentales. Contar historias me consiguió un contrato para *Storyworthy: Engage, Teach, Persuade, and Change Your Life through the Power of Storytelling*. El éxito de ese libro llevó a mi editor a comprar el libro que estás leyendo ahora.

A veces tenemos que hacernos las preguntas difíciles. Cuando los demás no nos desafían a salir de nuestra zona de confort, tenemos que estar dispuestos a entrar nosotros mismos en esa incomodidad. Debemos exigírnoslo.

El don del sí

Justo antes del comienzo de la pandemia, me preguntaba si alguna vez podría hacer monólogos cómicos. Pensar en ello me aterrorizaba, lo que me llevó a decidir que probablemente debería intentarlo. Un sí difícil es a menudo el mejor sí. A lo largo de un año, empecé a actuar en foros abiertos de Hartford, Nueva York, Boston y Míchigan. Incluso me pagaron por actuar tres veces antes de que el coronavirus pusiera fin a mi carrera en la comedia. Por ahora, está en suspenso mientras espero a que acabe la pandemia, pero cuando sienta que es seguro de nuevo, volveré al escenario de la comedia, aunque hacerlo todavía me asuste muchísimo.

Se ha hecho popular entre entrenadores, gurús, líderes de pensamiento y similares animar a la gente a decir no más a menudo. Protege y conserva tu tiempo no permitiendo que otros lo invadan más de lo necesario. Concentra tu tiempo y tu energía.

«Está dispuesto a decir no» es un mantra que se predica a menudo hoy en día.

No tiene sentido. Francamente, es lo que la gente quiere oír, y lo que quieres oír y lo que necesitas oír no son lo mismo.

Recuerda: un sí siempre puede convertirse fácilmente en un no si es necesario. Si hubiera decidido que la carrera de DJ de bodas no era para mí, podría haber cambiado mi sí por un no en cualquier momento. Si hubiera decidido que los musicales o ser oficiante eran una pérdida de tiempo, habría podido dejarlo fácilmente y pasar a otra cosa.

El sí no es un estado permanente. Es la voluntad de probar algo nuevo, aunque te parezca ridículo, poco atractivo, te lleve mucho tiempo o sea imprudente. Es reconocer que el hecho de que te pidan que pruebes algo es un regalo. Es darse cuenta de que llegará un día en que la gente dejará de pedirte que digas que sí, y entonces, la versión centenaria se enfurecerá porque no estuviste dispuesto a decir que sí y probar algo nuevo.

Yo pensaba que el golf era un deporte estúpido, elitista y aburrido cuando mis amigos me compraron un juego de palos de diez dólares en un mercadillo de segunda mano y me pidieron que jugara. Pero dije: «Sí, lo intentaré». Hoy es una de mis cosas favoritas en el mundo.

Cuando Elizabeth Donoghue, alumna de segundo curso, me preguntó en mi primera clase si podíamos representar una obra de Shakespeare después de que les contara la historia de Julio César, pensé que la idea de que unos niños de siete años representaran a Shakespeare era ridícula. Pero dije que sí.

Dos décadas después, soy el profesor que enseña Shakespeare a sus alumnos y produce obras de teatro completas al final de cada curso. Como ya he mencionado, desde entonces he instalado un escenario, iluminación, un sistema de sonido y telones en mi aula. Tengo montones de cajas llenas de disfraces, espadas, dagas y otra utilería. Me he dado a conocer a nivel nacional como profesor de teatro.

Cuando Elysha me dijo que Steely Dan era un grupo mucho mejor de lo que yo pensaba, le dije que sí.

—Les daré una oportunidad.

Resulta que en eso tenía yo razón. Ese sí se convirtió rápidamente en un no.

Pero, con mucha más frecuencia, mi disposición a decir que sí me ha llevado por caminos inesperados e improbables. Cuando dices que sí, tu vida está en constante cambio. Un cambio enorme y maravilloso.

Mi madre murió en febrero de 2007. Desde que falleció, me he convertido en escritor, *storyteller,* cómico, columnista, consultor, golfista y dramaturgo. Ella nunca sabrá ninguna de esas cosas sobre mí. Son algunas de las más importantes sobre mí hoy en día, y me rompe el corazón que nunca haya podido leer uno de mis libros, escuchar una de mis historias o ver uno de mis musicales. Ni siquiera llegó a conocer a mis hijos.

Pero también sé que es la realidad del sí. Cuando dices que sí, las puertas se abren constantemente, y tu vida cambia de formas profundas e impredecibles.

Cuando nació nuestra hija Clara, allá por 2009, pensé que habíamos terminado con los niños. Le señalé a mi mujer que podíamos enviar a uno a Yale o a dos a la Universidad de Connecticut.

—Tú decides.

Pensé que era un genio. Dos años después, empezó a hablar de tener otro hijo. Quería un hermano para Clara, pero yo no estaba tan seguro.

Entonces, un día, estaba sentado en mi sofá, acariciando a un gato, cuando se me ocurrió que la pregunta de Elysha «¿Quieres volver a ser padre?» no era diferente de «¿Quieres ser DJ?».

Así que dije que sí. Un año después, tuvimos a Charlie. No puedo imaginarme un mundo sin él.

Empieza ya

Uno de los principales escollos para la mayoría de las personas creativas y emprendedoras que conozco es la incapacidad de lanzar realmente su proyecto. En lugar de decir sí y saltar al abismo, la gente espera, calcula, reflexiona y se prepara. Siempre habrá un momento mejor. El momento adecuado. Condiciones que deben cumplirse para alcanzar ese momento perfecto.

También tienden a aferrarse a su visión original, incapaces de ver caminos distintos y nuevas oportunidades. Han soñado con una sola cosa durante mucho tiempo y, como resultado, no pueden reconfigurar, reimaginar o pivotar hacia una nueva aventura. No pueden decir sí a una nueva posibilidad porque siguen bloqueados en su sueño original.

En lugar de esperar, debes decir sí. Debes lanzarte, independientemente de tu preparación o de la acumulación de recursos. La perfección es insidiosa. El deseo de perfección no es más que miedo disfrazado de otra cosa. Debes mantenerte ágil, abierto de mente y adaptable. Debes aceptar la imperfección, la confusión y la evolución.

Slack, una empresa para la que soy consultor, empezó como sistema de comunicación interna de una *start-up* de videojuegos que estaba al borde del fracaso. Cuando la industria de los videojuegos no les funcionó, la empresa pivotó para convertirse hoy en una plataforma de comunicación y colaboración empresarial líder en el sector.

Hoy soy consultor de *marketing* y comunicaciones de Slack porque hace mucho tiempo dije que sí a convertirme en DJ de bodas y seguí diciendo que sí cuando surgieron oportunidades. Al igual que Slack, mantuve la mente abierta y cambié de rumbo cuando se presentó un camino nuevo y más interesante. Me lancé, a menudo sin experiencia, mal informado y sin estar preparado para el siguiente paso de mi viaje.

Empieza algo nuevo. Olvídate del lanzamiento perfecto o del equipo adecuado o del compañero ideal.

Simplemente empieza.

Si te sientes esclavo de la perfección, recuerda estas tres cosas:

1. Lo más probable es que tu necesidad de perfección no sea más que un síntoma de tu miedo al fracaso o de tu tendencia a postergar las cosas.

2. Casi nadie hace nada perfecto. Súmate a ellos.
3. El mero hecho de empezar algo, por imperfecto que sea, ya te pone por delante de la inmensa mayoría de la gente, que nunca empieza nada.

Sé mejor que los demás. Empieza hoy algo terriblemente imperfecto. O sé como los demás y no llegues a ninguna parte. Es duro, lo sé. Pero es lo que me digo a mí mismo casi todos los días, y funciona.

8½   Preocúpate por Code Monkey

Hace unos diez años escuché por primera vez la canción de Jonathan Coulton «Code Monkey». Es una canción sobre un programador informático enamorado que suspira por una recepcionista de su oficina. Después de ofrecerle un refresco a la recepcionista y de que le diga que está demasiado ocupada para charlar, Code Monkey se escabulle de vuelta a su cubículo, «no sintiéndose muy bien».

La estrofa antes del último estribillo dice así:

«Code Monkey cree que algún día lo tendrá todo,
incluso a una chica guapa como tú.
Code Monkey por ahora solo espera.
Code Monkey dice que algún día, de alguna manera».

Trágico, ¿verdad? Code Monkey está esperando a «algún día, de alguna manera».

¿Cuánta gente en este mundo se pasa la vida esperando que algo pase «algún día, de alguna manera»? Desde que oí esta canción por primera vez, me da mucha pena Code Monkey. La canción de Coulton ha atrapado este momento de anhelo, sueño y pérdida.

¿Escapará alguna vez Code Monkey de la monotonía sin sentido de su trabajo? ¿Del desprecio de sus superiores? ¿Encontrará la creatividad que tanto desea? ¿Conseguirá alguna vez estar con su enamorada?

Es estúpido, ridículo y un poco vergonzoso, pero siento una punzada de dolor cada vez que oigo esta canción, no por el Code Monkey de la canción, sino por el Code Monkey más allá de la canción. El futuro Code Monkey.

¿Hará realidad sus sueños? Quiero saberlo. Necesito saberlo. «Algún día, de alguna manera» son palabras que me atormentan.

La verdad es esta: no creo que lo haga. No creo que Code Monkey lo consiga. Muy poca gente lo hace.

Y eso me parte el corazón. Cada vez. Creo que la mayoría de la gente va por la vida como Code Monkey, diciendo que «algún día, de alguna manera» sus sueños se harán realidad. Entonces la vida se les escapa, y mueren, llenos de remordimientos por lo que podría haber sido.

No sufras el destino de Code Monkey. Convierte el «algún día, de alguna manera» en «hoy, ahora».

9   Sé una gallina, no un cerdo

«No te sientas solo, el universo entero está dentro de ti. Deja de actuar como si fueras tan pequeño. Eres el universo en extasiado movimiento. Prende fuego a tu vida. Busca a quienes aviven tus llamas».

RUMI

Un famoso empresario de Silicon Valley solía exigir a la gente que se incorporaba a su empresa que fuera un cerdo y no una gallina. Esta idea procede de una famosa fábula.

Cerdo y Gallina van caminando por la calle. Gallina dice:

—Eh, Cerdo, he pensado que deberíamos abrir un restaurante.

—Tal vez —dice Cerdo—. ¿Cómo lo llamaríamos?

—¿Qué tal Huevos con Jamón?

Cerdo se lo piensa un momento y al final contesta:

—No, gracias. Veo que mi compromiso sería absoluto y tu implicación, menor.

A veces, en cambio, la historia se presenta como un acertijo.

Pregunta: en un desayuno de beicon y huevos, ¿qué diferencia hay entre la gallina y el cerdo?

Respuesta: la gallina está involucrada, pero el cerdo está comprometido a fondo.

Cuando se trata de este desayuno, argumenta el empresario de Silicon Valley, el cerdo se compromete. No hay ambigüedad. Es todo o nada para él. Pero la gallina tiene opciones. Contribuye a la comida al tiempo que mantiene su flexibili-

191

dad. La gallina siempre puede cambiar de opinión. Tiene la oportunidad de enfocar el mañana de un modo totalmente distinto.

La gallina nunca se lo juega todo.

Este empresario creía que los cerdos dominaban el universo. Al igual que Cortés quemó sus naves al llegar al Nuevo Mundo, de modo que su tripulación se vio obligada a luchar para sobrevivir, los mejores de los mejores están totalmente comprometidos con la única tarea que tienen entre manos.

La cuestión es la siguiente: Cortés era un demente homicida. ¿Y ese empresario de Silicon Valley? Además de dirigir su empresa, también diseñaba programas informáticos que le permitieran dirigir su yate por todo el mundo a distancia mientras ideaba su próximo proyecto empresarial. Así pues, no estaba exactamente tan comprometido con la tarea que tenía entre manos como él querría que pensaras. Era una gallina disfrazada de cerdo.

A menos que planees ser Harper Lee y hacer una gran cosa y nada más, necesitas ser una gallina que ponga muchos huevos. En pocas palabras, la creatividad florece, la productividad aumenta y las oportunidades se amplían cuando se permite que la mente divague. El creador es libre de jugar y permite a su espíritu creativo probar el terreno.

La fijación por una sola cosa no es un rasgo útil para la mayoría de las personas creativas, pero a menudo la gente está convencida de lo contrario cuando se embarca en su viaje creativo. En consecuencia, se centran en un único proyecto, como probablemente les enseñaron en el instituto y en la universidad, en lugar de permitir que sus intereses dispares, divergentes e incongruentes se apoderen de ellos.

Esto es un error. Creo en el poder de las gallinas. Creo en las posibilidades que genera poner muchos huevos en canastas diferentes. Creo que tu mejor oportunidad de hacer algo grande es haciendo muchas cosas posiblemente grandes.

Las cosas engendran cosas

También creo en el poder de la polinización cruzada: permitir que un área de interés aporte a otra. Crear un espacio para la convergencia de muchas ideas.

Aquí es donde ocurre lo inesperado. Aquí es donde puede tener lugar la verdadera creación.

Una de las preguntas que más me hacen como novelista es:

—¿Cómo evitas el bloqueo del escritor?

Mi respuesta:

—Nunca he tenido bloqueo del escritor. Si sufres bloqueo de escritor, es que te falta inspiración. Escribe otras cosas.

El problema es el siguiente: como estudiantes, a menudo quienes nos enseñan a escribir pero que en realidad no escriben ellos mismos, nos aconsejan que debemos terminar un proyecto antes de pasar a otro.

«Completa esa redacción».

«Termina ese poema».

«Concluye esa historia».

«Debes alcanzar la línea de meta antes de buscar una nueva línea de salida».

Esto, por supuesto, es una tontería. Un completo disparate. Las palabras que solo puede concebir alguien que no escribe.

No sufro de bloqueo del escritor porque cuando un proyecto no avanza, simplemente cambio a otro. En este momento, estoy escribiendo este libro. También estoy trabajando en mi próxima novela. Estoy revisando una novela juvenil. Escribo columnas para dos revistas distintas. Escribo una entrada de blog cada día. Escribo unas memorias. Estoy trabajando en un cómic.

Si todo eso falla (y hasta ahora nunca lo ha hecho), intento escribir cien cartas al año. Cartas físicas metidas en sobres con sellos. Esta semana he escrito cartas a dos autores que adoro, a dos antiguos alumnos, al fundador de Norton AntiVirus (para felicitarlo por su casa de Martha's Vineyard), al Harborside Inn (para felicitar a Celine, que hizo que nuestra estancia fuera absolutamente perfecta) y a mi tía.

¿Cómo podría estar bloqueado en todos y cada uno de esos proyectos?

Es imposible, y lo mismo debería sucederles a todas las personas creativas. Está muy bien tener un proyecto principal en el que trabajes con más frecuencia, pero también deberías tener otros proyectos secundarios en distintas fases de ejecución.

Recuerda que hasta el empresario de Silicon Valley diseñaba *software* para su yate y planeaba su próxima aventura empresarial mientras dirigía una empresa. Comprendía el poder de tener múltiples proyectos. Una gallina que pone muchos huevos.

Y lo que es más importante, las personas creativas se benefician de ampliar sus horizontes, asumir nuevos retos y tener muchos proyectos entre manos. De ese modo, la creatividad y la productividad se estimulan mutuamente al permitir que se combinen nuevas disciplinas, nuevos aprendizajes, experimentación constante e intereses diversos. La mezcla de ideas originales y nuevos aprendizajes a menudo culmina en algo imposible de prever o incluso de imaginar.

Las cosas engendran cosas. No es la frase más bonita que he escrito, pero es cierta.

Soy mejor escritor porque cuento historias sobre el escenario. Soy mejor asesor de *marketing* porque hago monólogos cómicos. Soy mejor dramaturgo porque escribo cómics. Soy mejor narrador porque oficio bodas. Soy mejor profesor de primaria porque soy padre. Soy mejor orador porque soy DJ de bodas. Soy mejor *coach* de liderazgo porque soy inversor.

Por extraño que parezca, también soy mucho mejor profesor —quizá incluso inmensamente mejor profesor— porque fui encargado de restaurantes McDonald's durante una década. Las habilidades y estrategias que aprendí mientras trabajaba bajo los arcos dorados fueron probablemente más valiosas para mí que cualquier clase en la universidad.

También soy mucho mejor profesor —quizá incluso inmensamente mejor profesor— porque acepté probar el golf hace más de una década. Participar en algo nuevo, difícil, frustrante, a menudo inexplicable y de una profundidad infinita me ha ayudado a comprender a los alumnos como nunca antes lo había hecho.

El golf es parecido a la división larga. Inicialmente impenetrable y absolutamente exasperante. Cuando un alumno tiene dificultades, me recuerdo a mí mismo cómo me sentía yo con el golf en aquellos primeros años, y cómo a veces me sigo sintiendo hoy.

Las cosas engendran cosas.

Y esto les sucede mucho menos a los cerdos. Los cerdos se atascan preparando el desayuno todos los días. Día tras día tras día. Si tienen suerte, al final pueden hacer el mejor bocadillo de jamón y huevo que nadie haya probado jamás. Es un logro noble, pero ser el mejor en una cosa es difícil, y asume que no hay otras cosas más interesantes que emprender esperándote a la vuelta de la esquina. El cerdo supone que puede ver el mañana. Supone que el desayuno siempre será su trabajo. Cree que solo puede y debe hacer una cosa.

Las gallinas también hacen el desayuno, pero luego también tienen tiempo de plantar un jardín de tulipanes. De hacer una escultura con clips. De construir el primer banjo de dos cuerdas del mundo. De escribir *sketches* cómicos. De crear un nuevo tipo de pasta. De diseñar un nuevo vestido de novia/traje de baño. Quizá de hacer un desayuno para cenar.

La gallina sabe que ampliar su abanico de conocimientos, habilidades, intereses y proyectos a menudo conduce a resultados inesperados y, a veces, extraordinarios. La gallina no pretende conocer qué pasará mañana. La gallina no asume que la pasión de hoy será la pasión de mañana.

Me subí a un escenario en julio de 2011 con la intención de contar una historia. Una y ya está. Una década después, me gano la vida asesorando sobre *storytelling,* estrategias de comunicación, planes de *marketing* y mucho más.

Imagínate si hubiera decidido ser un cerdo en 2011 y centrarme únicamente en mi enseñanza o en mi escritura. Me habría perdido muchas oportunidades extraordinarias. Todo lo que fluyó de aquella primera historia en aquel primer escenario también me ha convertido en un mejor profesor y escritor.

Las gallinas saben que ser multifacéticas hace que todo sea mejor. Las gallinas saben que un conjunto diverso de experiencias abre un sinfín de posibilidades impredecibles.

Deja los malabares a los malabaristas

Hace unos años, un periodista me preguntó cómo hacía malabares con tantas bolas a la vez. Me reí.

—No hay malabares —dije—. Simplemente hay muchas bolas diferentes de muchos tamaños frente a mí. Cojo una de ellas, la novela que estoy escribiendo, por poner un ejemplo, y trabajo con ella durante un rato. Escribo unas páginas. Reviso algunos párrafos. Luego la dejo. Ahora es el momento de la bola de la enseñanza. Durante las siete u ocho horas siguientes, le doy vueltas a esa bola. Me centro en los alumnos, el plan de estudios y la pedagogía. Durante el almuerzo, puede que deje la bola de la enseñanza durante una hora y coja mi bola de escribir teatro. Es mucho más pequeña que mis bolas de enseñanza o de escritura de novelas, pero sigue siendo algo en lo que trabajo de vez en cuando. Después de comer, vuelvo a la de la enseñanza.

Nadie puede hacer malabarismos con varios proyectos. No puedes estar haciendo cosas diferentes al mismo tiempo. Pero ¿en el mismo día? ¿En la misma semana? ¿Puedes trabajar como tatuador de día y diseñador de paisajes sonoros de noche? ¿Puedes pasar los fines de semana tallando esculturas de hielo para bodas? ¿Construir barcos en verano? ¿Escribir la próxima gran novela?

Yo creo que sí.

No solo creo que puedes hacer todas esas cosas, sino que creo que cada una de ellas influiría en las demás y las mejoraría. Serás un tatuador más creativo porque también puedes esculpir hielo. Diseñarás mejores paisajes sonoros pasando horas en la costa, escuchando el viento y el oleaje mientras construyes barcos. Escribirás una novela mejor porque las partes creativas de tu cerebro estarán comprometidas de forma auditiva, visual y cinestésica. Puede que incluso incluyas a un tatuador en tu gran novela o, mejor aún, a un personaje que se arrepienta profundamente de su tatuaje. Quizá el tatuaje fracture una relación. Revele un secreto. Contenga un código oculto.

No hacemos malabarismos con nuestras pasiones. Nos dedicamos a ellas, de una en una, a lo largo del tiempo. Dividimos nuestros intereses y dividimos nuestro tiempo para perseguir esos intereses, sabiendo que lo que hagamos en uno de ellos puede aportarnos cosas para otro.

Las cosas engendran cosas.

El archivo de ideas

Llevo escribiendo un blog desde que asistí a una clase sobre blogs en el Trinity College, allá por febrero de 2003, cuando los blogs eran realmente un medio popular y viable de encontrar audiencia. No he dejado de escribir ni un solo día desde que empecé, como ya he contado antes, incluso cuando otros han intentado descarrilar mi carrera docente tergiversando descaradamente lo que había escrito y han intentado presentarme como un lunático chiflado. Pero yo sigo enseñando y escribiendo, y ellos siguen escondidos en alguna cueva, envueltos en su manto de cobarde anonimato. Espero que me sigan leyendo hoy.

En las dos décadas que llevo escribiendo en blogs, he pasado por tres plataformas distintas y he cambiado el nombre del blog con cada cambio, pero también he migrado el contenido de cada una de esas páginas a mi blog actual, donde escribo desde 2008. Casi todo lo que he escrito en los últimos veinte años puede encontrarse en línea. El primer blog, que fue retirado por culpa de los cobardes perdedores, se llamaba *Perpetual Perpetuity*. El segundo fue *Conform Me Not*. El blog actual es *Grin and Bare It*.

A menudo me preguntan:

—¿Cómo es posible que tengas algo que decir cada día durante veinte años?

Seis mil ochocientos treinta días, contando hoy, que escribo estas palabras. Parte de la respuesta es que hay muchos días en los que mi *post* consiste en una foto con tres frases que esencialmente dicen: «¡Eh! ¡Mira esto! ¡Me parece genial!».

No todo lo que escribo es profundo o transformador.

Pero la verdad es que soy una gallina. En lugar de centrarme en un solo tema, me interesan muchísimo un gran número de cosas. Al igual que el número de proyectos en los que trabajo, también amplío constantemente mis horizontes temáticos, siempre en busca de la siguiente cosa interesante.

Esta última semana es un buen ejemplo de cómo es mi salsa secreta de recopilación de ideas. En mi *software* de blogs, tengo actualmente 128 borradores a medio escribir, parcialmente escritos o casi totalmente sin escribir. Algunos son apenas frases sueltas que representan un pensamiento que quiero explorar algún día. Otros son enlaces a noticias e historias que han desencadenado una idea o una opinión. Otros son fotos, gráficos o imágenes que acabarán inspirando la escritura y darán lugar a una entrada.

El más antiguo de estos borradores data de 2015. Un pensamiento de hace siete años, a la espera de que finalmente lo amplíe.

Un vistazo a los *posts* de esta semana es un buen ejemplo de cómo una mente abierta y curiosa puede llevar a crear contenido. De cómo una gallina siempre puede encontrar algo que decir.

Ayer, miércoles, escribí sobre una visita a mi antiguo campamento de Boy Scouts y la constatación de que algunas de las primeras y más importantes lecciones de mi vida las aprendí en los terrenos de aquella reserva. Siempre había pensado que mi primera actuación sobre un escenario había sido el Nuyorican Poets Cafe, allá por julio de 2011, en un Moth StorySLAM. Al entrar en el comedor del Campamento Sandy Beach y ver el escenario, que seguía igual casi cuarenta años después, recordé de repente que pasé mucho tiempo en él cuando era niño, contando historias, chistes, cantando y mucho más. Lo había olvidado hasta que visité el campamento con mi familia a principios de verano.

El martes escribí sobre una frase que había oído en un reportaje de la Radio Pública Nacional sobre una reciente serie de tormentas en Connecticut. No me gustó cómo estaba construida y escribí un *post* explicando por qué.

El lunes escribí sobre una ridícula carta que recibió el gobernador Cox de Utah amonestándolo por su obsceno apellido. Al tener un apellido igualmente obsceno, escribí un divertido *post* en el que conté un incidente relacionado con él.

El domingo escribí sobre un discurso muy motivador del presentador deportivo Ernie Johnson al equipo de fútbol americano de Alabama.

El sábado escribí sobre lo mucho que desprecio la frase «Dios aprieta, pero no ahoga». Era una idea que había estado rondando en mi archivo de borradores durante más de dos años, hasta que oí a un hombre en la reciente concentración motera de Sturgis decir esa frase a propósito de la pandemia y de su voluntad de seguir sin vacunarse. Eso me facilitó un portal hacia la escritura del *post*.

El viernes escribí sobre la importancia de recordarse a uno mismo tus propias buenas acciones, de darte crédito por hacerlo bien y de contarte a ti mismo las historias adecuadas, todo ello unido a la alegría que siento por los dos gatos que hemos acogido. En realidad, la idea había estado en la lista durante seis años, pero una foto reciente de nuestros felinos desencadenó de nuevo la idea y me dio una forma de escribir sobre ella.

El jueves escribí sobre la forma tan original y única que tiene Charlie de puntuar su ronda de golf. En lugar de utilizar números, utiliza caras. Caras sonrientes para los hoyos bien jugados. Caras menos entusiastas para los hoyos mal hechos.

En resumen:

- Una idea llevaba cinco años fraguándose.
- Otra llevaba seis años gestándose.
- Una surgió a raíz de un vídeo que alguien compartió conmigo.
- Otra tras escuchar un reportaje en la radio.
- Una más tras ver una noticia en Twitter.
- Dos *posts* estaban basados en experiencias recientes.

También he añadido siete ideas nuevas a mi lista de borradores. Dos se refieren a recuerdos que resurgieron esta semana y sobre los que me gustaría escribir en algún momento en el futuro:

- Cuando tenía diecinueve años, mi novia de entonces y yo seguíamos a los camiones de bomberos a los incendios de casas en mitad de la noche como forma de entretenimiento.
- Cuando tenía dieciséis años, no tenía compañero de habitación en el campamento de la banda de música y me hicieron sentir solo y estúpido hasta que alguien obligó a Keith Ducharme a compartir habitación conmigo, lo que extrañamente me hizo sentir todavía más estúpido y sin amigos. Aún más absurdo es que aquello todavía me sigue molestando hoy en día.

Una idea se originó con una declaración del *skater* Tony Hawk en un *podcast* semanal que escucho. La otra mientras escuchaba a un cantante folk interpretar «Ring of Fire» de Johnny Cash en el Mercado de Granjeros de Coventry. Una idea surgió de un sueño que tuve sobre el radio reloj de mi infancia. Una idea trata sobre la naturaleza de la sorpresa, puesta de relieve en un cortometraje titulado «Bench» ('Banco'). Una idea describe un encuentro con una persona, pero tengo que esperar a escribir sobre ello para no disgustar a nadie.

Películas. Música. Recuerdos. Imágenes. Noticias. *Podcasts*. Sueños. Palabras y frases pronunciadas por personas de mi entorno.

Cuando eres una gallina, tu mundo es amplio y extenso. Tus influencias son múltiples. Tus pasiones, numerosas. Así es como he conseguido escribir una entrada de blog diaria durante casi dos décadas.

Siempre estoy en busca de nuevos lugares para mis huevos. Tú también podrías estarlo.

10 Tú eliges la línea de meta

«La verdad es una, los caminos son muchos».
MAHATMA GANDHI

Durante mi último año en la universidad, mi asesor, novelista y profesor de escritura creativa me sugirió que me matriculara en una clase avanzada de poesía.

—¿Por qué? —le pregunté—. No me gusta la poesía. No quiero escribir poesía. Los poetas no ganan dinero.

Me explicó que escribir poesía podría ayudarme a escribir frases más claras en mis novelas de ficción. Me ayudaría a ser más conciso. Me pareció una idea absurda, pero, como era mi asesor, acepté.

Me matriculé en una clase avanzada de poesía, sin darme cuenta de que me unía a una docena de estudiantes que habían pasado juntos los últimos tres años centrados casi exclusivamente en la lectura, escritura y memorización de poemas. Eran estudiantes que hablaban de metáforas con la seriedad y la pericia con la que los ingenieros de la NASA preparan cohetes para el espacio.

A los diez minutos de la primera clase, me sentí totalmente desprevenido y estúpido. Fuera de lugar. Al percibir mi malestar, mi profesor, Hugh Ogden, me pidió que me sentara con él. Sus palabras exactas fueron:

—Cariño, ven a sentarte a mi lado.

Así lo hice. Un momento después, su perro se tumbó sobre mi pie derecho. Hugh me frotó la espalda y me dijo que estaría bien.

Se equivocaba. Estaría mucho mejor que bien.

Resulta que mi asesor solo tenía razón en parte sobre lo que podría aprender asistiendo a clases de poesía. De hecho, aprender a leer y escribir poesía me enseñó a mejorar mis obras de ficción. Aprendí a divagar menos, a revisar más y a desechar el material que no sirve en la historia.

Pero lo que ni él ni yo supimos ver en aquel momento fue cómo la poesía autobiográfica que estaba escribiendo aquel semestre se convertiría en algunas de las primeras historias que contaría sobre el escenario años más tarde. No solo estaba encontrando formas de mejorar mi ficción, sino que también estaba dando mis primeros pasos en el *storytelling* personal.

El momento más importante para mí llegó la noche en que se nos unió el renombrado poeta E. Ethelbert Miller. Mis compañeros y yo preparamos poemas para él, y accedió a darnos su opinión y comentar cada uno de ellos. Mis compañeros de clase se tomaron muy en serio esta oportunidad y escribieron poemas largos y épicos llenos de referencias históricas y literarias, con complejos esquemas de rima y un vocabulario infinitamente esotérico. Con cada poema que le leían en voz alta a Miller, yo me encogía más y me sentía más estúpido.

Una vez más, sentí que no encajaba. Sentí que nunca había pertenecido a ese curso. Lo único en lo que podía pensar era en dar con una excusa para salir de clase y no volver jamás.

Por desgracia, seguía sentado al lado de Hugh. Su perro estaba otra vez durmiendo sobre mi pie. Mi poema estaba sobre la mesa, delante de mí, a la vista de Hugh y de mis compañeros. No tenía salida.

Cuando dijeron mi nombre —el último de la noche—, me levanté de mala gana de mi asiento y leí en voz alta este poema:

PARA MATHIEU

Por querer un aula tranquila

y un alumno que me recordara a mí,
me enfurecí
y no vi ni su nariz de botón ni sus mejillas pecosas,
y con una voz que sonó criminal
al retumbar en el tablón de anuncios de la clase,
le dije que llamaría a su madre esta noche,
para contarle su falta de respeto
a la bandera de nuestra nación,
olvidando la hierba espesa, húmeda
que cubría su tumba.

El poema trataba de un momento que había ocurrido apenas unas semanas antes. Todavía estaba estudiando magisterio y hacía prácticas bajo la atenta mirada de un profesor experimentado. En una de esas prácticas, Mathieu, un alumno de primer curso al que fui incapaz de manejar con eficacia, interrumpió mi clase por enésima vez y me hizo decirle aquellas estúpidas e hirientes palabras.

Cuando terminé de leer, me senté. Mis compañeros me miraron con cara de confusión y lástima. Me sentí muy tonto. Cada uno de ellos había leído durante más de un minuto —la mayoría mucho más—, pero mi poema había durado unos veinte segundos.

Sabía lo que pensaban:

«E. Ethelbert Miller viene a nuestra clase, ¿y esto es lo que le lees?».

«¿Menos de una docena de versos?».

«¿Escribiste a propósito en el lenguaje de un alumno de secundaria?».

Me preparé para la crítica de Miller. Esperaba lo peor. Empecé a preparar mentalmente una sincera disculpa. En lugar de eso,

Miller dijo que, de todos los poemas leídos en clase aquella tarde, el mío era el que más le había gustado.

Me quedé estupefacto. Y mis compañeros también. De manera visible.

Miller explicó que, aunque los demás poemas estaban excepcionalmente bien escritos y poseían muchas de las cualidades de la poesía excelente, el mío era el único que compartía algo personal.

—Matthew ha mostrado su vulnerabilidad —dijo—. Eso es de lo mejor que un poeta puede ofrecer a un lector.

Mi corazón se llenó de alegría. Sentí que pertenecía al grupo. Por fin alguien me había escuchado. Por primera vez en mucho tiempo, me sentí realmente bien con lo que hacía.

Catorce años más tarde, me subiría al escenario del famoso Bitter End de Nueva York y contaría la historia de Mathieu por primera vez en un Moth StorySLAM.

Aquella noche gané. Por una casualidad casi increíble, uno de los amigos de Mathieu estaba entre el público. A los pocos días, retomé el contacto con él, que, por suerte, casi no me recordaba. Esencialmente, conté sobre el escenario una ampliación del poema que había escrito para E. Ethelbert Miller. Dije el poema en prosa y no en verso. El medio cambió, pero el contenido siguió siendo casi el mismo. Desde aquella noche, he tomado casi todos los poemas autobiográficos escritos en la clase de poesía de Hugh Ogden y los he ampliado hasta convertirlos en historias para el escenario y la página.

Nunca encontré el éxito en la poesía. En 2015, junté algunos de los poemas escritos en la clase de Hugh con otros nuevos y se los envié a mi agente con la esperanza de convertirme en el próximo Billy Collins. Su respuesta fue:

—Muy bonito esto que me has enviado. Ahora no seas bobo y escribe otra novela.

Estoy parafraseando, no fueron esas sus palabras literales, pero eso fue en esencia lo que dijo.

Lo que hice fue tomar el contenido que existía en una forma (poesía) y transformarlo en otra (narrativa). Y lo que es más importante, sospecho que la clase de poesía de Hugh me ayudó a convertirme en el narrador que soy hoy. La vulnerabilidad, la brevedad y encontrar el hilo conductor de una historia son esenciales para el éxito al contar una historia. No puedo precisar exactamente dónde empezaron esas lecciones, pero estoy seguro de que la clase de Hugh me ayudó mucho a avanzar por un camino que ni siquiera sabía que estaba recorriendo.

Mi profesor de poesía me hizo mejor escritor de ficción y mejor *storyteller*.

Un horizonte lleno de posibilidades

Elegir cuál será la forma en que darás salida a tu creatividad es un primer paso importante como creador. La mayoría de las personas con creatividad comienzan con una visión exacta de lo que quieren ser en el futuro: novelista, peluquero, cineasta, arquitecto paisajista, diseñador de vaqueros, muralista, restauradora, florista, pianista, joyero, tatuador, soplador de vidrio, ingeniero de cohetes, mimo o cualquier otra cosa. No hay nada malo en ninguna de estas visiones. No hay nada malo en que se hagan realidad.

Cuando era adolescente, le decía a la gente que algún día quería ganarme la vida escribiendo y enseñar por placer. Casi he hecho realidad esa ambición adolescente aparentemente ridícula. Pero explorar opciones, ignorar las presiones externas y permitirse hacer el ridículo, experimental y divergente, puede marcar la diferencia a la hora de producir algo genial. Mantener la mente abierta en cuanto a cuál pueda ser tu línea de meta es fundamental tanto para aprender a hacer algo grande como para hacerlo.

Es un error creer en el mito de que la persona creativa se centra exclusivamente en un producto final definido. Puede que sea cierto para algunos, pero es habitual que muchos deambulen por diversas disciplinas a lo largo del camino, encontrando de ese modo distintas formas de expresarse y, con ello, a veces, cambien por completo la línea de meta.

Tu objetivo no debería ser un punto fijo en el espacio, sino un horizonte de posibilidades. Deberías avanzar, intentando acercarte todo lo posible a ese horizonte mientras dejas que tu punto final sea flexible y posiblemente múltiple.

A Elon Musk, por ejemplo, se le asocia más estrechamente con la empresa automovilística Tesla y, más recientemente, con el fabricante aeroespacial SpaceX, pero su trayectoria profesional comenzó en realidad en el *software*. Cronológicamente, su recorrido ha sido el siguiente:

En 1995, Musk cofundó la empresa de *software* web Zip2. Esta *start-up* fue adquirida por Compaq por 307 millones de dólares en 1999.

En 1999, Musk cofundó el banco *online* X.com, que se fusionó con Confinity en 2000 para formar PayPal. Esa empresa fue comprada por eBay en 2002 por 1500 millones de dólares.

En 2002, Musk fundó SpaceX, un fabricante aeroespacial y empresa de servicios de transporte espacial, de la que actualmente es consejero delegado (CEO) y director técnico (CTO).

En 2004, Musk se unió al fabricante de vehículos eléctricos Tesla Motors (ahora Tesla, Inc.) como presidente y arquitecto de producto, convirtiéndose en su director general (CEO) en 2008.

En 2006, Musk ayudó a crear SolarCity, una empresa de servicios de energía solar que más tarde fue adquirida por Tesla y se convirtió en Tesla Energy.

En 2015, Musk cofundó OpenAI, una organización de investigación sin ánimo de lucro que promueve la inteligencia artificial fácil de usar.

En 2016, Musk cofundó Neuralink, una empresa de neurotecnología centrada en el desarrollo de interfaces cerebro-ordenador. Ese mismo año fundó The Boring Company, una empresa de construcción de túneles.

Musk también ha propuesto el Hyperloop, un sistema de transporte de alta velocidad.

Musk era un licenciado en Física y Matemáticas que primero aplicó su talento a Internet, pero evolucionó constantemente, encontrando nuevas formas de aplicar su pericia y amor por las matemáticas, la física, la ingeniería, el diseño y los negocios a una gran variedad de campos. Amplió y cambió constantemente sus líneas de meta, pero, a lo largo de su carrera, Musk aprovechó de manera constante su conjunto de habilidades para construir las cosas que más le interesaban.

Imagínate cómo sería el mundo si Elon Musk hubiera decidido seguir trabajando en el desarrollo web. Imagina un mundo en el que la línea de meta de Musk nunca hubiera incluido automóviles y naves espaciales. Imagina dónde podría estar el mundo cuando Musk lleve una o dos décadas trabajando en neurotecnología.

David Hockney se dio a conocer en la década de 1960 como pintor e influyente contribuidor al movimiento del Arte Pop. Desde entonces, ha seguido pintando, pero también se ha hecho famoso por su trabajo con el *collage*, la fotografía, la escenografía y el arte digital. Hockney ha experimentado con la pintura, el dibujo, el grabado, la acuarela y muchos otros medios, como el fax, la pasta de papel, las aplicaciones informáticas y los programas de dibujo para iPad.

Hockney es un artista que se hizo célebre como pintor, pero que se permitió explorar otras vías adyacentes para sacar partido a su creatividad. Es un hombre que trabaja en un medio visual, pero que cambia constantemente su línea de meta.

Pero mi historia favorita sobre la voluntad de Hockney de experimentar con la forma y alterar su producto final es esta:

Cuando el Royal College of Art dijo que no permitiría que Hockney se graduara si no completaba un trabajo que requería un dibujo al natural de una modelo femenina, protestó pintando «Life Painting for a Diploma», una imagen de dos metros por dos metros de un hombre en ropa interior blanca posando delante de un póster de un dibujo del sistema esquelético humano. El cartel llevaba la etiqueta PHYSIQUE (físico), y sobre la imagen estaban escritas las palabras «life painting for a diploma» (pintura al natural a cambio de un diploma).

También se había negado a escribir un ensayo requerido para el examen final, alegando que debía ser evaluado únicamente por sus obras de arte. Reconociendo su talento y su creciente reputación, el Royal College of Art cambió su reglamento y le concedió el diploma. Hockney obligó al colegio a modificar los requisitos para graduarse. Movió la línea de meta y los obligó a adaptarse.

Los creadores hacen sus cosas, pero a veces cambian lo que ellos, u otra persona, pensaban que podría ser el resultado. Pero no necesitamos recurrir a inventores multimillonarios y artistas de fama mundial para encontrar ejemplos de hacedores de cosas que producen su trabajo de una forma nueva.

Mi suegra, Barbara Green, empezó su carrera en la Escuela de Diseño Parsons como artista gráfica. Durante años, ella y su marido, Gerry, fueron propietarios de una empresa que diseñaba e imprimía artículos de papelería, invitaciones de boda y similares. Barbara se encargaba del diseño. Gerry imprimía. Pero también fue pintora y tejedora durante muchos años, expandiéndose de ese modo a otros ámbitos visuales para expresar su arte.

Mi parte favorita de la historia de Barbara es esta:

Barbara aprendió sola a utilizar un ordenador rescatando un Apple nuevo del armario del museo donde trabajaba después de que ella y Gerry vendieran su imprenta. Nadie en el museo tenía los conocimientos, la habilidad o la inclinación para probar la máquina, así que ella leyó el manual y aprendió por sí misma a manejar uno de los primeros ordenadores de sobremesa de Apple. Rápidamente se convirtió en una experta en tecnología digital.

Sin ninguna experiencia previa en informática, encontró su nueva pasión escondida en el fondo de un oscuro armario de almacenaje.

Décadas más tarde, cuando cumplió sesenta y siete años, descubrió las posibilidades del arte digital al utilizar un iPad, de forma parecida a como lo hizo Hockney años antes. Casi de la noche a la mañana, no solo ha aplicado sus conocimientos de diseño a este nuevo medio digital, sino que sus creaciones —imágenes de personas eufóricas (muchas modeladas a partir de miembros de su familia), un silabario para niños estilizado y mucho más— recuerdan claramente al trabajo que realizó décadas antes.

Si comparamos sus diseños gráficos de los años ochenta y noventa con su trabajo digital actual, no hay duda de que se trata de la misma artista. El mismo estilo. La misma estética. La misma sensibilidad. Pero en lugar de trabajar con lápiz, bolígrafo y papel, ahora lo hace con un lápiz óptico, una pantalla de cristal y código.

El mismo contenido. El mismo ojo para la creación. Nueva línea de meta. También, en el caso de Barbara, un posible contrato para licenciar sus creaciones.

Sé como Bárbara. Muéstrate abierto a nuevas líneas de meta. Permanece dispuesto a imaginar nuevos objetivos.

Tu próxima gran novela podría muy bien convertirse en un gran musical. Tu objetivo de convertirte en estilista de las estrellas podría transformarse en ser estilista de pelucas para enfermos de cáncer. Tu banda de *death metal* podría evolucionar algún día hacia el folk acústico. Tu sueño de esculpir mármol podría convertirse en una carrera mucho más rentable tallando esculturas de hielo para bodas. Tu intento de desarrollar una cámara de maduración instantánea de aguacates podría convertirse en un medio de conservar frutas y verduras para los viajes espaciales.

Estas cosas ocurren todo el tiempo cuando la gente que quiere producir no se empeña en hacer una sola cosa.

- Taylor Swift escribió e interpretó canciones *country* durante años. Hoy es una de las mayores estrellas de la música pop del mundo.
- Ron Howard comenzó su carrera como actor. La mayoría de la gente ha olvidado por completo que tuvo una carrera como actor y piensa en él únicamente como director.
- Los Beastie Boys empezaron su carrera en el punk duro, pero se hicieron legendarios por su música rap.
- YouTube se lanzó inicialmente como un servicio de citas basado en vídeos.
- Shopify se lanzó como una tienda *online* de equipos de *snowboard*. El negocio fracasó estrepitosamente, pero el escaparate web que crearon para vender su mercancía vale ahora miles de millones.
- El artista francés Thomas Voillaume pasó de crear imágenes generadas por ordenador a construir instalaciones en el mundo real.

- Aleksander Małachowski pasó de dar clases de ingeniería a hacerse un nombre en la fotografía arquitectónica.
- John Madden pasó de llevar a la victoria en la Super Bowl a su equipo como entrenador a uno de los locutores deportivos más legendarios de la historia de la televisión. Curiosamente, fue más conocido por su carrera de locutor que por la de entrenador, a pesar de su éxito en los banquillos.
- Matthew Dicks empezó a escribir una colección de listas divertidas para hacer sonreír a sus compañeros. Esa lista final se convirtió inesperadamente en su sexta novela publicada. Muchos de los chistes de ese libro los ha llevado también a sus monólogos de comedia. Es posible que esa línea de meta vuelva a cambiar cuando un productor considere la posibilidad de hacer una película basada en el libro.

Las líneas de meta están bien, pero tienen que ser flexibles. El final que imaginas al principio puede que no sea donde acabes cuando haya pasado todo el camino. La idea puede seguir siendo la misma. El contenido puede seguir siendo el mismo. Pero puede que la cosa que hagas no sea la que pensabas hacer.

Un último ejemplo: durante los últimos diecinueve años, he estado escribiendo un blog sin perderme un solo día, como sabes (a menos que hayas estado leyendo este libro en diagonal, monstruo).

En 2007, una camarilla de cobardes fracasados intentó destruir mi carrera extrayendo entradas del blog sin ningún contexto, en un intento de que me despidieran, junto con mi mujer y mi director. Esto también lo sabes si estás leyendo este libro en el orden que tiene (que es lo que deberías hacer).

En otoño de 2010, llevé esta historia a *This American Life*, un programa de radio nacional y *podcast*. Tras muchas discusiones con los productores del programa, decidí dejar pasar la oportunidad de hacer la historia con *This American Life*. Me preocupaba que los productores vinieran a la ciudad y agitaran un avispero que era mejor dejar dormido en ese momento. De hecho, me advirtieron de que era inevitable que se agitaran muchos avisperos.

En julio de 2012, conté una versión de la historia en un campeonato de Moth GrandSLAM en Nueva York. Aquella noche gané, y la historia se emitió más tarde como parte de *The Moth Radio Hour* en emisoras de la NPR de todo el país.

En 2016, empecé a escribir unas memorias sobre la docencia que pensé que incluirían el incidente del blog con todos sus escabrosos detalles. Dos años después, en 2018, decidí que el incidente en sí sería más que suficiente para unas memorias completas y empecé a escribirlas. Parte de la escritura de ese libro ha incluido entrevistas con los implicados, que estoy llevando a cabo.

En enero de 2020, justo antes del inicio de la pandemia en Estados Unidos, envié un mensaje de texto a mi amiga Kaia, un genio de la música, durante el intermedio del musical *Jagged Little Pill*, basado en la música de Alanis Morissette: «Quiero escribir un musical contigo, y aunque no sepa cantar, quiero interpretarlo contigo. ¿Hay alguna manera de hacerlo sin que tenga que cantar?».

Estuvo de acuerdo, pero me dijo que tendría que cantar. Que ella podía ayudarme a conseguirlo.

Tras descartar una idea para el musical que se centraba en la planificación del asesinato de mi padrastro (una idea excelente que sigo teniendo intención de desarrollar algún día), al final nos decidimos por escribir un musical basado en el incidente del blog. Ese trabajo se está desarrollando mientras escribo este libro.

La línea de meta de este contenido ha cambiado muchas veces. Puede que vuelva a cambiar. Espero que al final incluya unas memorias y un musical. Pero también me mantengo flexible y con la mente abierta a medida que se me presentan nuevas líneas de meta. O se me ocurren. O se me ofrecen.

Estoy trabajando duro, avanzando en dirección al horizonte, pero manteniendo la mente abierta en cuanto a en qué parte de ese horizonte puede estar finalmente la línea de meta.

10½ **Los planes de cinco años tientan al universo a tirarte un piano encima**

He jugado al golf con un tipo que trabaja en el mundo empresarial. Es licenciado en Matemáticas y tiene un máster en Administración de empresas de Harvard, pero también tiene un hijo recién nacido en casa y quiere encontrar la forma de pasar más tiempo con su familia. Está harto de la cultura empresarial corporativas y le ha ido lo bastante bien como para cambiar de carrera sin tener que preocuparse por las finanzas durante un tiempo.

La docencia, ha decidido, es el camino que debe seguir.

En cuanto descubrió que yo era profesor, enseguida empezó a hacer una pregunta tras otra sobre la profesión, incluida la forma más rápida de obtener un certificado para poder dar clase. Le expliqué el programa de ruta alternativa a la certificación de maestros (*ARC*) de Connecticut, un proceso de tres meses mediante el cual los licenciados universitarios pueden convertirse en profesores en sus áreas de especialización si también son áreas en las que el Estado necesita profesores. Las matemáticas eran una de estas áreas.

—Podrías empezar el programa en junio y estar enseñando en septiembre —le dije—. Uno de mis mejores amigos hizo exactamente eso. Dejó el mundo empresarial en junio y en septiembre estaba enseñando matemáticas en Hartford.

El hombre estaba entusiasmado con el proceso e hizo alrededor de una docena de preguntas de seguimiento mientras

215

recorríamos juntos el curso. A cada paso, su entusiasmo parecía crecer. Mientras hacíamos los últimos *putts* de la tarde y regresábamos a la casa principal del club, me dio las gracias por la información y dijo:

—Ese programa suena muy bien. Sigue siendo una fantasía para mí, pero creo que lo incluiré en mi plan quinquenal.

¿Plan quinquenal? ¿De verdad? ¿Mil ochocientos veintiséis días para conseguir un objetivo?

No entiendo a la gente que habla de planes quinquenales. En el lapso de cinco años —de 2004 a 2009— pasé de estar soltero y seguir soñando con escribir algún día una novela a estar casado y haber publicado mi primer libro y vendido ya el segundo. Mi mujer dio a luz a nuestra primera hija y compramos nuestra casa.

¿Te imaginas que yo hubiera hecho un plan quinquenal sin saber nada de mi futura esposa, mi futura hija y mi futuro éxito en la industria editorial? En el cambiante mundo actual, cinco años es un plazo imposible de predecir.

En lugar de un plan a cinco años, ¿qué tal un plan a seis meses? ¿O un plan de tres meses? Dentro de cinco años, el hijo de este empresario entrará en la guardería. Puede que tenga más hijos, planeados o no. Su empresa podría declararse en quiebra. Estados Unidos podría estar en guerra con Canadá.

Cinco años es mucho tiempo. Si se toma en serio su deseo de cambiar su estilo de vida, pasar más tiempo con su familia y encontrar la forma de dejar su huella en el mundo, ¿por qué esperar cinco años? Teniendo un conocimiento íntimo y personal de lo peligrosa y frágil que es realmente la existencia, quise decirle a este tipo que se deshiciera del estúpido plan quinquenal, se fuera a casa y se apuntara al maldito programa.

Suponer que seguirás vivo dentro de cinco años me parece una arrogancia. No lo sabes. Planificar pasar más tiempo con tu familia dentro de cinco años es tentar al destino. Justo cuando por fin estés preparado para dar el paso, puede llegar un autobús y atropellarte.

Tuve ganas de agarrar por los hombros a aquel hombre, sacudirlo y decirle que el momento de actuar es hoy.

Pero no lo hice. Al final, ese hombre parecía demasiado involucrado en su plan quinquenal como para dejarse disuadir por unas pocas pepitas de sabiduría que yo pudiera darle, pero me pregunto dónde estará dentro de cinco años. ¿Será el profesor que quiere ser? ¿Pasará más tiempo con su familia? ¿Habrá dejado atrás la cultura empresarial que tanto desprecia?

¿Quién sabe? ¡Faltan cinco años! Pero te garantizo que ninguna de estas cosas sucederá ni este año ni el siguiente. Eso es lo que tiene un plan quinquenal. Te permite no hacer nada durante mucho tiempo.

Olvídate del plan quinquenal. Algún día es hoy.

11 Haz cosas horribles

«Que hagamos cosas malas no
significa que seamos malas personas».
Anónimo

«No dejes que lo perfecto sea enemigo de lo bueno».

Me parece una expresión estúpida. Hazme un favor: cuando oigas a alguien profesar esta ridícula idea, recházala inmediatamente. Recházala. Refútala. Oponte a ella con cada fibra de tu ser.

No es positivo. En su lugar, la expresión debería ser esta: «No hagas que lo perfecto sea enemigo del progreso».

«No dejes que lo perfecto sea enemigo de lo bueno» establece la expectativa de conseguir algo bueno cuando, en realidad, las personas creativas —los creadores de cosas— hacen cosas horribles todo el tiempo.

Debemos hacerlo.

Crear es difícil. Es desordenado, feo y está plagado de problemas y fracasos. A menudo es un periplo miserable plagado de descartes, experimentos fallidos, comienzos irregulares, desastres sin paliativos y fracasos absolutos.

Debemos aceptarlo si queremos hacer algo bueno. Debemos estar dispuestos a fracasar una y otra vez para encontrar nuestro camino hacia lo bueno y, a veces, hacia la grandeza.

No hay nada malo en hacer algo que sea horrible, siempre que sigas adelante y continúes haciendo cosas e intentando por

218

todos los medios tener éxito. El único fracaso real para cualquier creador es darse por vencido.

Un ejemplo: como leíste en el capítulo 8, me hice DJ de bodas en 1997 porque a mi mejor amigo Bengi no le gustó el de su propia boda. Pensó que podríamos hacerlo mucho mejor nosotros. Habíamos pasado los tres años que siguieron al instituto viviendo juntos y organizando fiestas todos los fines de semana hasta para cien personas a la vez. Bengi pensó que podíamos trasladar esas habilidades y experiencia al sector de las bodas.

Así que, sin saber nada del sector de las bodas, ni de música para bodas, ni de equipos de sonido, ni de iluminación, seguimos adelante. Avanzamos. En lugar de pensar, debatir o elaborar estrategias, simplemente lo hicimos. A finales de mes, habíamos comprado un equipo que aún no podíamos utilizar y nos habían contratado para nuestra primera boda: la de un amigo de un amigo. Acordamos un precio de cero dólares.

No fue bien. El fotógrafo se quejó de que yo estaba tan cerca de los novios que aparecía en sus fotos como si me estuviera casando también. No éramos capaces de mezclar canciones ni aunque de ello dependiera nuestra vida. No conocíamos las canciones que sacaban a bailar a la gente. No entendíamos el delicado equilibrio entre canciones rápidas y lentas.

No fue nuestra mejor boda. Como mucho, fue aceptable. No terrible, pero, desde luego, no fue buena. Pero seguimos adelante.

La siguiente fue mucho peor. Conectamos los altavoces de forma incorrecta, utilizando los cables equivocados, lo que hizo imposible poner la música con el volumen suficiente y provocó que las letras de algunas canciones se perdieran por completo. Tampoco pude reproducir correctamente la canción de entrada de los novios tras deslizar por accidente el *crossfader* y no darme cuenta de que el reproductor de CD izquierdo no sonaba. Uno de nuestros micrófonos se quedó sin batería en medio del brindis del padrino.

Fue absolutamente nuestra peor boda. Cuando los invitados le piden al DJ que suba el volumen de la música y no puede hacerlo, es que ha fracasado. Cuando tienes que fingir que «Twist and Shout» de los Beatles es una versión de karaoke porque la letra ha desaparecido inexplicablemente, eres un mal DJ. Fue una actuación atroz.

Veinte años después, estaba sentado frente a mi colega *storyteller* Jeni Bonaldo en el Centro Kripalu de Yoga y Salud, en los Berkshires. No fui allí por el yoga, por supuesto. La falta de puntuación o competición de cualquier tipo, como ya he dicho, hace que el yoga no me atraiga en absoluto. Yo impartía un taller de *storytelling* de una semana, y Jeni me ayudaba. También practicaba un poco de danza yoga en sus descansos, cosa que a mí me divertía mucho.

En medio de nuestra conversación, mencionó el nombre de su prima, que resultó ser la novia de la peor boda de nuestra historia. Resulta que Jeni también estuvo en ella. Tenía diecisiete años entonces y no recuerda que nada fuera mal aquella noche. Luego se mensajeó con su prima para ver qué recordaba de la boda, y ni siquiera la novia se acordaba de nuestros fallos.

Esto es lo bueno de hacer cosas horribles. Nadie las recuerda. Casi siempre se olvidan. No tienes que preocuparte por ello. Incluso cuando los errores se recuerdan, hay que saber que ocurren todos los malditos días. En el mejor de los casos, los fracasos son algo corriente.

Cuando celebramos nuestra centésima boda, Bengi y yo habíamos llevado nuestra empresa a un nivel excepcionalmente alto. Aprendimos haciendo. Pedimos consejo a gente del sector siempre que nos fue posible. Experimentamos e hicimos ajustes. Seguimos progresando. Nunca nos detuvimos. Seguimos cometiendo errores durante todo el proceso, pero continuamos avanzando.

Debes estar dispuesto a fracasar. Debes aceptar el hecho de que probablemente harás cosas horribles antes de hacer algo que valga la pena.

Ira Glass, de *This American Life,* probablemente lo dijo mejor que nadie:

Todos los que hacemos trabajo creativo nos metemos en él porque tenemos buen gusto. Pero es como si hubiera una brecha. Durante los dos primeros años que intentas crear, lo que haces no es tan bueno. No es genial. Intenta serlo, tiene la ambición de serlo, pero no es tan bueno…

Y si estás empezando o si todavía estás en esta fase, tienes que saber que es normal y que lo más importante que puedes hacer es trabajar mucho. Produce un gran volumen de trabajo. Ponte un plazo para que cada semana o cada mes sepas que vas a terminar un relato. Solo mediante un gran volumen de trabajo vas a ponerte al día y cruzar esa tierra baldía. Y luego el trabajo que hagas será tan bueno como deseas.

Yo tardé más en darme cuenta de ello que nadie que haya conocido. Lleva su tiempo. Te llevará un tiempo. Es normal que lleve un tiempo. Solo tienes que perseverar para superarlo.[1]

«Lo más importante que puedes hacer es trabajar mucho. Haz un gran volumen de trabajo». Hazlo fatal. Haz cosas horribles.

Esto no es nada nuevo. En sus comienzos, Walt Disney fue despedido de su trabajo en un periódico porque su editor consideraba que «carecía de imaginación y no tenía buenas ideas». Luego, más de trescientos banqueros le denegaron un crédito porque consideraron que su idea de Mickey Mouse era absurda. Disney no hizo caso a los detractores y acabó teniendo mucho éxito. Pero ese editor probablemente tenía razón. En sus comienzos, Walt Disney probablemente no tenía buenas ideas. Probablemente hacía cosas horribles.

Michael Jordan fue expulsado del equipo universitario de baloncesto de su escuela en segundo de secundaria. ¿Os parece que lo echaron porque jugaba de maravilla, pero pasó desapercibido para su entrenador, o porque Jordan simplemente jugaba mal a los catorce años? A Jordan lo echaron porque no era lo bastante bueno para entrar en el equipo. Su tiro, su regate y su defensa eran malos. Hacía las cosas muy mal.

Richard Branson, el ahora famoso multimillonario fundador de Virgin Group y reciente astronauta, empezó su carrera empresarial en 1966 con un intento de criar y vender periquitos. Cuando los pájaros empezaron a multiplicarse más deprisa de lo que podía venderlos, abandonó por completo el negocio. A continuación, Branson decidió cultivar y vender árboles de Navidad. Lamentablemente, este negocio también fracasó después de que sus conejos se comieran el producto. Richard Branson hizo las cosas realmente mal antes de ir al espacio.

Tras graduarme en la universidad, lancé mi carrera de novelista con un libro sobre un chico cuyo padre era el *sheriff* corrupto de un pequeño pueblo de Minnesota, que traficaba con drogas a través de la frontera canadiense. Al cabo de unas treinta mil palabras de la historia, no me quedó otra que admitir que era terrible. Pobremente concebida. Mal escrita. Previsible por completo.

Por suerte, aquel manuscrito parcial lo escribí en un procesador de textos Brother que aún almacenaba sus datos en discos extraíbles, así que aquella terrible historia desapareció para siempre. Mis tres siguientes intentos de escribir una novela siguen existiendo hoy en día. Cada uno tiene unas veinticinco mil palabras, y cada uno de ellos es tan horrible como el primero.

Antes de publicar mi primera novela, *Something Missing,* escribí cientos de miles de palabras malísimas. Páginas y páginas de historias aburridas y poco entretenidas. Pasé más de ocho años escribiendo mala ficción antes de encontrar finalmente un método y una mentalidad que hicieron que la escritura de ficción funcionara para mí. Si no me hubiera permitido escribir mal, nunca habría tenido la oportunidad de escribir bien.

Cuando empezamos a hacer cosas, debemos darnos permiso para hacer cosas absolutamente horribles. Miserables, pésimas, inútiles. Cosas tan malas que nos hagan preguntarnos si alguna vez seremos capaces de hacer algo que valga la pena.

El juicio, el gusto y la autoevaluación son fundamentales en el viaje del creador, pero estas herramientas deben aplicarse solo a las cosas que estamos haciendo. No a nosotros mismos como creadores.

Las cosas que haces pueden ser horrorosas. Probablemente serán horribles de vez en cuando, sobre todo al principio de tu viaje. No hay nada malo en dar un paso atrás y decidir que tu *thriller* de espías, tu puesto de limonada, tu vidriera, tu leche de cabra carbonatada, tu cortometraje, tu *escape room,* tu tono musical publicitario o tu laberinto de maíz son terribles.

Es una parte normal y esencial del proceso creativo. Pero eso no te hace malo a ti. No te hace incapaz de hacer algo grande algún día.

Juzga el trabajo. Critica el trabajo. Desprecia el trabajo.

Pero no te juzgues a ti mismo. La gente buena hace cosas pésimas. Personas con talento, creativas y brillantes hacen cosas verdaderamente horribles.

Juzga el trabajo. No a la persona. Desprecia el producto, pero quiérete a ti mismo.

Entonces vuelve a empezar. Avanza. Progresa.

Crea otra cosa terrible hasta que hagas algo que no sea tan terrible. Quizá incluso algo genial.

11½ Es de esperar que te rechacen, pero también que persistas

El novelista José Saramago, ganador del premio Nobel de Literatura, presentó el manuscrito de *Claraboya* —su primera novela— a un editor de Lisboa en 1953. Al no recibir respuesta, abandonó por completo la ficción. Su mujer dice que su marido se sumió en un «silencio doloroso e imborrable que duró décadas».[1]

Saramago volvió a la ficción en 1977 y llegaría a escribir más de veinte novelas antes de su muerte en 2010.

En 1989, tras haber publicado tres novelas, estaba trabajando en una cuarta cuando la editorial a la que había enviado *Claraboya* le escribió para decirle que habían redescubierto el manuscrito y que sería un honor imprimirlo. Saramago nunca lo releyó y solo dijo que «no se publicaría» en vida. Su mujer publicó el libro en 2014, *post mortem*.

Cuando oí por primera vez esta historia, sentí una gran simpatía por Saramago. Un editor ignora su manuscrito, ni siquiera se molesta en rechazar la obra, y en consecuencia el autor pierde veinticinco años que podría haber dedicado a escribir. Por lo que dicen, su primer manuscrito era excelente, y el libro ha recibido críticas muy favorables, así que no es como si Saramago necesitara esos veinticinco años para que germinara su talento. Ya era brillante en 1953.

Simplemente, perdió un cuarto de siglo de trabajo.

Esa simpatía por Saramago duró unos diez segundos. Entonces me acordé de todos los autores que conozco cuyos primeros, segundos, terceros, cuartos e incluso quintos manuscritos fueron rechazados por agentes literarios y editoriales. Si bien es cierto que, por lo que sé, todas estas personas recibieron al menos algún tipo de respuesta por parte de las entidades que recibieron su trabajo, aun así, conozco a autores que se enfrentaron a rechazos durante décadas antes de conseguir abrirse paso y publicar.

A Saramago lo ignoraron una vez y decidió abandonar. Cogió sus juguetes y se fue a casa. Mi segunda reacción fue decididamente menos comprensiva.

He leído cuatro novelas de Saramago, incluida *Ensayo sobre la ceguera,* con la que ganó el Premio Nobel de Literatura y que hizo que mi mujer llorara durante una semana mientras la leía. Personalmente, no soy un gran admirador de su obra. Pienso que era un escritor con un talento excepcional, y he disfrutado mucho con sus historias, pero Saramago renuncia casi por completo al uso de capítulos y párrafos en sus libros. Sus frases pueden durar más de una página. Pasa páginas y páginas sin utilizar un punto, prefiere utilizar comas en su lugar. No utiliza signos ortográficos para delimitar el diálogo. En *Ensayo sobre la ceguera*, dejó de utilizar los nombres propios por completo. No lo soporto. Creo que demuestra un desprecio total por el lector e impone una barrera innecesaria para sus historias.

Aun así, una pequeña parte de mí desearía poder atravesar el tiempo y decirle que fortalezca su determinación y vuelva a intentarlo, en lugar de esperar veinticinco años antes de retomar la escritura. Quisiera abrazarlo y decirle que todo va a salir bien.

Otra parte de mí quiere darle una patada en el trasero por actuar como un idiota y no perseverar en su sueño. Por no volver a intentarlo. Por haberse rendido fácilmente.

Irónicamente, un amigo mío que ha leído *Claraboya* me dice que Saramago no utilizaba frases largas cuando la escribió en los años cincuenta. Quizá, si hubiera tenido éxito con el libro, habría seguido escribiendo de forma más convencional y habría encontrado un público más amplio.

12 ¿Cómo lo hicieron?

«Encuentra a alguien que tenga la vida que tú quieres
y averigua cómo la ha conseguido».
Lana Del Rey

Estaba corriendo en una cinta de un Bally Total Fitness de
West Hartford, en Connecticut, en la primavera de 2005,
cuando mi vida cambió para siempre. Acababa de abandonar
mi tercer intento de escribir una novela —una historia ridícula
sobre un sabio adolescente y su mascota, un hurón (no es broma)— y empezaba a aceptar el hecho de que nunca llegaría a
ser el novelista que siempre había querido ser.

Por mucho que lo intentara, no podía escribir buena ficción.
«Escribiré para revistas», me dije. «Intentaré escribir unas memorias. Quizá escriba un libro sobre enseñanza. Y espere el día en que
el director de un periódico me ofrezca una columna semanal».

Me entristecía pensar que mi sueño había muerto, pero
también estaba preparado para dejarlo atrás y pasar a algo más
fructífero y realista. Siempre hacia adelante. Era lógico.

Mientras corría, escuchaba a Stephen King narrar *Mientras
escribo*, su libro fundamental sobre cómo escribir bien. King
hablaba de los comienzos de su carrera, cuando escribía relatos
para revistas masculinas y cobraba decenas y cientos de dólares
por relato.

King también era profesor, como yo, y tenía un sueldo de
6400 dólares al año. Su mujer trabajaba para Dunkin' Donuts.

Entre sus dos sueldos y sus dos hijos, apenas llegaban a fin de mes. Vivían en una caravana de doble ancho. No podían permitirse tener teléfono. No podían pagar la medicación de sus hijos. Eran tiempos desesperados para dos padres jóvenes, que soñaban con publicar novelas algún día. King escribe:

> El problema era la enseñanza. Me caían bien mis compañeros y me encantaban los niños —incluso los de estilo *Beavis y Butt-Head* eran interesantes—, pero la mayoría de los viernes por la tarde me sentía como si hubiera pasado la semana con electrodos en la cabeza recibiendo descargas eléctricas continuamente. Si alguna vez estuve a punto de desesperar sobre mi futuro como escritor, fue entonces. Me veía a mí mismo treinta años más tarde, con los mismos abrigos de *tweed* raídos con coderas y la barriga cervecera asomando sobre mis caquis de Gap. Tendría tos de fumador por haberme fundido demasiados paquetes de Pall Mall, gafas más gruesas, más caspa y, en el cajón de mi escritorio, seis o siete manuscritos inacabados que sacaría y retocaría de vez en cuando, por lo general cuando estuviera borracho. Cuando me preguntaran a qué dedicaba mi tiempo libre, diría que estaba escribiendo un libro: ¿qué otra cosa puede hacer en su tiempo libre un profesor de escritura creativa que se precie? Y, por supuesto, me mentiría a mí mismo, diciéndome que todavía estaba a tiempo, que no era demasiado tarde, que había novelistas que no empezaron hasta los cincuenta. ¡Diablos, incluso hasta los sesenta! Seguramente hay un montón.[1]

Ralenticé mi paso en la cinta mientras King leía aquel pasaje en voz alta. Cuando llegó al final, me detuve por completo. No me lo podía creer. Stephen King estaba hablando de mí. Hablándome a mí. Mi problema no eran el alcohol y los cigarrillos, pero yo también estaba a punto de caer en la desesperación en relación con mi futuro como escritor.

Al igual que King, me estaba rindiendo.

En esa época de desesperanza, King tiró a la basura su manuscrito inacabado de *Carrie,* al considerar que la historia estaba llena de errores insubsanables. Abandonó la novela. Decidió pasar a otra cosa. Pero Tabitha, la esposa de King, sacó las páginas de la papelera, las leyó y le dijo a King que siguiera escribiendo. A ella le gustaba. Vio potencial donde su marido solo había visto errores.

Cuando por fin terminó de escribir el libro, era la cuarta novela que había completado. Sus tres obras anteriores —*Rabia, La larga marcha* y *El fugitivo*— acabarían publicándose. Pero *Carrie* fue la primera. Fue su primer gran éxito.

Un día, mientras estaba dando clases en la escuela, King recibió una llamada de su mujer para decirle que Doubleday le había hecho una oferta por Carrie: 2500 dólares. No era mucho, ni siquiera para los estándares de los años setenta, pero era un contrato editorial. Un respiro muy necesario.

Los derechos de Carrie en bolsillo se venderían más tarde a Signet por 400000 dólares. Mucho dinero, se mire por donde se mire.

Al escuchar a King hablar de su travesía, algo cambió en mi interior. De pie en una cinta de correr de un Bally Total Fitness que hoy ya no existe, mi vida había cambiado en un instante. De repente, vi claro un camino para hacer realidad mis sueños. Alguien no muy distinto de mí —un profesor con el sueño de publicar una novela, pero desesperado por su carrera de escritor— había sabido encontrar el camino hacia un éxito que había parecido casi imposible.

Si Stephen King, que antes vivía en una caravana de ancho doble sin teléfono, podía conseguirlo, yo también. Y así lo hice. El camino hacia mi primera novela fue tortuoso. Incluyó otros dos comienzos en falso y casi un año escribiendo aventuras de *Dragones y Mazmorras* a instancias de mi amigo Shep, que tal vez reconoció mi necesidad de tener un público.

Pero casi exactamente dos años después de aquel momento en la cinta de correr, en la primavera de 2008, recibí la llamada que me cambió la vida, también mientras daba clases en la escuela. No fue mi mujer quien me llamó —estaba dando clase en un aula dos puertas más abajo—, sino mi agente literaria, que me dijo que Doubleday había hecho una oferta por mi primera novela, *Something Missing*. Además, con un anticipo de más de 2500 dólares. Suficiente para saldar las deudas de nuestra boda y pagar la entrada de una casa.

Una locura, ¿verdad?

Stephen King y Matthew Dicks estábamos ambos en la escuela, ambos en plena carrera docente, cuando una llamada telefónica cambió nuestras vidas. Ambos con ofertas de Doubleday.

Menos mal que Stephen King publicó *Mientras escribo*. Lo encontré justo cuando lo necesitaba.

Valor, persistencia y suerte

Comprender cómo alguien consiguió hacer algo puede marcar una enorme diferencia en la vida de un creador. Al conocer las vidas de gente de diversos campos creativos, podemos eliminar conceptos erróneos y desmitificar el proceso creativo. Aprendiendo cómo cada uno hizo sus obras, a menudo podemos ver un camino para nosotros mismos.

Es bueno que sepamos lo difícil que fue para nuestros predecesores. Creo que a menudo vemos a los creadores de cosas excelentes y grandes como personas especiales, como personas imbuidas de un talento y un poder fuera de nuestro alcance. Artistas que ascendieron a la cima de la montaña con gracia y facilidad.

A veces es así, pero en la mayoría de los casos lo logran gracias a una determinación tenaz, a negarse a abandonar, a un impulso implacable hacia el éxito y, por qué no, a veces también por pura suerte.

Saber esto puede facilitarnos el camino.

La pintora Frida Kahlo sufrió un grave accidente de autobús a los dieciocho años. Confinada en cama durante tres meses tras el accidente, Kahlo empezó a pintar para pasar el rato. Su madre le proporcionó un caballete hecho a medida, que le permitía pintar en la cama, y su padre le prestó algunas de sus pinturas al óleo. Ella hizo que le colocaran un espejo encima del caballete para poder verse. Para Kahlo, la pintura se convirtió en una forma de explorar cuestiones sobre su identidad y existencia mientras su cuerpo se curaba.

Cito: «Me pinto a mí misma porque a menudo estoy sola, y yo soy el tema que mejor conozco».[2] Más tarde declaró que el accidente y el aislante periodo de recuperación le crearon el deseo de «empezar de nuevo, pintando las cosas tal como las veía con mis propios ojos y nada más».[3] El momento de iluminación de Kahlo tuvo lugar mientras se recuperaba en la cama de un hospital.

El inventor de Zumba, Alberto «Beto» Pérez, era un instructor de *fitness* y bailarín en apuros que un día se olvidó de llevar su música habitual a una clase de aeróbic. Tenía casetes con música de baile latino —salsa y merengue— y los utilizó para dar la clase. En los pasos de baile improvisados de aquella clase de aeróbic nació Zumba. A veces hace falta un obstáculo inesperado (y la combinación de dos talentos diferentes) para hacer algo especial.

Samuel Whittemore, de setenta y ocho años, trabajaba en sus campos el 19 de abril de 1775 cuando divisó una brigada de soldados británicos enviada para ayudar a la retirada de las fuerzas británicas de Lexington y Concord. Whittemore cargó su mosquete y tendió una emboscada a los soldados desde detrás de un muro de piedra cercano, y mató a uno de ellos. Luego desenfundó sus pistolas de duelo, mató a un segundo soldado e hirió mortalmente a un tercero. Cuando hubo disparado su tercer tiro, los británicos habían alcanzado su posición tras el muro.

Whittemore desenvainó su espada y atacó. Posteriormente le dispararon en la cara, le clavaron numerosas bayonetas y lo abandonaron en un charco de sangre tras darlo por muerto. Las fuerzas coloniales lo encontraron después, y todavía intentaba cargar su mosquete para reanudar la lucha. Llevaron a Whittemore a un médico de la cercana ciudad de Medford, Massachusetts, quien declaró que el hombre no tenía esperanzas de sobrevivir a sus heridas.

Pero se recuperó rápidamente de sus heridas, vivió otros dieciocho años y murió de causas naturales a la edad de noventa y seis años. Vivió lo bastante para ver cómo se firmaba la Constitución y cómo Estados Unidos se convertía en una nación.

Hay un monumento en el parque Whittemore, en la esquina noreste de la avenida Massachusetts y la calle Mystic, en Arlington, Massachusetts. En él se puede leer:

> Cerca de este lugar, Samuel Whittemore, que entonces tenía ochenta años, mató a tres soldados británicos el 19 de abril de 1775. Le dispararon, le clavaron bayonetas, le golpearon y lo dieron por muerto, pero se recuperó y vivió hasta los 98 años.

Lamentablemente, se equivocaron con su edad. Y lo que es más grave, no utilizaron coma antes de la conjunción. Aun así, no está mal para un hombre que habría cumplido los requisitos para jubilación dieciséis años antes de que se produjera el enfrentamiento.

Whittemore no era exactamente un creador en el sentido tradicional, pero su historia nos ofrece una lección sobre la resiliencia, el no rendirse nunca. No hay que pensar jamás que es demasiado tarde. No hay que perder nunca la esperanza de que nosotros también podemos dejar nuestra huella. Quizá la historia de Anna Mary Robertson Moses, más conocida como la Abuela Moses, habría sido un ejemplo más apto y obvio de esto, ya que era pintora, pero me encanta la historia de Samuel Whittemore e intento contarla siempre que puedo.

Pero ¿qué te parece esta? Estelle Getty, nacida en el Lower East Side en 1923, quiso ser actriz desde muy joven, pero nunca pensó que fuera lo bastante buena para triunfar en el escenario. En lugar de eso, encontró un trabajo como secretaria después del instituto, se casó y tuvo dos hijos.

A los cincuenta y un años, cuando sus hijos ya eran mayores, decidió estudiar interpretación. Se planteó dejarlo muchas veces, pero amaba demasiado el sueño como para darle la espalda. Finalmente conoció al dramaturgo local Harvey Fierstein y le pidió que escribiera un papel para ella en su próxima obra.

Aceptó y escribió un papel para ella en la *Trilogía de la Canción de la Antorcha*. Acabó en Broadway.

Estelle Getty tenía ya más de cincuenta años cuando por fin pudo dejar su trabajo y mantenerse como actriz. La *Trilogía de la Canción de la Antorcha* estuvo de gira por Estados Unidos durante cuatro años. Cuando la obra llegó a Los Ángeles, la vieron unos productores que se preparaban para lanzar un capítulo piloto de una serie de televisión sobre cuatro mujeres jubiladas que vivían juntas.

A los sesenta y dos años, Getty fue elegida para interpretar a Sophia Petrillo en *Las chicas de oro,* que se emitiría en la NBC. Tres años después, en 1988, a la edad de sesenta y cinco años, Estelle Getty ganó un Emmy por su papel en la serie.

Estelle Getty nunca renunció a su sueño, ni siquiera cuando no se creía capaz de hacerlo realidad. No se rindió cuando la mayoría de las actrices de su edad eran expulsadas de la televisión y el cine. Tardó toda una vida en hacer realidad sus sueños, que es lo que a veces se tarda.

Peter Roget fue un médico, conferenciante e inventor británico que sufrió de depresión toda su vida y se jubiló a los sesenta y un años. Además de sus profesiones más tradicionales, Roget era también un elaborador obsesivo de listas desde los ocho años, pues explicaba que hacer listas le ayudaba a sobrellevar su depresión. Tras su jubilación, Roget dedicó todo su tiempo a hacer listas de palabras y organizarlas en categorías según su significado.

Su catálogo de listas se publicó por primera vez en 1852, cuando tenía setenta y tres años. Se tituló *Tesauro de palabras y expresiones en inglés clasificadas y dispuestas para facilitar la expresión de ideas y ayudar en la creación literaria.* Hoy es más conocido como el *Tesauro de palabras y frases inglesas de Roget.* Peter Roget encontró un uso para su pasión de toda la vida a una edad tardía y, al hacerlo, creó algo que sigue existiendo hoy en día. Una obra que me ha sido útil más de una vez mientras escribía este libro.

Al éxito se llega por caminos y horarios muy distintos.

Tuve suerte de que el señor Compopiano me descubriera el poder de la palabra escrita allá por el otoño de 1988.

Tuve suerte de encontrar la forma de escribir novelas mientras me aburría en Boca Ratón un miércoles por la noche en febrero de 2005.

Tuve suerte cuando mis amigos me convencieron para decir sí a mi propia propuesta y terminé por subirme a un escenario de Nueva York y contar una historia sobre mi vida en julio de 2011.

Ninguno de los éxitos que surgieron de estos momentos podría haberse predicho jamás.

El camino hacia el éxito rara vez es sencillo. Muchos de nosotros necesitamos tener suerte en algún momento. A veces esa suerte llega en forma de una cinta de casete mal colocada. Otras tienes la suerte de que te vea en el escenario un prometedor productor de televisión. A veces viene en forma de cónyuge, que arranca del cubo de la basura un manuscrito parcialmente escrito, le quita las manchas de ceniza del cigarrillo y lee lo que un día se convertiría en un *bestseller.*

En ocasiones la desgracia puede conducirte al éxito, como le ocurrió a Kahlo en un accidente de autobús casi mortal. Cuando el mundo le dio limones, ella hizo una limonada legendaria.

Saber que el camino de la mayoría de los creadores no es recto ni sencillo puede ser un gran consuelo en esos días en los que todo parece perdido y el horizonte se ve demasiado lejos.

No eres especial.

No eres un unicornio.

No estás bendito ni maldito.

No eres más que otra alma creativa que está recorriendo un largo y tortuoso camino para hacer algo bueno y quizá incluso algo genial. No se puede saber cuánto tiempo te llevará o cuántas bayonetas en el pecho recibirás en el proceso.

Pero anímate. Estás haciendo el mismo trayecto que hicieron los que llegaron a la grandeza. Sigue caminando.

Parte 3

APOYO

«No puedes lograrlo solo, escúchame.
Todo el mundo necesita un hogar».
CHIC

13 Encuentra a tu gente

«Un amigo necesitado necesita de verdad a un amigo».
KAREN SCALF LINAMEN

Escribí los tres primeros capítulos de mi primera novela publicada, *Something Missing,* mientras visitaba a la abuela de Elysha en Boca Ratón, allá por febrero de 2005. Aquel viaje cambió mi vida.

Hasta aquel viaje de una semana a Florida, empezaba cada novela planificándola como me habían enseñado en la universidad. Trazaba mi historia con notas autoadhesivas y una pizarra, identificando los escenarios, los giros de la trama, las direcciones inesperadas y el desarrollo fundamental y crítico de los personajes. Tenía toda la historia delante de mí, antes de empezar a escribir, en papelitos autoadhesivos multicolores.

Resulta que era excelente comprando pósits, pero eso era todo. Las novelas nunca eran buenas, y en todas me atascaba antes de terminarlas.

Me estaba acercando a la desesperación cuando nuestro vuelo salió de Hartford, rumbo a Florida. Cuando llegué a Boca Ratón, descubrí —para mi consternación— que Nana no tenía acceso a Internet en su casa. No tenía televisión por cable. Y aunque Nana tenía entonces setenta y ocho años —la misma edad que tenía Samuel Whittemore durante su famosa escaramuza de la Guerra de la Independencia—, seguía conduciendo, así que no alquilamos un coche. Nana nos recogió en el aeropuerto, lo que significaba que estábamos totalmente a su merced durante la semana. Dondequiera que fuera Nana, íbamos nosotros.

Cuando te quedas con Nana, te levantas temprano y desayunas en el club. Mientras comes tus huevos y tostadas, comentas lo que vais a almorzar. Volvéis al club al mediodía para dicho almuerzo. Mientras comes bocadillos y sopa, hablas de dónde irás a cenar.

Entonces, hacia las 16.30, sales de la urbanización, con Nana al volante, hacia un restaurante de Delray que sirve cangrejos moros. Disfrutas de una deliciosa cena, tras la cual regresas a la casa para pasar una velada tranquila y relajante.

«Tranquila» y «relajante» no son exactamente santo de mi devoción. Nada de esto me sentaba bien. Estaba atrapado en Boca Woods, una enorme comunidad amurallada rodeada de campos de golf y autopistas de seis carriles. Juego al golf, por supuesto, pero nadie me había informado de los cuarenta y cinco hoyos que rodeaban la urbanización, así que no me había traído palos conmigo. Me pasé la semana viendo con envidia a la gente jugar al golf mientras yo deseaba estar en el campo de juego.

Armado con un solo libro —*La Torre Oscura VI: La Canción de Susannah*, de Stephen King— y nada más, me quedé sin material de lectura y sin nada más que hacer a los tres días de unas vacaciones de una semana. Pero tenía una idea para un relato corto que me rondaba la cabeza desde hacía un par de meses.

Una noche, mi amiga Justine llegó a cenar y estaba disgustada porque había perdido un pendiente. Había abierto su joyero y descubierto que uno de sus pendientes había desaparecido.

—Quizá alguien lo robó —le dije—. Un ladrón astuto que robó uno, pero no el otro, para que nunca sospecharas del robo.

Sugerí esta teoría para divertirme, pero la idea —un ladrón que roba cosas que pasan desapercibidas— se me quedó grabada. Pensé que podría ser un buen relato corto.

Así que un miércoles por la noche, después de que Nana se hubiera ido a una clase de ópera y luego a una cita con Joe, que estaba recibiendo tratamiento en la UCI del hospital local (según Nana, todos sus novios se estaban muriendo), le dije a Elysha que intentaría escribir un relato corto.

—No tengo otra cosa que hacer.

Como no tenía pósits ni pizarra, me puse a escribir, sumergiéndome a ciegas en la historia. Por primera vez, escribí sin un plan. Por primera vez en mucho tiempo, sentí que estaba escribiendo algo bueno.

Al final de la semana, había escrito los tres primeros capítulos de lo que pensé que sería un relato corto largo o quizá incluso una novela corta, pero, en el fondo de mi mente, empecé a preguntarme si podría tratarse de una novela. No tenía ni idea de adónde iba la historia ni de lo que podría ocurrir, pero me parecía buena. Lo mejor que había escrito en años.

Elysha leyó los tres primeros capítulos en la cocina de Nana el sábado por la mañana antes de que voláramos a casa. Le gustó mucho. A Nana también, que me había advertido que, si le parecía malo, tendría que decírmelo.

Así que, cuando regresé a Connecticut, formé un equipo de lectores. Personas que leerían todos los capítulos a medida que los escribía y me darían su opinión y me animarían, o me corregirían o editarían el texto, o cualquier otra cosa que pudieran aportar.

Ese primer equipo estaba formado por ocho personas, incluidos Elysha y Shep. Algunos eran amigos de confianza que aportaron comentarios y consejos extraordinarios. Uno hizo de corrector, corrigiendo los errores gramaticales y ortográficos del manuscrito. Otra pensaba que todo lo que escribía era brillante y me hizo cumplidos durante toda la escritura.

Todos fueron esenciales en mi proceso. Me decían cuándo no se entendía lo que había escrito. Me confesaban cuándo se aburrían. Me comunicaban cuándo era gracioso y cuándo me esforzaba demasiado por serlo. Y lo que es más importante, tenía un público. Sabía que alguien me leía. Los lectores querían saber qué ocurriría a continuación. Tenían interés por el protagonista, Martin, y por las decisiones que tomaba.

Se convirtieron en mi equipo. Mis *consiglieri*. Mi gente.

Siete libros y una década después, ahora tengo una base de datos de lectores beta. Elijo a mis lectores en función del libro que estoy escribiendo y de su disponibilidad. Cuando escribí *The Perfect Comeback of Caroline Jacobs*, una historia sobre una madre y una hija, mi equipo lo formaron siete mujeres y un hombre. Cuando escribí *Twenty-One Truths about Love* —un libro en forma de listas de una antigua profesora convertida en librera—, la mitad de mis lectores fueron profesoras. Cuando escribí *Memorias de un amigo imaginario* —un libro que pensé que podría llegar a los lectores jóvenes—, mi equipo incluyó por primera vez a un adolescente.

Después de entregar la primera mitad de este libro, la editora, Georgia Hughes, me envió un correo electrónico para decirme que había empezado a leerlo: «Solo unas breves líneas para decir que he leído parte del manuscrito y, de momento, me está encantando». Me emocioné. Se me aceleró el corazón. Volví a sumergirme en el manuscrito con la energía y el entusiasmo renovados.

El primer público

Los comentarios son fundamentales. Tener a un grupo de personas a tu lado —y recibir comentarios sobre tu creación y saber que alguien se interesa por tu trabajo— lo es todo. Simon & Garfunkel cantaron una vez «I Am a Rock», una canción sobre un hombre que es una isla en sí mismo:

Tengo mis libros
y mi poesía para protegerme.
Estoy protegido por mi armadura,

escondido en mi habitación,

a salvo dentro de mi vientre.

No toco a nadie y nadie me toca a mí.

Soy una roca.

Soy una isla.

En realidad, este era la canción de mi vida cuando conocí a Elysha. Desde entonces, la ha sustituido «Can't Keep It In» de Cat Stevens.

Pero Simon & Garfunkel no fueron sinceros cuando escribieron esa canción, porque ni siquiera ellos estaban solos. Simon tenía a Garfunkel. Garfunkel tenía a Simon. Con el tiempo, los dos tomaron caminos separados, pero cuando cantaban sobre ser una isla, decididamente no estaban solos.

Se tenían el uno al otro.

La creación en el vacío es algo muy difícil. Con el tiempo, necesitas escuchar a gente en la que confías, y, a menudo, cuanto antes, mejor. Esto es aterrador para muchas personas creativas, porque mostrar tu trabajo antes de que esté terminado —y a veces incluso después de que esté terminado— requiere una enorme valentía y ser capaz de mostrar una gran vulnerabilidad.

Qué le vamos a hacer, no hay otra. Si te cuesta, supéralo.

Si quieres hacer cosas que otras personas quieran ver, oír o consumir, necesitas saber lo que piensan. Puedes tener la puerta cerrada mientras trabajas, pero al final tendrás que abrirla a los demás. Cuanto antes lo hagas, mejor.

Identificar y reunir al primer público adecuado para tu trabajo es fundamental para el éxito. Puede suponer la diferencia entre avanzar o estancarte. Puede transformar la duda en esperanza. Puede convertir la rendición en victoria. Puede crear soluciones a partir de problemas.

Estaba en medio de la redacción de *Twenty-One Truths about Love* ('Veintiuna verdades sobre el amor') cuando me pareció que la historia quizá no funcionaba. El protagonista,

Dan, planeaba un robo por desesperación y miedo, pero no se me ocurría nada que pudiera robar de forma creíble. Necesitaba encontrar algo con lo que pudiera tener una posibilidad decente de éxito y que le hiciera ganar lo bastante como para justificar el riesgo. Necesitaba un objetivo relativamente seguro y rentable para Dan.

Con la llegada de las cámaras de seguridad, era difícil que Dan pudiera llevarlo a cabo sin ser grabado. Y con el aumento del uso de las tarjetas de crédito y débito, no se me ocurría nada que no fuera un banco o un furgón blindado donde hubiera suficiente dinero como para justificar el riesgo. Pero Dan no era exactamente el tipo de hombre de los que roban bancos o furgones blindados. Estaba desesperado, pero no era exactamente un genio criminal ni tenía experiencia.

Busqué un objetivo durante tres meses. Entonces, un día de octubre, llevé a mi hermano Jeremy a un partido de los Patriots de Nueva Inglaterra. En algún momento del tercer cuarto, con el partido bien controlado gracias a la grandeza de Tom Brady, me preguntó en qué estaba trabajando. En realidad, no había hablado a mucha gente del libro, y como se estaba escribiendo en forma de lista, en realidad nadie había leído nada todavía, pero sentado en la sección 331, fila 29, asiento 5, decidí abrir la puerta y contarle a mi hermano del asiento 6 lo que era el libro. Describí a los personajes, resumí la historia y luego le expliqué mi problema y el de Dan:

—¿Qué se puede robar en el mundo actual que dé como resultado mucho dinero en efectivo y que conlleve un riesgo razonablemente bajo?

Jeremy respondió al instante:

—Un bingo.

Respondió tan rápido y con tanta seguridad que me pregunté si no habría estado planeando él mismo un robo así.

Me explicó que los bingos a menudo se celebran en lugares como salas de veteranos del ejército, logias de Elks, reuniones de las Hijas de la Revolución Americana, iglesias... todos ellos objetivos fáciles, y todos rebosantes de efectivo. Así de fácil, mi problema estaba resuelto.

Resuelto porque abrí la puerta. Añadí a mi hermano al equipo. Lo invité a mi mundo creativo.

Cuantas más personas impliquemos en la creación de nuestras obras, más probable será que nuestros problemas o bloqueos se resuelvan.

Rendición de cuentas

Encontrar a tu equipo e implicarlo en tu proceso creativo también puede añadir una capa muy necesaria de rendición de cuentas a tu productividad.

Si nadie lee tu manuscrito, es fácil volverse perezoso cuando llegues a un bache en el camino.

Si nadie escucha tu canción, es fácil abandonarla cuando se hace cuesta arriba.

Si nadie escucha tu *podcast,* es fácil no editarlo ni publicarlo nunca.

Si nunca haces un preestreno de tu musical para un público de prueba, es fácil evitar programar una fecha de estreno.

Si nunca te presentas a ese micrófono abierto y cuentas un chiste, es fácil dejar tu carrera en la comedia para otro día.

Uno de los principales escollos para las personas creativas —para los creadores potenciales— es que no tienen que rendir cuentas. Como la mayoría de los creadores no trabajan para otra persona, ellos deciden los calendarios, las fechas límite, los criterios, las reglas y demás.

El artista decide cuándo pintar.

El músico decide cuándo componer.

El empresario decide cuándo escribir su plan de empresa.

El poeta decide cuándo escribir.

La modista decide cuándo diseñar.

El decorador de tartas decide cuándo hornear.

Cuando eres tu propio jefe, como lo son muchos creadores, nadie te obliga a perseguir a tu empleado —que también eres tú— para que trabaje. El jefe no tiene que hacer rendir cuentas al empleado porque son la misma persona. Como resultado, no se hace nada. O no se hace nada a tiempo. La procrastinación, a menudo alimentada por el miedo y la incertidumbre (y esa maldita necesidad de perfección), se impone.

Hace años, hablé sobre uno de mis libros en una residencia de ancianos. Quince minutos después de empezar mi charla, todos los hombres se durmieron, pero las mujeres escucharon atentamente, hicieron preguntas interesantes y participaron en todo momento. Cuando terminé de hablar, una mujer se acercó a mí y a Elysha, que me acompañaba ese día, y nos dijo:

—Tengo una novela que hay que escribir. Una auténtica pasada. ¿Y sabéis qué? Ahora que te he oído hablar, sé que algún día la escribiré.

Me sentí halagado, por supuesto, pero tuve que preguntar:

—¿Cuántos años tiene?

—Tengo ochenta y siete —respondió—. ¿Por qué?

—Bueno —dije, sin ningún tipo de mala intención—, mejor que empiece ya. Tiene ochenta y siete años. No le queda mucho tiempo.

Elysha me dio un codazo. Un codazo fuerte. Y mi comentario molestó y disgustó a la mujer claramente, pero he aquí la realidad: aquella conversación tuvo lugar hace más de una década, lo que significa que lo más probable es que aquella mujer haya fallecido. ¿Crees que escribió su novela?

No lo creo. Y me parece que tú tampoco lo crees.

Que no se te acaben los algún día

Para la mayoría de nosotros, la realidad es esta: suponemos que algún día haremos realidad nuestros sueños, pero entonces se nos acaban los días y nos morimos. A veces nos atropella un autobús. A veces nos alcanza una flecha perdida. A veces nos sorprende un cáncer. Nos come un tiburón. Tropezamos en un volcán. Nos cae un rayo encima.

A veces simplemente envejecemos y morimos. Estoy casi seguro de que esa mujer murió sin compartir nunca su historia con el mundo.

Eso fue una pena para el mundo, pero peor para ella.

Pero ¿y si hubiera un grupo de escritura en su comunidad de jubilados que se reuniera una vez a la semana para compartir su trabajo? ¿Y si le hubieran asignado fecha y hora para compartir con el grupo su obra en curso? ¿Y si el grupo le hubiera ofrecido generosamente comentarios, tanto positivos como constructivos? ¿Y si hubiera encontrado su propio equipo de escritores y lectores que la animaran, la desafiaran y la empujaran a seguir?

¿Habría aumentado eso sus posibilidades de escribir su historia antes de que se le acabaran los días? Yo creo que sí. Creo que tú también lo crees.

Mi hija Clara está escribiendo una novela. No me deja verla, lo que me exaspera sobremanera, pero tiene dos compañeras de fechorías —Livia y Sasha— que leen su trabajo a menudo. Livia le da su opinión, y Sasha está escribiendo su propia novela, así que Clara y Sasha intercambian manuscritos y hablan de su progreso.

Cuando le pregunté a Clara cuándo terminaría por fin su libro para poder leerlo, me respondió:

—A mediados de invierno. Febrero.

—¿Cómo puedes estar tan segura? —le pregunté.

—Porque es lo que les dije a Livia y a Sasha.

Rendición de cuentas. Mi hija de doce años lo entiende.

Crea tu equipo

Desde 2010, he publicado mis objetivos anuales en mi blog y en las redes sociales como forma de rendir cuentas. Cada mes vuelvo a publicar mis objetivos junto con mis progresos hasta el momento.

En 2021, el año en que escribo este libro, tengo un total de cincuenta y tres objetivos repartidos en seis categorías diferentes. Es cierto que son muchos, pero creo que hay que poner el listón muy alto y aceptar el fracaso que se presente por el camino.

De hecho, mi tasa de éxito a lo largo de los años ha sido la siguiente:

2010: 44 %
2011: 62 %
2012: 30 %
2013: 60 %
2014: 60 %
2015: 59 %
2016: 59 %
2017: 71 %
2018: 50 %
2019: 48 %
2020: 54 %

Esto supone una media del 54,3 %.

No parecería que publicar objetivos en Internet fuera una forma significativa de rendir cuentas, pero esas actualizaciones mensuales del progreso son algunas de mis publicaciones más leídas y, a lo largo de los años, innumerables lectores se han implicado activamente en mi proceso creativo. Recibo correos electrónicos de personas a las que nunca he conocido en los que me dicen lo mucho que disfrutan siguiendo mi progreso a lo largo del año y lo mucho que agradecen mi disposición a fracasar en público mientras intento llegar a esas metas. Muchos incluso me han ayudado a completar mis objetivos tanto de formas pequeñas como enormes.

Saber que los lectores prestan atención, saber que se interesan por mi éxito y saber que a veces se ofrecen a ayudarme en mi camino significa mucho para mí. Me hacen rendir cuentas.

También son mi gente. Mi equipo de compañeros invisibles y relativamente desconocidos en mi viaje. Me motivan para hacer más. Es una forma sencilla de ser responsable y hacer lo que dije que haría.

Elige bien a tu gente

También tienes que asegurarte de encontrar a las personas adecuadas para que te apoyen. No todos los colaboradores potenciales son buenos. Algunos son totalmente inútiles. Otros, francamente tóxicos.

Hace años, me uní a un grupo de escritores de una biblioteca local con ganas de conectar con gente que compartiera pasiones similares a las mías. Cuando me iba a la primera reunión, Elysha me abrazó y me dijo:

—Pásalo muy bien, cariño. Me alegro mucho por ti.

Volví dos horas después, abatido y decepcionado. A los diez minutos de la reunión, el grupo se dio cuenta de quién era yo —el autor local con dos novelas publicadas en su bolsillo— e inmediatamente se volvieron venenosos. Querían saber si mi éxito era producto de conocer a la gente adecuada, de hacer contactos a través de mis profesores universitarios o de contratar a un publicista de Nueva York para promocionar mi obra.

—Nada de eso —respondí.

Les expliqué que había pasado tres años escribiendo mi primera novela, y luego la envié por correo a más de cien agentes literarios de todo el país, con la esperanza de encontrar uno al que le gustara mi historia. Tras docenas de rechazos, por fin encontré a alguien que quiso trabajar conmigo, Taryn Fagerness, mi agente literaria —y amiga— con la que sigo trabajando a día de hoy.

Seis meses después, había vendido mi primer libro.

Nadie pareció contento con esta respuesta. La reunión fue cuesta abajo a partir de ahí. Muchas miradas de reojo y comentarios pasivo-agresivos. Cuando me fui, juré no volver jamás.

Necesitamos a nuestra gente, pero tiene que ser la gente adecuada. Seres humanos honestos y comprensivos que se impliquen en nuestro éxito. Gente que no sea envidiosa. Gente que te quiera de verdad.

Elimina a quienes no encajen.

A pesar de jurar que no lo haría, dos años más tarde cometí la estupidez de regresar al mismo grupo de escritura, con la esperanza de obtener mejores resultados. Nada había cambiado. La segunda vez me trataron igual de mal que la primera.

No importa. Tengo a Elysha, Shep, Taryn, David, Jeni, Amy, Kaia, Erica, Joey, Lionel y los demás.

Quizá también a Clara, algún día, cuando esté dispuesta a compartir.

14   No pierdas de vista el premio final

«El éxito llega cuando nos despertamos cada día
en esa búsqueda interminable de por qué
hacemos lo que hacemos».
SIMON SINEK

Alguien me preguntó una vez por qué me hice maestro de primaria. Enumeré las muchas razones por las que mi sueño de toda la vida siempre había sido enseñar a seres humanos mucho más pequeños que yo:

- Quería un trabajo que con el que pudiera dejar una verdadera huella en el mundo.
- Me gustan mucho los niños. Más que a la mayoría de los adultos. Me encanta su honestidad, su capacidad de asombro y su deseo de divertirse siempre que sea posible.
- De niño, la escuela siempre fue un lugar seguro para mí. Un hogar fuera de casa. Quería crear lo mismo para los niños que lo necesitan hoy.
- Me encantan los ritmos del curso escolar. La nueva promoción cada septiembre. La forma en que las vacaciones se tratan en las escuelas como si fueran sagradas. Como dijo Plato, me encanta el estilo de vida que ofrece la docencia.

Cuando terminé de enumerar mis razones, Elysha añadió:

—También odia la autoridad. No soporta que le digan lo que tiene que hacer. La enseñanza, en su mayor parte, la hace sin ninguna supervisión, así que es perfecta para él.

Me quedé de piedra. Nunca se me había ocurrido, pero desde el momento en que pronunció aquellas palabras, supe que era cierto. Incluso con el mínimo de supervisión que recibo, sigo siendo un profesor que tuerce las normas constantemente y las rompe cuando es necesario.

Conoce por qué haces lo que haces

¿Por qué es importante? Saber por qué hacemos las cosas que hacemos puede enseñarnos mucho sobre cómo vivimos nuestras vidas y avanzamos hacia nuevos y creativos mundos.

Tal vez recuerdes que mencioné que, a los diez años de mi carrera docente, empecé a preguntarme si querría hacer realidad otro de mis sueños de la infancia: ser abogado.

Entonces recordé lo que había dicho Elysha: odio a la autoridad. En ese mismo instante, supe que nunca podría ser abogado.

Ya ni siquiera poseo una corbata. La mera idea de que me impusieran un código de vestimenta me resultaba insoportable, por no hablar de todas las exigencias y sutilezas procesales de un tribunal. Los abogados se rigen a diario por un riguroso y aparentemente interminable conjunto de normas. Deben ser respetuosos con la autoridad. Yo no podría hacer todo eso y seguir siendo feliz.

Pero eso no significaba que el sueño muriese del todo. En lugar de sumergirme en una profesión que no me convenía, modifiqué el sueño, lo que me permitió evitar la supervisión mientras, al menos, seguía cumpliendo parte de él. En los últimos cinco años, he trabajado bastante con abogados, ayudándoles a elaborar sus alegatos iniciales y a preparar testigos, enseñándoles a contar historias en la sala del tribunal. He colaborado con colegios de abogados de varios estados, he impartido clases en la Facultad de Derecho de la Universidad de Connecticut y me contrataron en un bufete de abogados para un caso especialmente difícil.

Antes de la pandemia, viajé a Indiana para enseñar *storytelling* a más de trescientos fiscales de Indianápolis, incluido el fiscal general del Estado. Fue una misión especialmente difícil, dado que, cuando me detuvieron y me juzgaron por un delito que no había cometido, fue en gran parte gracias a un fiscal particularmente agresivo. Me sentía como un gato de cola larga en una habitación llena de mecedoras.

No soy abogado, pero puedo disfrutar de algunos de los aspectos atractivos de trabajar como abogado sin tener que soportar figuras de autoridad y sin la necesidad de llevar traje. Mi esperanza es trabajar algún día como asesor del Proyecto Inocencia, y ayudar a aquellos que han sido condenados injustamente. Quizá eso sea incluso mejor que convertirse en abogado.

Como conté en el capítulo 2, hace unos años también me planteé cambiar de profesor de primaria a profesor de inglés de secundaria, e incluso empecé a cursar uno de los dos cursos necesarios para ampliar mi titulación. Pero cuando hablé con otros profesores de secundaria, no solo me enteré del tiempo de más que tendría que dedicarle, sino que empecé a comprender lo que significaría dejar la escuela en la que he trabajado durante el último cuarto de siglo.

Me he labrado una reputación en mi colegio y en la comunidad que lo rodea. Me he ganado el respeto de los padres, de mis compañeros de trabajo y de mi director. He demostrado ser digno de confianza y eficaz. Por eso, nadie me molesta demasiado. Excepto en ciertos momentos puntuales, en los que mi jefe tiene que impedirme que me pase de la raya o ignore alguna norma, tengo una enorme autonomía en el trabajo.

Si cambiara de escuela y de puesto, también cambiaría eso. Esa simple toma de conciencia sobre mí mismo que me enseñó Elysha —me hice profesor porque no soporto la autoridad—

251

me ha ayudado a orientar mi vida y mi carrera en la dirección que más me conviene. Saber por qué hago lo que hago me ha evitado algunos errores importantes. Saber por qué haces lo que haces también puede aclarar mucho el camino que debes seguir.

Elysha enseñó tercero y quinto de primaria durante muchos años y era perfectamente feliz en esos puestos. Le encantaba enseñar a niños de ocho a diez años. Luego se quedó en casa unos diez años, criando a nuestros hijos.

Cuando llegó el momento de volver a las aulas, no se limitó a volver a lo que hacía antes. En lugar de eso, se preguntó por qué quería ser profesora y qué era lo que más le atraía de la enseñanza. Tras un examen de conciencia, se dio cuenta de que, por mucho que le gustara trabajar con niños, también le encantaba ayudar a los padres a acompañar a sus hijos en su camino educativo. Y para eso no hay nada mejor que enseñar en el jardín de infancia, que es cuando los padres experimentan por primera vez la escuela pública.

Por eso, Elysha se hizo profesora de preescolar. Pasó de enseñar a los niños a multiplicar y escribir poesía a enseñarles cómo suena la letra B y cómo respetar los turnos sin matarse unos a otros.

Elysha no podría ser más feliz.

Profundiza

Preguntarte por qué haces lo que haces puede aclararte el camino. Comprender el porqué puede ayudarte a guiarte hacia la vida que más deseas. Y, lo que es aún más importante, saber el porqué, y mantener esas razones en el primer plano de tu mente, también puede ser una motivación fantástica. Incluso una inspiración. Y cuantas más razones tangibles puedas encontrar para querer tener éxito, más inspirador puede resultar.

Prueba esto: pregúntate por qué persigues tu sueño. Tanto si quieres ser director de cine, diseñador de montañas rusas, inventor de un nuevo tipo de *pizza,* compositor de música clásica, constructor de cohetes o adiestrador de gatos, ¿cuáles son tus razones para perseguir ese sueño?

Profundiza.

Busca en tu pasado.

Encuentra lo mejor y lo peor de tus motivaciones.

Yo también me lo pregunté: «¿Por qué quiero contar historias, ya sea en un libro o sobre el escenario?». Las razones, tras un examen de conciencia, fueron muchas:

- Quiero ganarme la vida en una carrera que me permita un control casi total de mi tiempo.
- Quiero tener la oportunidad de ser económicamente independiente.
- Quiero que se me reconozca en este mundo.
- Me divierte escribir y contar historias, tanto de ficción como de no ficción.
- Me consumen absolutamente los pensamientos sobre la muerte y me aterroriza la perspectiva de dejar de existir, así que, al plasmar palabras en una página, espero vivir, de algún modo, más allá de mis años.

Todo eso es real y completamente cierto, pero entonces empecé a profundizar:

- Quiero demostrar a todos los profesores que me ignoraron que cometieron un error.
- Deseo desesperadamente la atención de una madre que nunca parecía tener tiempo para mí (y que ahora ha fallecido) y de un padre que me abandonó a temprana edad y nunca regresó realmente.

Esto último se me ocurrió mientras hablaba ante unos mil estudiantes en São Paulo, Brasil. Al comenzar la sesión de preguntas y respuestas de mi charla, una joven preguntó:

—Escribes libros. Cuentas historias. Escribes una entrada de blog todos los días. Escribes musicales. Poemas. Haces de todo. ¿Por qué necesitas ofrecer tantas cosas al mundo?

El deseo de atraer la atención de una madre muerta y un padre ausente me golpeó por primera vez en aquel auditorio, y al instante supe que era cierto.

Pero había más. Cuando cavé incluso más hondo, encontré otras razones:

- Quiero demostrar a Sean, Glen, Danny y otros abusones de mi infancia que no ganaron.
- Quiero demostrar a los familiares que no creyeron en mí o me ignoraron que estaban equivocados.

Me di cuenta de esto hace un par de años, cuando mi tía Diane me envió por correo postal un paquete de material que incluía algunas viñetas políticas que yo había dibujado un domingo de Pascua, cuando tendría alrededor de unos doce años. Mientras mis parientes bebían Sanka y conversaban sobre cualquier cosa, yo escribía y dibujaba viñetas críticas acerca de las políticas económicas de Reagan y la reciente invasión soviética de Afganistán. Diane se fijó en mí cuando nadie más lo hacía, así que, cuando me marché, recogió aquellos dibujos y los guardó para mí. Al verlos décadas más tarde, recordé con suma claridad lo marginado que me sentía entonces. Recordaba que deseaba desesperadamente que alguien me preguntara qué estaba dibujando y qué pensaba.

Cuento historias porque ese deseo nunca desapareció.

Pero aún hay más:

- Quiero demostrar a los cobardes que hace años intentaron destruir mi carrera docente con denuncias anónimas y difamatorias que sigo en pie mientras ellos están escondidos en sus patéticas madrigueras.

- Quiero demostrar a las personas que deberían haber apoyado mi carrera que, después de todo, no necesitaba su maldita ayuda.
- Quiero hacer llorar de nuevo a Elysha.

Esto último es importante. Después de recibir la llamada de mi agente para decirme que una editorial había hecho una oferta por mi libro —suficiente para marcar una verdadera diferencia en nuestras vidas—, salí de mi clase en busca de Elysha para darle la noticia. La encontré en un pasillo trasero de la escuela mientras volvía a clase. La paré en seco, le di la noticia y vi cómo se arrodillaba en el suelo llorando de alegría. Desde entonces, intento repetir ese momento. Además de provocar lágrimas de alegría, también intento constante y desesperadamente que se sienta orgullosa del trabajo que hago, de mí.

Otra razón más: sigo huyendo de la pobreza, la falta de hogar y la desesperación de mi juventud.

Cuanto mayor sea el número de razones que tengas para alcanzar tus objetivos, mayor será el número de motivaciones que tendrás para impulsarte hacia adelante.

¿Me siento un poco apático una fría mañana de invierno? Pienso en el matón que me tiró un atril de partituras a la cabeza como si fuera una lanza porque pensó que sería divertido. O en una de esas personas anónimas que sé que me intentaron destruir. O tal vez visualizo en mi mente la imagen de mi futura lápida. O pienso en Elysha, que todavía duerme en la cama, riéndose de una escena de mi novela o asintiendo con la cabeza ante una idea que tengo para una nueva historia. Me recuerdo a mí mismo que todos estamos al borde del desastre, que podemos perder nuestra carrera y caer en la ruina económica de la noche a la mañana. A veces pienso en mi padre, desaparecido durante las últimas cuatro décadas, con la esperanza de que algún día pueda escribir algo que dirija su atención hacia mí.

Tienes que encontrar tus propias motivaciones. Las razones por las que haces lo que haces. Encuentra las cosas que te hacen querer vengarte de alguien o te acercan a alguien o te alejan de algo.

Profundiza. Hazte preguntas difíciles. Date el tiempo necesario para encontrar esas respuestas, por incómodas, dolorosas o desgarradoras que resulten. Podrían ser el combustible que necesitarás en los días en que tu deseo flaquee mientras tu tiempo sigue avanzando.

Elige bien tus objetivos

Por último, fijar objetivos, como los descritos en el capítulo anterior, puede ayudarte mucho a mantener la vista en el premio final. Mantener una lista, fijar un momento para revisar los progresos con regularidad e incorporar alguna forma de responsabilidad impuesta ha cambiado las reglas del juego para mí y para muchas de las personas con las que trabajo. Cuando te levantas cada día sin ninguna duda sobre lo que hay que hacer y los pasos necesarios para lograr un objetivo, es mucho menos probable que te sorprendas procrastinando u ocupando tu tiempo con tareas sin sentido o trabajo de poco valor que te mantenga ocupado, pero no te haga avanzar. Añade el elemento de la rendición de cuentas, y esos objetivos permanecerán fijos en tu mente. Nada se escapa si los demás están atentos, manteniéndote a raya y apoyando la causa.

Pero esto solo funcionará si estableces los objetivos correctamente, lo que significa que deben ser medibles, estar basados en el esfuerzo y poder lograrse sin que sea necesaria la aprobación o una acción de otros. Por ejemplo:

- Mi objetivo es escribir una novela. Completar el conjunto de frases que constituyen toda una historia. Que un editor decida o no comprar esa novela está fuera de mi control. Establezco objetivos que puedo controlar con mi propio esfuerzo, y luego sigo adelante.

- Mi objetivo es proponerme para que me encarguen una serie en *MasterClass* tres veces a lo largo del año. Que el equipo de producción de *MasterClass* sea o no lo bastante inteligente como para contratarme para una de sus series de vídeos instructivos sobre *storytelling* está fuera de mi control. Mi objetivo es presentar la mejor propuesta posible, y luego pasar al siguiente objetivo.
- Mi objetivo es enviar al menos seis cartas a mi padre este año. Mi esperanza es que mi padre responda y podamos revitalizar nuestra tenue e inconstante relación. No tengo ningún control sobre el hombre que desearía que se convirtiera en una parte importante de mi vida, así que lo único que puedo hacer es enviar mis cartas y esperar que den resultado.
- Mi objetivo es terminar de escribir el musical con Kaia. Que ella y yo encontremos un teatro para montar nuestro espectáculo es irrelevante. Lo importante es escribirlo. Eso es algo que está en nuestras manos.
- Mi objetivo es producir doce episodios de mi *podcast* con Elysha, *Speak Up Storytelling,* este año. Establecer objetivos de descargas sería ridículo, ya que no puedo influir en este objetivo mediante mi esfuerzo. Un *podcast* de mayor calidad puede producir una audiencia mayor, pero eso no está garantizado. Lo que sí puedo garantizar es la producción de un número determinado de episodios a lo largo del año. El resto queda en manos del destino. O quizá en las de un publicista, cuya contratación también podría ser un objetivo.

Cuando juzgamos nuestro progreso en función de nuestros esfuerzos, evitamos evaluar el éxito y el fracaso basándonos en cosas que están fuera de nuestro control. Mantenemos la vista en los premios que podemos ganar gracias a nuestro trabajo duro, concentración y perseverancia. Si consigues triunfar bastante con aquello que puedes controlar, mejoras las oportunidades de que algunos de esos sueños que requieren la intervención de otros puedan finalmente hacerse realidad.

Responde al por qué y al cómo

Este es un capítulo sobre dos preguntas importantes: «¿Por qué?» y «¿Cómo?». Son las dos preguntas más importantes que tenemos que responder para tener éxito.

El porqué garantiza que permanezcamos en el camino correcto, apuntando en la dirección correcta, y evitemos las trampas y los obstáculos que no se alinean con nuestros deseos. También nos proporciona la muy necesaria motivación para seguir adelante en los días en que el trabajo parece demasiado duro o nuestro progreso es tan poco sustancial que nos preguntamos si alguna vez lo conseguiremos. Comprender qué fue lo que lanzó nuestro deseo creativo —y atesorar tantos de esos motivos como podamos— nos servirá como recordatorio de por qué nos adentramos en este arduo camino en primer lugar.

El cómo es el medio para alcanzar nuestros objetivos. Es el reconocimiento de que los viajes largos requieren pequeños pasos. El cómo es el recordatorio de que debemos centrar nuestras energías solo en aquello que podemos controlar. Es la comprensión de que no podemos hacer este viaje solos. Necesitamos que otros nos hagan rendir cuentas, nos apoyen y nos exijan que sigamos trabajando cuando abandonar parece la opción más lógica y sensata.

Debes responder al porqué y al cómo, no solo hoy, sino constante e implacablemente. «¿Por qué hago las cosas que hago?» debe ser una pregunta que resuene sin cesar en tu mente. «¿Cuál es el siguiente paso para alcanzar mi objetivo?» es una pregunta que debes hacerte una y otra vez.

Responde al porqué y al cómo, y descubrirás con qué facilidad todas las demás respuestas encajan de repente. Responde a estas preguntas, y te despertarás cada mañana entusiasmado por salir de la cama, motivado por multitud de razones y sabiendo exactamente lo que tienes que hacer.

La mayoría de la gente no se siente ni entusiasmada ni motivada cuando abre los ojos por la mañana. La mayoría de la gente desearía quedarse una hora más en la cama y se pregunta cómo llenará las horas vacías de su día.

Las personas creativas —los creadores de cosas, los soñadores— no pueden permitirse estas tonterías.

Responde al porqué y al cómo. El rumbo a tomar cada día estará claro y te sobrarán razones para emprenderlo con entusiasmo.

14½ Deja la productividad performativa a las leonas

Hubo un tiempo en que los científicos creían que la hembra del león era la cazadora y que el macho se pasaba el día holgazaneando, esperando a que le pusiera el plato sobre la mesa. Esta suposición se basaba en la observación científica. No era difícil verlo. Las hembras perseguían y mataban a sus presas, y los machos no.

No estaba seguro de cómo me sentía al respecto.

Una parte de mí se sentía enfadada con el león macho por hacer quedar mal a nuestro sexo actuando como un gandul que no valía para nada. Se supone que el león es el rey de la selva, pero se parecía más a Archie Bunker.

Pero otra parte de mí estaba impresionada por la capacidad del león macho para evitar el trabajo duro y permitir que otro lo hiciera por él. Como persona que cree en delegar responsabilidades siempre que sea posible, descubrí que el enfoque del león macho respecto a la caza apelaba a mi continuo deseo de aumentar mi productividad. No estaba exactamente escribiendo una novela, construyendo un negocio o haciendo arte, pero quizá revolcarse en el barro, chapotear en los ríos y dormir siestas interminables sean el equivalente leonino de esas cosas.

Así que tenía un conflicto. No estaba seguro de cómo debía sentirme respecto al león macho.

Pero ahora ya sé lo que pienso.

Nuevas investigaciones sobre el comportamiento de los leones, realizadas en parte mediante el uso de drones dotados de infrarrojos, han descubierto que los leones macho son tan activos a la hora de cazar como las leonas. Simplemente, cazan con más eficacia.

En lugar de perseguir antílopes en la sabana bajo el ardiente sol africano, los leones macho cazan de noche localizando un rastro de caza y situándose en un lugar ideal para emboscar a una presa desprevenida. Utilizan muchas menos calorías en este tipo de caza, pero son tan efectivos para encontrar y matar a sus presas como las hembras.

Resulta que, en realidad, los leones macho son mejores cazadores que las leonas. Sería ridículo que me alegrara de este nuevo conocimiento. Aparte de que ambos somos machos, los leones y yo no tenemos nada en común.

Sin embargo, sí me alegra. Me encanta la metáfora que ofrece: suele haber dos (o más) formas de lograr un objetivo, pero a menudo la gente elige la que es más pública, la más visiblemente activa y visiblemente esforzada. La gente quiere que se la vea ocupada, aunque el método que elijan no sea el más eficaz para hacer las cosas.

Yo a esto lo llamo productividad performativa.

«¡Mira lo que he hecho!».

«¡Mira qué trabajo tan duro!».

«¡Ya no puedes dudar de mi esfuerzo!».

El mérito que recibes debe derivarse de los resultados de tu esfuerzo. No del camino que hiciste para llegar hasta allí.

El león macho fue difamado durante años como perezoso y vago, pero resulta que simplemente hacía el trabajo de forma más estratégica, con lo que abrazaba mi creencia fundamental: hay que lograr tanto como sea posible, de la forma más eficiente posible.

15 Celebra a menudo

«Recuerda celebrar los hitos mientras te preparas
para el camino que tienes por delante».
NELSON MANDELA

Mi amiga Jeni Bonaldo terminó de escribir su primera novela
en la primavera de 2021. Estoy orgulloso de ella. Es profesora
de inglés, madre de dos hijos, *storyteller,* ocasional, aunque entusiasta, bailarina de yoga danza, y mucho más. No es una de esas
escritoras que necesitan seis meses sabáticos, un escritorio antiguo y un flujo constante de *chai latte* para hacer su trabajo. Consiguió el tiempo que necesitaba y escribió una historia excelente.

Además, ya era hora. Lo digo porque llevo un par de años
animándola (tal vez presionándola y presuntamente acosándola) para que termine este libro. Por desgracia, no me escucha lo
suficiente, lo que la pone en gran desventaja.

Hace dos años, estaba sentado entre bastidores con Jeni en
uno de mis espectáculos de narrativa. Mientras Elysha empezaba
a presentar a Jeni a un público de más de quinientas personas
—la mayor audiencia a la que se había tenido que enfrentar Jeni
hasta entonces—, yo estaba sentado a su lado, supuestamente
acosándola sobre lo importante que era dedicar tiempo al libro.

«No pierdas unos minutos preciosos».

«Deja de poner excusas».

«No vas a volverte más joven».

«Mueve el culo, boba».

Por último, se volvió hacia mí y me dijo:

—¿Podrías por favor esperar a gritarme sobre el estado de mi novela y hacerlo cuando haya terminado de contar mi historia?

Hay que reconocer que no era el mejor momento para presionar ni siquiera al mejor de los narradores. A nadie le ayuda oír lo decepcionante que es justo unos segundos antes de desnudar su alma ante un teatro lleno de desconocidos expectantes.

A veces es difícil ser amigo mío.

Pero hoy estoy tan enfadado con Jeni como aquella noche entre bastidores en el Infinity Hall. Todavía no he recibido mi invitación a su fiesta de «¡He escrito un libro!». Es posible que no me haya invitado por mis transgresiones pasadas, pero sospecho que la verdad es que aún no ha planeado esa fiesta, ni tiene intención de hacerlo.

Las personas creativas suelen sentirse insatisfechas con la calidad y la cantidad de su trabajo. Disgustadas por su progreso a lo largo del continuo creativo. Decepcionadas por la distancia que les separa de su punto final. Como resultado, no celebran todos y cada uno de los pasos del camino. Hacen algo tan fantástico e increíble como escribir un libro —algo que la gente dice continuamente que algún día hará, pero que luego se muere sin hacer—, y luego no lo celebran con una fiesta de perritos calientes, en la pista de patinaje o en un desfile.

Ya es bastante difícil hacer algo. Abrir tu restaurante de barbacoa y *sushi* no es fácil. Cincelar mármol es un trabajo agotador. Forjar herramientas medievales parece francamente peligroso. Escribir una novela es el sueño de muchos, pero muy pocos lo hacen realidad. Crear un registro visual del bombardeo ilegal de Camboya por Richard Nixon en una colcha del tamaño de un aparcamiento no es algo que se haga todos los días.

Los creadores merecen crédito, y lo merecen por cada paso que dan. No solo merecen ese reconocimiento, sino que lo necesitan. Necesitan honrarse a sí mismos y a sus esfuerzos. La creación es a menudo una tarea solitaria y poco comprendida. Nos esforzamos en soledad mientras hacemos lo nuestro, avanzamos hacia nuestros sueños caminando en la oscuridad. Cuando por fin damos un paso adelante que marca la diferencia y que es bien merecido, nos hemos ganado hacer una pausa para beber y bailar. Debemos alegrarnos. Este es el combustible que alimentará nuestra caldera y nos mantendrá en movimiento.

Cuando terminé mi primera novela, Elysha y yo fuimos a cenar con unos amigos esa misma noche. Ni siquiera había iniciado el proceso de búsqueda de un agente literario —ni corregido el libro—, pero comprendía que había hecho realidad un sueño que tenía desde hace mucho tiempo. Ese sueño merecía ser celebrado. Yo merecía ser celebrado.

La noche en que mi agente literaria, Taryn, y yo formalizamos nuestra asociación, el último día de mis vacaciones de verano, Elysha y yo nos reunimos con unos amigos para celebrarlo con unos helados especiales. Encontrar un agente literario que esté dispuesto a representarte no es fácil. El logro merecía ser reconocido públicamente con masa de galletas, chocolate caliente y sonrisas.

El día de la decisiva llamada telefónica en la que se me informó de la oferta de un editor de Doubleday, Elysha y yo lo celebramos con amigos y compañeros en una *happy hour* después del colegio, y yo después me fui con otro grupo de amigos para celebrarlo jugando al póquer y escuchando a Springsteen hasta altas horas de la madrugada. Al día siguiente, los padres de Elysha llegaron de Nueva York para llevarnos a cenar. Su madre me regaló un jersey.

Podría seguir y seguir. Cada paso de mi viaje ha estado señalado por algún tipo de celebración, normalmente con comida, amigos y familia. Mi preferida fue la noche en que Elysha y yo estábamos cenando en un mercado de Boston cuando Taryn me llamó para informarme de que Tom Cruise estaba leyendo *Something Missing* y se estaba planteando hacer una película basada en el libro. Al enterarnos de la noticia, Elysha y yo tiramos por la borda nuestra cena rápida e inmediatamente nos dirigimos al Max's Oyster Bar para disfrutar de una comida mucho más elegante.

Dos meses después, estábamos en casa, preparándonos para cenar algo que Elysha acababa de terminar de cocinar, cuando recibí otra llamada telefónica informándome de que Brad Pitt estaba leyendo el libro. Una vez más, tiramos nuestra comida a la papelera y volvimos a Max's para otra cena de celebración.

Desde entonces, he aprendido que «Tom Cruise lo está leyendo» en realidad significa que a algún subordinado de Tom Cruise, 192 peldaños más abajo en el proverbial escalafón, le gustó el libro y está intentando que el libro suba los 192 peldaños que faltan hasta el señor Cruise, lo cual es poco probable y más ilusorio que otra cosa.

Aun así, celebra tus hitos siempre que puedas.

He conocido a autores que me han dicho que da mala suerte celebrarlo antes de que el libro llegue a librerías. Una vez conocí a una autora en un retiro literario en Vermont que me dijo que solo lo celebraría cuando su novela llegara a la lista de los libros más vendidos. Conozco a una empresaria que no celebrará el lanzamiento de su negocio hasta que haya obtenido su primer millón de dólares en ventas.

Es como si les diera vergüenza festejar antes de que todo el mundo a su alrededor considere que ha llegado el momento. No quieren subirse a una silla, coger un megáfono o llamar por teléfono a desconocidos al azar para presumir de su logro.

Esto es un error. No podemos esperar a que el mundo reconozca nuestros triunfos. El pasado está plagado de creadores ingeniosos como Edgar Allan Poe y Eva Cassidy, cuya grandeza no fue aplaudida hasta mucho después de su muerte. No podemos depender de que el mundo esté atento a nuestras necesidades. Debemos estar listos para cuidar de nosotros mismos. Debemos estar dispuestos a celebrar cada paso del camino.

Merecemos el reconocimiento. Lo necesitamos para seguir hacia adelante.

El difunto escritor Howard Frank Mosher solía celebrar las malas críticas clavándolas en el lateral de su granero y acribillándolas a tiros con su escopeta. Howard era un hombre que comprendía la importancia de celebrar las cosas.

No deberíamos avergonzarnos de celebrar los pasos que damos en nuestro camino. El proceso creativo está jalonado de hitos, y cada uno de ellos merece crédito, por pequeño que sea. Cuando los jugadores de fútbol americano ganan el partido del campeonato de la AFC y la NFC —el último paso antes de la Super Bowl—, se ponen gorras de campeón, reciben un trofeo y beben champán. Los jugadores de béisbol y baloncesto lo hacen de forma similar. No les preocupa que su fiesta pueda gafar la siguiente ronda eliminatoria. No esperan a ganar las series mundiales o la final para descorchar el champán. Comprenden que han dado un gran paso. Hay más camino por delante, pero durante un par de horas lo que hay que hacer es celebrarlo.

Debemos aprender la lección de estos atletas y hacer como ellos, aunque eso signifique organizar nuestra propia fiesta de perritos calientes, comprar nuestra propia pancarta de «Tengo mi licencia de apertura, así que soy mejor que tú», o alquilar la pista de patinaje para nuestra fiesta de «He cavado el hoyo que algún día será mi piscina de gelatina».

Así que espero la invitación de Jeni. Probablemente no será una fiesta de perritos calientes, pero alquilar la pista de patinaje es totalmente posible e incluso podría encajar con su *gestalt*. A una mujer que hace yoga danza probablemente le guste el patinaje en pareja. ¡Ha escrito un libro, maldita sea! La historia es buena. Con un poco de suerte, algún día me pedirá una frase promocional para la cubierta.

Por otra parte, no me escucha tan a menudo como debería, así que quizá esté aplazando la celebración hasta que gane el Pulitzer.

Eso sería muy Jeni. No seas así.

16 Aliméntate con un bocadillo de cumplidos

«Habla contigo mismo como
lo harías con alguien a quien quieres».
BRENÉ BROWN

Hace cinco años, impartía un taller de *storytelling* a un grupo de hombres que habían estado en la cárcel y que ahora trabajan en escuelas ayudando a adolescentes a no meterse en líos. Durante el almuerzo, uno se me acercó y me preguntó:

—¿Y dónde cumpliste tu condena?

Le expliqué que había pasado tiempo en la cárcel, pero que nunca había estado en prisión. Hizo una pausa, me miró detenidamente y dijo:

—Qué curioso. Tienes aspecto de preso.

No puedo explicarlo, pero me hizo mucha ilusión oír eso. Probablemente era la idea de que me viera lo bastante duro como para haber sobrevivido a una vida en prisión. Envié un mensaje a varios amigos y les describí el momento, y todos estuvieron de acuerdo: uno de los mejores cumplidos que me han hecho jamás.

En 1988, estaba jugando al *Donkey Kong* en los salones recreativos Half Moon de Weirs Beach, New Hampshire. Media docena de colegas y yo fuimos de vacaciones a la pequeña ciudad a orillas del lago Winnipesaukee. Nos pasábamos los días jugando a videojuegos y sentados en la playa, y las noches, buscando chicas.

Jeff «Coog» Coger era el mejor jugador de videojuegos de nuestro grupo. Su coordinación mano-ojo era asombrosa, y su comprensión instantánea de los matices de cada juego, milagrosa. Coog también era cinturón negro de kárate, por lo que lo apodábamos «el Ninja Barbudo», así que supongo que su afinidad por los videojuegos tenía cierto sentido.

El último día de vacaciones, nuestro amigo Tom se me acercó mientras esquivaba barriles y escalaba andamios en un esfuerzo por derrotar a Donkey Kong y rescatar a Pauline. Tom me observó jugar un rato, luego se inclinó hacia mí y me susurró:

—Si tú y Coog os ponéis a jugar a un juego el mismo día, Coog es definitivamente mejor que tú. Mejor que todos nosotros. Ni siquiera importa a qué juego estemos jugando. Pero si os diera a ti y a Coog una semana para dominarlo, apostaría por ti.

Todavía hoy puedo escuchar las palabras de Tom en mi mente, claras como una campana. Ridículo, pero también uno de los mejores cumplidos que he recibido en mi vida.

Unos dos meses después de aquella trascendental llamada telefónica anunciando mi primer contrato con Doubleday, llegó por correo el primero de los tres cheques de mi editor, que representaban un tercio de mi anticipo. De pie en la cocina de nuestro apartamento, Elysha y yo abrimos juntos el sobre y nos quedamos mirando el cheque más grande que jamás habíamos visto. Era un simple trozo de papel rectangular que representaba la eliminación de una montaña de deudas de la boda y el pago de la entrada de nuestra primera casa.

Era un trozo de papel que cambiaría nuestras vidas para siempre. Elysha me abrazó y susurró:

—Nos has salvado.

Something Missing se lo dediqué a ella. La dedicatoria dice: «Tú me salvaste primero».

Pero sus palabras, pronunciadas en aquella cocina, podrían ser el mejor cumplido que he recibido nunca.

Podría seguir enumerando los cumplidos que a lo largo de los años me han hecho amigos, familiares, colegas, alumnos y otros, pero tengo una cosa clara: no podría seguir eternamente. Probablemente me quedaría sin cumplidos muy rápido.

Este es el problema. La gente nos dice cosas alegres, eufóricas, increíblemente sagaces y profundamente significativas a lo largo de nuestra vida y, por un momento fugaz, nos levantan el ánimo. Nuestra motivación aumenta. Nuestros sentimientos de autoestima se disparan. Nos sentimos como si pudiéramos volar. Luego esos cumplidos, salvo algunos de los más memorables, se pierden para siempre. Tirados a la papelera de la historia. Olvidados como gran parte de nuestras vidas.

Es ridículo. La gente nos dice cosas maravillosas. A veces es algo que ya sabíamos, pero que nos emociona al ver que otra persona se ha dado cuenta. A veces nos dicen algo que nunca habíamos notado sobre nosotros mismos. A veces descubrimos que nos aprecian, respetan o admiran de formas que nunca habríamos imaginado. A veces se nos ofrece una visión verdaderamente profunda de nosotros mismos que quizá nos había pasado desapercibida toda la vida.

Este tipo de sabiduría debería calificarse de «inolvidable». Sin embargo, tres semanas, tres meses o tres años después, lo olvidamos. Conservamos una pequeña colección de gentilezas que se nos han concedido a lo largo de los años, pero dejamos que el resto caiga en el olvido, y luego nos preguntamos por qué no somos capaces de reunir el entusiasmo necesario para sacar adelante un proyecto. No podemos entender por qué carecemos de la motivación o el impulso necesarios para tener éxito. No podemos imaginar cómo podríamos seguir adelante cuando las pendientes parecen tan empinadas y el destino, tan lejano.

Todo el tiempo se nos ofrece combustible para nuestro fuego, pero, en lugar de aferrarnos a él, dejamos que se nos escape de las manos, olvidado e inútil. Vamos a enfrentarnos a un montón de dudas e incertidumbres a lo largo del camino. Los detractores se interpondrán en nuestro trayecto y nos sermonearán sobre lo insensatos que son nuestros sueños. Nuestro trabajo será escudriñado, criticado, subestimado y rechazado. Estaremos sometidos a enormes cantidades de negatividad. Ya es bastante difícil crear algo de la nada. Las críticas durante el camino a veces hacen que parezca imposible.

En consecuencia, debemos aferrarnos a cada gramo de energía positiva que podamos reunir. Debemos atesorar lo bueno para contrarrestar lo malo. Aferrarnos a la luz para utilizarla en nuestros días más oscuros.

Así que hago dos cosas cada vez que recibo un cumplido (verbal o por correo electrónico, mensaje de texto o comentario en las redes sociales): conservo el contenido y programo su retorno.

Conserva los cumplidos

Aplicaciones como Evernote o Notion funcionan bien para conservar los cumplidos, o tal vez te baste con crear un documento de Word o Google en el que puedas copiar y pegar los que recibas por correo electrónico o mensaje de texto o —en los casos en que el cumplido te lo hayan dicho verbalmente— transcribir lo que te dijeron. Encuentra un lugar que te funcione. Para mí, ese lugar es Notion, una aplicación que vive en mi teléfono, en mi ordenador de sobremesa y en la nube, por lo que es accesible esté donde esté. Elijas el lugar que elijas, empieza a reunir toda la positividad que recibes en un solo lugar. Incluye también los cumplidos pasados. Los que tengas la suerte de recordar. El primer cumplido de mi lista dice esto:

El 1 de enero de 1988 tenía dieciséis años. Estaba de pie en un puente de California, atado a un bombo, preparado para marchar en el desfile de la Rose Bowl. Dos adolescentes estaban sentadas en el bordillo de la acera, esperando a que empezara el desfile. Tras reírse un poco, consiguieron llamar mi atención y decirme que me parecía mucho a Tom Cruise. Está claro que yo era más guapo en 1988, probablemente el sol les daba en los ojos y Tom Cruise aún no había perdido la cabeza.

Ese fue uno de los primeros cumplidos que recuerdo que me hicieron sonrojarme. Desde luego, hoy ya no puedo aplicármelo. El tiempo ha sido más amable con Tom Cruise que conmigo, pero, al leer esas palabras, me encontré de nuevo en ese momento gracias al puente de mi mente, con un ridículo chacó encaramado sobre mi cabeza, el bombo atado a mi cuerpo, escuchando a dos chicas californianas decirme unas palabras que me hicieron flotar en una nube durante todo el desfile.

No todos los elogios de la lista tienen una historia detrás, por supuesto. Cuando se registran en tiempo real, son mucho más breves o simplemente son el contenido de un correo electrónico o un mensaje de texto. Mirando la lista un poco por encima, se parecen más a esto:

- «Una inmigrante guatemalteca convertida en defensora de las víctimas de malos tratos conyugales y sexuales pasa dos horas conmigo elaborando el esbozo de su historia y, cuando terminamos, me dice: "Este ha sido uno de los mejores días de mi vida"».
- «Hola, señor Dicks, solo quería saludarle. Echo mucho de menos tenerle como profesor. El otro día estaba leyendo su libro y me acordé mucho de usted. Mis mejores días de escuela fueron en su clase. Aashni».
- «A mi hermana y a mí nos ENCANTA tu blog, de hecho, ha mejorado nuestra relación, estamos en contacto la una con la otra mucho más constantemente para delirar (o rabiar) sobre tus palabras, ha sido simplemente genial. LM».

Colecciono cumplidos desde 2009, así que la lista ha crecido bastante. Te sorprendería saber con cuánta frecuencia alguien te dice algo amable a lo largo de una década o más. Esto es importante porque, como creador, necesitarás esta lista. Lamentablemente, los seres humanos estamos programados para recordar y retener lo negativo por encima de lo positivo.

Durante mucho tiempo en la historia de la humanidad, recordar los encuentros negativos era importante. En un mundo en el que debes recordar qué baya sabe deliciosa y cuál mató al tío Frank, centrarse en lo negativo tenía sentido. Cuando intentas sobrevivir en un mundo lleno de vida y muerte en el que los depredadores acechan en cada recodo, el hambre está a una semana de distancia y no se ha inventado la escritura, recordar los encuentros negativos bien podría salvarte la vida.

Pero en el mundo en el que los leones y los tigres ya no son una amenaza y lo que acecha tras cada esquina es una bolsa de Doritos, esta inclinación a recordar lo negativo nos hace poco bien. No obstante, seguimos teniendo muchas más probabilidades de recordar una afirmación negativa que una positiva. Los estudios han demostrado que una persona necesita oír al menos 5,6 afirmaciones positivas para contrarrestar una sola negativa.[1]

Como es poco probable que consigas esa proporción de 5,6 a 1 orgánicamente, debes fabricar la proporción recopilando las declaraciones positivas de personas que, de otro modo, quedarían en el olvido, y utilizar esas palabras en esos días en que:

- Te despiertas sin entusiasmo para sumergirte en el día.
- Algún monstruo ha lastrado tu impulso con unas palabras de crítica o duda.
- Empiezas a preguntarte si merece la pena continuar el trabajo que estás haciendo.
- Parece como si el mundo hubiera decidido ponerte la bota en el cuello y recordarte el poco poder que tienes en realidad.

En estos momentos de necesidad, esta colección de cumplidos podría salvarte.

En otoño de 2011, recibí otra importante llamada de mi agente literaria, Taryn, también mientras estaba en la facultad, para informarme de que la tercera novela que había escrito, *Chicken Shack* (fue un título provisional), había sido rechazada por mi editorial y por todas las demás editoriales importantes de Nueva York.

Me había pasado un año escribiendo un libro que nadie quería. Me había esforzado mucho con los personajes y la trama, y había escrito una historia que me parecía muy buena, pero todos los que me importaban no estaban de acuerdo. Tras publicar dos novelas y sentir que por fin había lanzado mi carrera como autor, de repente sentí que había terminado antes de empezar.

La duda se instaló casi instantáneamente en mi psique. Ya no era un buen escritor. Por un momento fugaz, la gente había pensado en mí como alguien digno de tiempo e inversión. Era el tipo de autor cuyos libros merecían estar en las estanterías de las librerías y bibliotecas de todo el mundo. Luego, el mundo simplemente había cambiado de opinión.

Esto también significaba que Elysha y yo íbamos a ir mal de dinero. Ella era ama de casa y estaba embarazada de Charlie. Mis contratos de libros sustituían en esencia a años de su salario mientras ella gestaba, daba a luz y criaba a nuestros hijos. Sin otro día de paga en un futuro próximo, no veía cómo podríamos llegar a fin de mes con el sueldo de un profesor.

Me sentía peor de lo que me había sentido en mucho tiempo.

—¿Y ahora qué? —le pregunté a Taryn.

Con la seriedad que la caracteriza, me dijo:

—Bueno, no pasa nada. Solo tienes que escribir el mejor libro de tu carrera.

Cuando colgué el teléfono, me senté en mi escritorio para recomponerme antes de llamar a Elysha con la mala noticia.

Pero antes de hacer la llamada, abrí la lista de cumplidos. Por aquel entonces era mucho más corta, y constaba sobre todo de correos electrónicos de alumnos y padres agradecidos, pero también contenía algunos de lectores. Elogios que aún hoy figuran en la lista, y que me decían lo mucho que habían significado para ellos Martin, de *Something Missing*, y Milo, de *Unexpectedly, Milo*. Notas de aprecio y admiración.

No borraron las dudas y el miedo que sentí aquel día, pero me dieron un poco de luz en un día negro, lo dejaron un poco menos oscuro. Me recordaron que era capaz de escribir historias que gustaran a los lectores. Me dieron un poco de esperanza.

Por eso debemos preservar la positividad que recibimos en este mundo. Hay demasiados días en los que el universo nos da una patada en el trasero y nos deja agitándonos y flotando en charcos de duda y desesperación. Una lista de cumplidos, desplegada justo en el momento adecuado, puede ser un salvavidas.

Incluso en días en los que nuestro entusiasmo es elevado —como hoy, mientras escribo—, estos cumplidos pueden ser increíblemente útiles. Al copiar y pegar el cumplido de Aashni en este manuscrito, me puse a pensar en ella —que ahora tiene veintitantos años y vive su vida— y recordé lo encantador que fue recibir ese correo electrónico cuando aún era una estudiante de secundaria.

Al copiar y pegar el cumplido de LM en el manuscrito, me pregunté qué pensarían ella y su hermana de la entrada del blog de hoy sobre ver por primera vez con nuestros hijos *Ferris Bueller's Day Off* (titulada *Todo en un día* en España y *Un experto en diversión* en Hispanoamérica).

Al publicar el cumplido de la inmigrante guatemalteca convertida en defensora de víctimas de violencia de género, me di cuenta de que no recordaba a esa persona. La he perdido, pero sus palabras han vuelto a mí y me han hecho sentir muy bien.

Los cumplidos siempre son útiles, incluso en los días en que no sentimos que necesitemos ayuda. El mundo está demasiado lleno de amabilidad como para que no permitamos que los elogios que nos ofrecen resuenen en nuestra mente una y otra vez.

No dejes pasar otro cumplido sin registrarlo.

Programar el retorno de los cumplidos

Incluso en un día en el que no necesitamos contrarrestar la negatividad, un poco de positividad añadida, sobre todo cuando llega inesperadamente, puede ser maravillosa. Por eso también hago esto con los cumplidos: programo su retorno.

Cuando recibo un cumplido por correo electrónico, lo añado a mi lista de cumplidos, pero luego lo «pospongo» para otro día. «Posponer» un correo electrónico es una función disponible en la mayoría de las plataformas que te permite enviar un mensaje al futuro. Resulta especialmente útil cuando necesitas la información contenida en el correo electrónico un día determinado, pero no quieres que abarrote tu bandeja de entrada hasta ese día. Pero también «pospongo» mis cumplidos al futuro. Los reenvío a una versión futura de mí mismo que los verá con nuevos ojos y que quizá necesite desesperadamente algo de positividad en ese momento. Al reenviar estos correos electrónicos a mi yo futuro, vuelvo a recibirlos y tengo la oportunidad de experimentar la calidez y la bondad que transmiten al leerlos por segunda vez, de forma inesperada.

El mundo está lleno de negatividad. En un esfuerzo por aumentar la cantidad de positividad en mi vida, hago que estos cumplidos cuenten dos veces.

La aplicación de correo que utilizo tenía una función de posponer a un día aleatorio, lo que me permitía aplazar mis cumplidos hasta un día y una hora desconocidos. Esto me encantaba. Era enviar palabras amables a una fecha misteriosa en algún momento desconocido del futuro.

Esa función se ha eliminado desde entonces (probablemente, yo era la única persona que le había encontrado alguna utilidad), así que ahora cierro los ojos y pulso al azar los meses y días del calendario de mi correo electrónico. Podría estar enviando algunos correos una década más tarde en el futuro, pero eso me encanta.

La positividad llegará a mí algún día, espero que justo cuando la necesite.

Mientras terminaba este capítulo, me encontré enviando mensajes de texto a mi amiga Jeni sobre la película *Ferris Bueller's Day Off*, que, como sabes, Elysha y yo acabamos de ver con nuestros hijos por primera vez. Jeni piensa que Ferris era un amigo terrible que no respetaba los límites de su compañero ni tenía compasión por su posible enfermedad mental. Yo creo que Ferris era exactamente lo que Cameron necesitaba.

En medio de este debate, Jeni se dio cuenta de que solo tenía cinco años cuando se estrenó *Ferris Bueller's Day Off*.

—Yo tenía quince años —le contesté—. ¿Tengo diez años más que tú? Qué raro. No me siento diez años mayor que tú.

—Yo soy madura para mi edad, y tú no —respondió Jeni.

—No estaba pensando en eso —dije.

—¿Crees que parezco vieja? —preguntó.

—Eso tampoco —contesté—. Estaba pensando en términos de espíritu. Energía. Enfoque de la vida.

—Sí —dijo Jeni—. Vives la vida como una persona joven en el mejor sentido.

En un capítulo sobre aferrarse a los cumplidos, recibí en ese momento otro cumplido para mi lista, y este es especial porque sé cuánto le duele a Jeni hacerme cumplidos. Le molesta muchísimo decir algo amable sobre mí.

Esto se debe a que soy su Ferris Bueller, por supuesto. No respeto sus límites, quizá, pero soy exactamente lo que ella necesita.

17 Conoce tu historia. Cuenta tu historia. Escucha tu historia.

«Recuérdate a ti mismo que eres un *crack*».
DESCONOCIDO

Hace años, estaba esperando junto a la fotocopiadora a que salieran de la máquina las copias de un examen de ortografía cuando una de mis compañeras me preguntó si tenía planes para el fin de semana. Le dije —y a todos los presentes— que mi fin de semana no pintaba bien.

—Dos bodas. Viernes y sábado por la noche. ¿En qué demonios estaba pensando?

Por aquel entonces, seguía haciendo girar discos y guiando a hordas de invitados de boda ebrios por «El baile de los Pajaritos» y la «Macarena» casi todos los fines de semana. No odiaba el trabajo exactamente. Como sabes, dirigía la empresa con mi mejor amigo, Bengi, y trabajábamos juntos, codo con codo, la mayoría de los fines de semana, haciendo felices a las parejas recién casadas y a sus invitados. No era una mala manera de pasar un sábado por la noche.

Pero en junio, cuando la temporada de bodas se estaba calentando, pero todavía no habían llegado las vacaciones de verano, el trabajo resultaba mucho más duro. Enseñar a niños toda la semana y trabajar como DJ de bodas el fin de semana podía ser agotador. De ahí mi queja de aquel día sobre mis planes para el fin de semana.

277

Al final de la jornada escolar, mientras recogía mis cosas, una de las profesoras que había estado en la sala de fotocopias y me había oído quejarme llamó a mi puerta.

—¿Puedo hablar contigo un momento?

Sonaba muy seria, así que la invité a sentarse.

—Escucha —me dijo—, estoy segura de que este fin de semana va a ser duro para ti, pero tienes que recordar que la mayoría de los profesores que estaban hoy en esa sala se las apañan como pueden. Si quieren irse de vacaciones a Aruba, comprarse un coche nuevo o incluso salir a cenar, tienen que ahorrar durante semanas, meses o puede que años. La mayoría tiene un presupuesto fijo. El mismo sueldo semana tras semana. Pero probablemente ganarás un par de miles de dólares este fin de semana. Quizá más. No todo el mundo puede hacer eso, Matt. Estoy segura de que ser DJ es duro a veces, pero ten cuidado con lo que dices cuando estás cerca de gente que no puede hacer lo que tú sí. Algunos pensamos que tienes mucha suerte.

Nunca he olvidado ese consejo. Pienso en él todo el tiempo. Mi compañera predicaba la gratitud, y tenía razón. Debería haber estado más agradecido por las habilidades, la buena suerte y los medios que yo tenía y que me habían permitido poner en marcha un negocio de éxito que me pagaba bien y funcionaba en paralelo a mi carrera docente.

Tenía razón. Era capaz de ganar miles de dólares en un solo fin de semana si lo deseaba, lo cual no es posible para la mayoría de la gente. Tenía más flexibilidad económica que muchos de mis compañeros. Quejarme de ello era de mala educación. Parecía un imbécil desagradecido y egoísta.

Pero lo que también oí fue lo siguiente: «Hubo un día en que pensaste que ser DJ de bodas podría ser a la vez divertido y una gran fuente de ingresos extra. No sabías nada del sector de las bodas y menos aún de las responsabilidades de un DJ de bodas. Apenas conocías la música que había que poner para que la gente bailara. Pero apenas un par de años después, tú y Bengi tenéis abundantes clientes, rechazáis a los que no os interesan y subís constantemente los precios. Pasasteis rápidamente de no saber nada del sector de las bodas a convertiros en una de las empresas de DJ más solicitadas del estado.

»Buen trabajo, Matt».

Conoce tu historia

La gratitud es algo bueno, pero conocer tu historia, contar tu historia y escuchar tu historia es igual de importante en esos días en que las cosas parecen difíciles o desastrosas o imposibles. Como seres humanos, a menudo escalamos enormes montañas de luchas y conflictos, y llegamos a la cima, pero nunca nos molestamos en mirar atrás y admirar el camino que dejamos atrás.

Podemos inspirarnos recordando lo lejos que hemos llegado, lo mucho que hemos logrado y lo improbable que parecía realizar nuestro viaje. Podemos inspirarnos contando las historias de nuestras luchas y nuestros éxitos.

Para algunos de nosotros, esto puede ser más motivador que para otros. Cuando la duda y la incertidumbre se cuelan en mi mente, puedo remontarme inmediatamente a mis días más oscuros, sin hogar, acusado de un delito que no cometí, víctima de un robo a mano armada que me dejaría durante décadas sepultado bajo el peso del trastorno de estrés postraumático.

Recuerdo claramente el día en que pensé que, para sobrevivir al invierno, tendría que trasladarme al sur. Sin hogar y sin esperanza, razoné que mi única posibilidad de sobrevivir a un gélido invierno en la calle era irme de Nueva Inglaterra y buscar el calor del sol de Florida.

Cuando recuerdo aquellos días y me cuento la historia de mi ascenso desde los pozos de la desesperación, ya nada me parece tan difícil. Cualquier obstáculo o crítica que haya fracturado mi confianza se desvanece si me tomo un instante y repaso lo que ya he superado para hacer realidad mis sueños, para llegar hasta aquí.

Hago lo mismo los días en que me levanto de la cama deseando no tener que ir a la escuela a dar clase. En esas mañanas difíciles, me cuento a mí mismo la historia —en voz alta, si es posible— de una época de mi vida en la que lo único que quería hacer era enseñar, pero incluso ese modesto sueño parecía inalcanzable. La idea de que yo, que me enfrentaba a una acusación de delito grave y a una pena de prisión, pudiera ponerme algún día delante de unos niños y enseñarles a leer y escribir me parecía ridícula e imposible.

De repente, la perspectiva de ponerme unos pantalones e ir a trabajar no me parece tan desalentadora. Es un regalo. En realidad, es un sueño hecho realidad.

Cuenta tu historia

Como creadores, a menudo nos enfrentamos a un largo camino. Nos esperan días difíciles. Incluso hoy, después de haber hecho realidad mis sueños de enseñar y escribir, esos días complicados siguen interponiéndose en mi camino. Es la simple verdad del creador: solo somos tan buenos como nuestra próxima obra. He publicado siete libros —más de los que jamás soñé—, pero ninguno de ellos parece importar ya demasiado. Si este fracasa, soy un fracasado.

En esos días, necesito escuchar mi historia. Necesito echar la vista atrás a la montaña que he ascendido y recordarme a mí mismo todo lo que ya he conseguido, independientemente del éxito que tenga este libro.

El padre de un alumno puede expresar su decepción por una decisión que tomé en clase y, de repente, los últimos veintitrés años de una carrera docente exitosa y galardonada se van por el retrete. Casi al instante me siento un fraude. Un profesor farsante, hecho de humo y espejos más que de habilidad y sustancia. Mis años de excelentes evaluaciones de rendimiento se quedan en nada. Mi reconocimiento como Profesor del Año es de repente irrelevante. La boda que oficié para mi antiguo alumno de repente parece un honor menor. Todos los alumnos y padres que se han dirigido a mí a lo largo de los años para agradecerme mi trabajo me parecen insignificantes ante la crítica mordaz de un padre.

Es en ese momento cuando debo detenerme y contar mi historia.

Tal vez empiece esa historia en mi primer día en una clase de educación primaria en la Universidad de Saint Joseph —que en aquella época era solo para mujeres y a la que había conseguido asistir aprovechando una laguna en los reglamentos de un consorcio de universidades—, encantado de estar aprendiendo sobre las teorías de Piaget y Harold Bloom y soñando con tener algún día una clase propia.

Tal vez empiece esa historia durante mi entrevista de trabajo con Plato Karafelis, cuando me preguntaba si conseguiría el trabajo de mis sueños en lo que parecía ser la escuela de mis sueños.

Pero a lo mejor simplemente me cuento la historia de un reciente mensaje de texto, enviado por el padre de dos alumnos, Max y Molly, que pasaron por mi clase hace mucho tiempo.

El mensaje decía: «Max ha jugado ésta noche al ajedrez contra el novio de Molly, y le ha dicho: "Vaya, qué bien se te da el ajedrez". Max me he dicho: "Me enseñó el señor Dicks". #amoalprofe»

Las historias no tienen por qué ser enormes o estremecedoras para recordarnos lo lejos que hemos llegado y lo mucho que hemos conseguido. Leo el mensaje de texto, me cuento la historia de aquellos días de Max y Molly, añado la vez que Max volcó su kayak y tuve que salvarlo, y añado el patinete Razor que Max me regaló el último día de colegio (el que Charlie monta hoy en día), y de repente me siento inundado de buenos sentimientos.

Cuéntales estas historias a tus hijos, como hago yo, y te sentirás aún mejor.

Como *storyteller* profesional, cuento historias sobre mi vida todo el tiempo —a menudo a cientos de personas a la vez— y estoy convencido de que todas esas historias han influido en mi espíritu considerablemente. Cuando te tomas el tiempo de encontrar y contar las historias de tus esfuerzos y tus éxitos, te sientes mejor contigo mismo, con tu pasado y con tus perspectivas de futuro. Creo que esta es una parte esencial de la vida de toda persona creativa.

Pero también creo que el público más importante que tenemos somos nosotros mismos. Tanto si somos un mimo profesional como un jardinero de montaña o un ermitaño entusiasta que no piensa hablar nunca con otros seres humanos, las historias que nos contamos sobre nosotros mismos pueden marcar la diferencia.

Elige las historias adecuadas. Encuentra las historias —importantes y banales— de cómo superaste adversidades, derribaste obstáculos o mataste a tus proverbiales dragones, y cuéntatelas a ti mismo. Lee *Storyworthy* para aprender a encontrarlas y contarlas bien.

Como mínimo, infórmate sobre el proceso que he llamado «Deberes para toda la vida», que puedes encontrar en el libro o en mi charla TEDx sobre el tema. Nada será más importante a la hora de encontrar y contar tu historia.

Este es el secreto: debes ver la historia de tu vida como un viaje —una aventura— digno de invertir tu tiempo, emocionante y en continuo movimiento hacia delante. En lugar de mirarla a través de la pequeña lente del momento inmediato o de un futuro ominoso, debes ampliar tu visión a todo lo que vino antes. Acredita tus logros. Considera estos días que vives como escenas de una historia mayor que puedes contarte a ti mismo.

Y cuenta esas historias en voz alta siempre que sea posible. Nárratelas siempre que puedas. Esto también es impor-

CONOCE TU HISTORIA. CUENTA TU HISTORIA. ESCUCHA TU HISTORIA.

tante. Hablar con uno mismo en positivo —cuando se habla en voz alta— puede convertir los sentimientos de duda y desesperación en algo mucho más productivo. En muchos sentidos, nuestro yo consciente y nuestro cerebro inconsciente son dos entidades totalmente separadas, sin ningún contacto entre ellas, pero que se esfuerzan constantemente por estar más conectadas. Nuestro cerebro inconsciente, por tanto, está prestando atención a lo que vemos y hacemos en todo momento, responde en consecuencia y presta atención, aunque en realidad no creamos en lo que decimos.

Parece una locura, pero es absolutamente cierto.

En esencia, podemos alterar nuestro estado de ánimo simplemente fingiendo que es distinto del que realmente es. Por ejemplo, la investigación ha demostrado que cuando entrecerramos los ojos con una luz excepcionalmente brillante —como la luz brillante de un día de invierno—, nuestro cerebro suele interpretar ese entrecerrado persistente como tristeza o enfado.[1] Así que, aunque estemos llenos de alegría, nuestro cerebro piensa que estamos tristes o enfadados y nos hará sentir eso también.

Pareces triste por fuera, así que tu cerebro te pone triste por dentro.

Lo mismo ocurre con tu forma de caminar. Tu cerebro interpreta un paso lento como tristeza o letargo, e interpreta un paso rápido como felicidad y laboriosidad. Por tanto, adoptar un ritmo persistentemente más rápido al andar te hará sentir más feliz y productivo.

Escucha tu historia

Es aún más importante recordar que tu cerebro siempre está escuchando. Oye las palabras que dices —haya o no verdad detrás— y alterará tu estado de ánimo en función de lo que escuche. Si te describes continuamente como un fracasado, una decepción o un impostor —aunque no lo creas realmente—, tu cerebro lo creerá, y estará alerta ante cualquier cosa que confirme lo que dices. Para contrarrestar esta espiral, es imperativo que las personas que intentan crear se hablen a sí mismas de forma positiva la mayor cantidad posible de veces.

Los monstruos te dirán lo malo que eres. Los críticos se esconden detrás de cada esquina. Los detractores no son difíciles de encontrar. Como te ofrecerán mucha negatividad, debes emplear tu tiempo en recordarte lo bien que lo estás haciendo.

Esta autoconversación positiva puede adoptar la forma de sencillas afirmaciones positivas. «Buen trabajo, Matt» es algo que la gente me oye decirme a mí mismo todo el tiempo, porque creo en darme crédito por hacerlo bien.

¿Has vaciado el lavavajillas en un tiempo casi récord? «Buen trabajo, Matt».

¿Has sobrevivido a una reunión sin poner demasiadas objeciones? «Buen trabajo, Matt».

¿Has pasado quince minutos acariciando al gato? «Buen trabajo, Matt».

¿Has ayudado a Charlie con los deberes? «Buen trabajo, Matt».

¿Has terminado un capítulo de este libro? «Buen trabajo, Matt».

Nuestro cerebro nos escucha en busca de pistas sobre quiénes somos, cómo nos sentimos y cómo nos va. Si nos hablamos con amabilidad y generosidad —en voz alta—, nuestro cerebro lo oirá y responderá en consecuencia.

Por si no fuera suficiente locura, he aquí algo incluso más loco: conocer esta verdad potencia aún más el efecto.

Por ejemplo, se ha demostrado que pasar tiempo en la naturaleza es extremadamente bueno para la mente. Simplemente tumbarse bajo un árbol y mirar a las ramas durante quince minutos puede alterar nuestra química cerebral positivamente. Pero el hecho de saber que mirar fijamente a un árbol te hará sentir mejor, hará que te sientas todavía mejor que si no lo supieras. Y saber que estás haciendo algo bueno para ti aumenta el bien que te estás haciendo a ti mismo, así que debemos hablar bien de nosotros mismos de forma consciente y decidida siempre que sea posible.

Sé amable con tu cerebro para que tu cerebro sea amable contigo.

Los mantras personales también funcionan. Tengo una colección de mantras que pronuncio en voz alta constantemente y que me digo en silencio aún más a menudo. El más frecuente es el que me dijo uno de mis profesores cuando iba a la escuela secundaria: «Una actitud mental positiva es la clave del éxito».

Ojalá pudiera recordar quién lo dijo, porque me ha acompañado desde entonces, y es cierto: una actitud positiva puede ser de verdad la clave del éxito. Ha sido uno de los rasgos que han definido mi vida.

Mi antiguo director solía referirse a mí, sarcásticamente, como el señor Sol. Hace poco, un compañero se enfadó conmigo por responder siempre a la pregunta «¿Cómo estás?» con un entusiasta «¡Genial!». Jeni Bonaldo me ha acusado de tener una positividad tóxica.

Pero ¿sabes qué? Una actitud mental positiva es la clave del éxito. Me lo he dicho a mí mismo —en voz alta y en mi cabeza— miles de veces en las últimas cuatro décadas. Más de una vez al día. ¿Te sorprende que me lo crea? Mi cerebro ha escuchado estas nueve palabras sin cesar.

Otros mantras que pronuncio a menudo son:

«Es un pueblo lleno de perdedores, y yo salgo de aquí para ganar». — «Thunder Road», Bruce Springsteen

«Lo que un hombre puede hacer, lo puede hacer otro». — *The Edge*, 1997

«Quien evita las quejas invita a la felicidad». — Abū Bakr (No recordaba de dónde procedía, así que tuve que buscarla. Resulta que se atribuye al suegro del profeta islámico Mahoma, que fue el primer califa del islam. No recuerdo dónde leí o me dijeron este mantra, pero lo tengo en la cabeza desde la universidad, y siempre me ha gustado mucho. Los quejicas son lo peor, así que me viene a la cabeza siempre que me encuentro a punto de quejarme).

«Cuando dijeron "Siéntate", me levanté». — «Growin' Up», Bruce Springsteen

«Rabia contra la agonía de la luz». — «No entres dócil en esa dulce noche», Dylan Thomas (tengo memorizado el poema entero, gracias a Hugh Ogden, y me lo recito a menudo, pero este es el verso que vuelve a mí cuando siento que mi esfuerzo flaquea).

«Lo difícil y lo correcto suelen ser lo mismo». — Yo, en palabras puestas en boca de Budo, protagonista de *Memorias de un amigo imaginario*.

«Enséñales». — Steve Brouse, amigo y compañero de trabajo, dijo esto a una profesora que se quejaba cuando sus alumnos no sabían ya algo.

Todos estos mantras personales encajan perfectamente en el relato que me cuento constantemente a mí mismo y a los demás. Ya sea la historia de mi primera aparición como escritor (cuando la primera pregunta que me hicieron fue: «¿Qué papel desempeñan tus exnovias en tu ficción?»), o la historia de la noche en que me senté en primera fila en el Playhouse on Park junto a mi socio creativo Andy Mayo y observé a actores profesionales decir y cantar frases que yo había escrito, o la historia de mi propuesta de matrimonio a Elysha, o del nacimiento de mis hijos, o incluso la llamada telefónica con la *storyteller* Erin Barker que finalmente dio lugar a este libro, me recuerdo constante e incesantemente los grandes momentos de mi vida a través de historias. Estas palabras son el combustible que aviva mi fuego. El recordatorio de que ya he ascendido a grandes círculos. De que ya he hecho lo imposible.

Una vez vencí a Tom Reed Swale en un partido de golf.

Escribí una novela de éxito internacional.

Mi hija le dijo a su profesor de inglés de primero de secundaria (pero no a mí) que yo era una inspiración para ella.

Hice reír a Samantha Bee.

Oficié la boda de mi exnovia, la boda del exnovio de Elysha y la segunda boda del exmarido de mi exmujer.

Convencí a una docena de rabinos desencantados del poder de la narrativa llenándolos de *whisky* y sentándolos alrededor de una hoguera.

Salté con pértiga cuatro metros en los campeonatos del distrito.

Convencí a Elysha Green no solo para que saliera conmigo, sino para que se casara conmigo.

Los dragones son más fáciles de matar cuando ya has matado a uno antes. Todavía más fácil es cuando recuerdas haberlos matado antes. Cuando la historia de la batalla y de tu victoria final están vivas en tu corazón y en tu mente, la siguiente batalla ya no parece tan difícil.

«Si hice aquello, puedo hacerlo».

Por eso contamos nuestra historia. A nosotros mismos, por supuesto, y tal vez al mundo.

Parte 4

VIVIR LA VIDA QUE QUIERES

«Le dije al universo (y a cualquiera que quisiera escucharme) que me comprometía a vivir una vida creativa no para salvar el mundo, no como un acto de protesta, no para hacerme famosa, no para entrar en el canon, no para desafiar el sistema, no para darle una lección a los bastardos, no para demostrar a mi familia que era digna, no como una forma de catarsis emocional terapéutica profunda… sino, simplemente, porque me gustaba».
ELIZABETH GILBERT

18   La creatividad no soporta el preciosismo

«No te pongas estupendo, solo ponte a bailar».
PINK

Estoy sentado bajo un pequeño arbolito sin hojas en una mediana de hormigón en medio de un aparcamiento de West Hartford, en Connecticut. Tengo el ordenador sobre las rodillas y estoy tecleando cuando alguien me llama por mi nombre. Levanto la vista y veo que la madre de un antiguo alumno se acerca. Empuja un carrito de la compra y me saluda con la mano.

—¿Estás bien? —me pregunta.

—Estoy bien —le digo—. Estoy escribiendo.

—¿En el aparcamiento de Whole Foods? ¿En el suelo?

Sacudo la cabeza y señalo el edificio que hay detrás de mí.

—No. He llegado pronto a mi cita con el dentista. Así que he pensado que podría escribir un poco.

—¿Aquí? —me dice—. ¿En la mediana?

—No quería quedarme dentro del coche —le digo—. Hace un día demasiado bueno. Y la sala de espera es aún peor. Todas esas sillas. ¿Por qué tantas sillas?

Ella sacude la cabeza y se ríe.

—Nunca te imaginé escribiendo tus libros en medio de un aparcamiento.

Ese «imaginé» es por lo que recuerdo ese momento con tanta claridad. Es el problema al que se enfrenta mucha gente

291

que intenta crear cosas y hacer realidad sus sueños: imaginan un proceso creativo idealizado, poco realista, cinematográfico e ineficaz.

Si quieres hacer realidad tus sueños, una mediana de hormigón con un arbolito sediento y sin hojas es un lugar perfecto para escribir unas páginas antes de que te hagan una limpieza bucal. Cualquier lugar que contenga una cantidad razonable de oxígeno y esté bajo el efecto de la gravedad terrestre funciona bien. Es cierto que una mediana de hormigón no es lo ideal, pero la gente que espera a tener la circunstancia ideal para crear suele morir antes de hacer realidad sus sueños.

Un autor me habló una vez de un retiro para escritores en el norte del estado de Nueva York, donde cada escritor dispone de una pequeña cabaña bien equipada en un claro del bosque para trabajar. El desayuno y la comida se dejan en cestas de pícnic a la puerta de la cabaña y, por la noche, los escritores se reúnen para tomar un cóctel, disfrutar de una cena *gourmet,* de una conversación apasionante y de una hoguera nocturna. Al parecer, también de mucho sexo.

Suena idílico. También un poco tonto. Un poco exagerado para mi gusto.

No me malinterpretes: si me regalas una semana en ese retiro para escritores, te la aceptaré con mucho gusto. Me encantaría pasar unos días en el bosque con todo pagado, pero sospecho que podría trabajar mucho más si me ahorrara el viaje de cuatro horas de ida y otras cuatro de vuelta al norte del estado de Nueva York y simplemente me sentara a trabajar en la mediana de un aparcamiento.

Si sientes que quieres hacer cosas tan desesperadamente como yo, no necesitas cestas de pícnic llenas de manjares calientes, escenarios idílicos en la cima de una montaña ni hogueras alimentadas con *whisky*. Escribí la mayor parte de este libro en el extremo de la mesa del comedor, frente al portátil de mi mujer, rodeado de ropa doblada, pequeñas pilas de libros y gatos dormidos.

También lo escribí en otros lugares como el escritorio de mi clase, una mesa en mi terraza, un vuelo de ida y vuelta a San Francisco, una escala de catorce horas en el aeropuerto de Detroit, varias mesas de pícnic envejecidas junto a campos de Ligas Menores y un pabellón cerca del lago Dunning, donde mi familia y yo pasamos gran parte del verano.

Otra autora que conozco escapa de las interrupciones de su marido, sus hijos y sus perros reservando una habitación en un Holiday Inn Express a menos de un kilómetro de su casa durante el fin de semana. Pide servicio de habitaciones y escribe hasta que está agotada, luego se desploma en la cama y duerme. Cuando se despierta, pide el desayuno y vuelve a escribir. No hay cestas de pícnic. Nada de bosques. Ni hogueras rugientes. Solo una habitación barata y limpia y un par de días de paz y tranquilidad.

Esto me parece mucho más sensato.

No todo tiene que ser algo

Hace poco, mi amiga Rachel me habló del placer de beber un vaso de *bourbon* en la ducha. Se trata, por supuesto, de una idea ridícula.

No ridícula en sí. Aunque en realidad ya no bebo (y ya sabes lo que opino de ducharme), entiendo perfectamente el deseo de combinar dos pasiones en un esfuerzo por mejorar una experiencia ya de por sí agradable. De este modo, es muy comprensible el placer de una copa de *bourbon* acompañada de una ducha. Algo así como ver mi película favorita mientras me ejercito en la bicicleta estática o devorar pollo envuelto en beicon sobre el portón trasero de una camioneta antes de ir al estadio a ver cómo los Patriots le dan una paliza a los Jets.

Como concepto, el *bourbon* en la ducha está bien. No es lo mío, pero probablemente le guste a cierto tipo de personas. Pero es indicativo de algo que parece estar ganando terreno en la sociedad y contra lo que me gustaría posicionarme: hacer algo de todo.

Ocurre en todas partes, y debe acabar.

¿Recuerdas cuando el guacamole se preparaba en la cocina del restaurante y lo llevaba a tu mesa un camarero, en lugar de que un miembro del personal de cocina lo hiciera junto a la mesa, con lo que interrumpe momentáneamente tu conversación para que veas a alguien hacer su trabajo en un acto que, en última instancia, carece de sentido y es un poco incómodo?

¿Recuerdas cuando en los banquetes de boda no hacía falta una bebida con el nombre de los novios?

¿Recuerdas cuando el fútbol se jugaba en campos dentro de los límites de tu ciudad y todavía no se habían inventado términos como «fútbol de viajes» y «torneos de fin de semana»? ¿Recuerdas cuando no se gastaban cientos de dólares en habitaciones de hotel para que los niños pudieran correr por un campo de hierba idéntico al de la calle en la que está su casa?

No todas las cosas tienen que ser importantes. Se está haciendo ridículo.

Como fabricante de cosas, no tienes tiempo para abrazar la ornamentación, la ostentosidad, la complejidad innecesaria y el derroche sin propósito. Si intentas hacer algo, puede que un vaso de *bourbon* en la ducha no sea la mejor forma de emplear tu tiempo. Dúchate, vístete y luego, si quieres un vaso de *bourbon*, tómate uno. No conviertas el acto de lavarte el cuerpo en algo más de lo que es.

Entra. Sal. Vístete.

Alégrate de poder ducharte. Más de la mitad de la población mundial sigue sin tener acceso a agua caliente para hacerlo a diario. Una ducha ya es una cosa sin añadirle nada. Es algo asombroso. No necesitas agregar *bourbon* a la mezcla para hacerla más preciada de lo que ya es.

Preparar guacamole en la mesa de los comensales es absurdo. Nos entusiasma ver cómo se machacan los aguacates ante nuestros ojos porque pensamos que denota un nivel excepcional de frescura y ofrece un toque artesanal. Pero no es así.

Tener el guacamole preparado en la cocina un minuto antes consigue lo mismo, pero no interrumpe la conversación con un espectáculo absurdo, artificial y, en última instancia, sin sentido durante la cena.

Las bebidas personalizadas en las bodas son creadas por proveedores y camareros que saben que los invitados las consumirán en grandes cantidades, lo que les permite gestionar su inventario de forma eficaz para maximizar los beneficios. Los novios abrazan el concepto de estas bebidas personalizadas —a veces se pasan horas decidiendo el nombre de cada una— porque, al parecer, creen que no van a recibir suficiente atención el día de su boda. Las bebidas personalizadas se han convertido en algo tan popular que ahora hay revistas y webs dedicadas al reto de «perfeccionar el arte de poner nombre a tu bebida personalizada».

Por lo visto, ahora es un arte. No solo es un arte, sino que al parecer se puede llegar a la perfección, a pesar de que una semana después de la boda ninguno de los asistentes podría decirte el nombre de la bebida insignia de los novios.

¿Y un año más tarde? Ni siquiera los novios recuerdan su bebida personalizada.

Del mismo modo, y tal vez incluso peor, la gente ha llegado a adorar el *latte art* que los baristas diseñan en la espuma de su café con leche, porque si algo en este mundo se ha convertido en una cosa más que ninguna otra, es el café. Beber una taza de café ya no es un medio para saciar la sed, calentarse en un día frío, inyectar cafeína en el torrente sanguíneo o incluso saborear algo que sabe bien. Se ha convertido en un ritual. La cultura del café ha tomado algo que antes era pequeño y sencillo y lo ha convertido en algo de enorme importancia y gran significado. Ya no es una bebida caliente y sabrosa que la gente disfruta por la mañana, sino una manera de definirse. Es una fuente constante e incesante de conversación. Es precioso y artesanal y zen, y el *latte art* refuerza estas insensatas creencias.

Hay que reconocer que nunca he probado el café. Fue una decisión consciente por mi parte después de servirlo a los clientes de McDonald's cuando era adolescente. Fui testigo de la complejidad y el nivel de esfuerzo necesarios para preparar una taza de café satisfactoria, así como de la frecuencia con que el café parece decepcionar a la gente. ¿Está a la temperatura adecuada? ¿Tiene el edulcorante correcto? ¿La cantidad correcta del edulcorante correcto? ¿Tienes leche semi? ¿Leche desnatada? ¿Leche entera? ¿Crema con sabor? ¿Crema con el sabor que quiero? ¿La cantidad correcta de crema con el sabor correcto? ¿Tienes el sabor idóneo de café? ¿El tueste perfecto? ¿Cuánto tiempo hace que se ha preparado?

No digo que tomar café sea algo malo. Sugiero que, si pasas tiempo preparando, bebiendo y hablando de una bebida que te decepciona perpetuamente, puede que tengas un problema. No todas las cosas tienen que ser algo más.

Las duchas pueden ser simplemente jabón, champú y agua.

El café puede ser simplemente una bebida.

El fútbol puede ser un deporte que los niños practican después del colegio y los sábados en el campo que hay a la vuelta de la esquina o incluso en algún otro lugar de la ciudad.

Todos somos ya suficientemente importantes. La vida es suficientemente compleja. Ya hay un gran significado en las cosas sencillas si prestas atención. No hay necesidad de otorgar a la comida o la bebida o los deportes un significado artificial, ostentoso y gradilocuente.

Las cosas ya son cosas. Míralas como tales. Acéptalas por lo que ya son.

Esto es importante para ti como creador, porque, con demasiada frecuencia, las personas que quieren llevar una vida creativa se quedan atrapadas en las apariencias de lo que puede o tendría que ser, en lugar de entrar en la dura realidad de llevar sus proyectos a cabo. Olvidan que casi todas las personas que alguna vez crearon algo grande no pasaron seis horas al día en una mesa de granja hecha de madera de abedul reusada en un Starbucks de Manhattan junto a un café con leche de almendras, calentado a sesenta y siete grados Celsius, con poca espuma.

La creación requiere bajar a la mina. Cavar hondo. Trabajar duro. Ensuciarse las manos. Si tu acto de creación es una imagen digna de Instagram, es probable que lo estés haciendo mal.

A finales de la década de los ochenta, con un ajetreado trabajo como abogado y esposa e hijos en casa, John Grisham empezó a escribir su primera novela. Todos los días, durante tres años, Grisham se levantaba a las cinco de la mañana para escribir una página de lo que acabaría convirtiéndose en la novela superventas *Tiempo de matar*. Su segunda novela, *La tapadera*, fue el gran éxito que permitió a Grisham dejar su trabajo como abogado.

El escritor Jeff Goins explica que Grisham se convirtió en novelista «robando un poco de tiempo, de treinta minutos a una hora cada día. Eso era todo. Con una familia en crecimiento y una nueva carrera, habría sido imprudente dejar la abogacía y convertirse en autor a tiempo completo. De hecho, ese ni siquiera era su objetivo; solo escribía para ver si podía lograrlo. Fue paso a paso, y tres años después tenía un libro».[1]

En un tren retrasado de Mánchester a la estación londinense de King's Cross, a J. K. Rowling se le ocurrió la idea de su saga *Harry Potter*. Durante los cinco años siguientes, esbozó las tramas de siete libros de la serie, escribiendo a mano y acumulando retazos de notas escritas en distintos papeles. Al ser madre soltera que sobrevivía gracias a los subsidios del gobierno, escribía cuando su hijo dormía, en casa y en cafés, con una máquina de escribir anticuada.

En 1976, Steve Jobs, Steve Wozniak y Ronald Wayne iniciaron un negocio en el garaje de los padres de Jobs en Cupertino, en California, al ensamblar uno de los primeros prototipos de los ordenadores personales Apple. Aunque montar un negocio en un garaje suena *sexy* hoy en día, no había nada de *sexy* en un garaje en 1976. Era simplemente la solución más barata al problema del espacio.

Warren Buffett, director general de Berkshire Hathaway y una de las personas más ricas de Estados Unidos, sigue viviendo en la misma casa de Omaha, Nebraska, que compró en 1958 por 31 500 dólares. Buffett y yo empezamos el día de forma similar: un trayecto de cinco minutos al trabajo con una parada en McDonald's para desayunar.

Buffett compraba coches usados y recortaba cupones, y cuando nació su primer hijo, convirtió un cajón de la cómoda en un espacio para que durmiera el bebé en lugar de gastar dinero en un moisés. Cuando nació el segundo, pidió prestada una cuna en vez de comprar una nueva.

Warren Buffett no cree en la ostentación, lo pretencioso o la extravagancia. Se pasa la vida construyendo su empresa, incrementando el valor para los accionistas, jugando al *bridge,* rasgando un ukelele y cantando.

Un verdadero creador. Un hacedor de cosas.

Recuerda: lo que haces debe ser sagrado. Debe ser de un refinamiento incomparable. Esto tiene sentido. Es lo que representa y el producto final de tu esfuerzo, talento y visión. Tu arte, tu negocio o tu invento merecen toda tu atención y deben tratarse como algo sumamente preciado e importante, pero el acto de hacerlo —el lugar, el momento y el proceso— no.

La forma de hacerlo debería ser ordinaria. Es el resultado lo que debería ser extraordinario.

18½ No hay lugar para lo bonito cuando se trata de productividad

Hace mucho tiempo, en algún pasado olvidado, hubo una persona (probablemente un profesor) que miró su tablón de anuncios y dijo:

—¿Sabes? Podría añadirle unos bordes a este tablón, quedaría muy mono.

Y eso es lo que hicieron. Añadieron bordes a un tablón de anuncios, probablemente recortados de cartulina o papel de regalo, y el resto es historia.

O más bien...

Hace mucho tiempo, en un pasado olvidado, un director de desarrollo de productos de una empresa que fabrica material escolar dijo:

—¡Ya lo tengo! ¡Haremos creer a los profesores que los tablones de anuncios necesitan bordes temáticos para estar completos!

Así que la empresa empezó a fabricar y vender cenefas para tablones de anuncios a profesores ingenuos que pensaban ciegamente: «¡Sí, por supuesto! ¡Necesito una serie de pequeños lápices o globos o imágenes del sistema solar enmarcando los bordes de este tablón de anuncios, maldita sea!».

El resultado, tristemente, es la extraña y omnipresente creencia de que los tablones de anuncios requieren bordes. En la escuela, por supuesto.

En el mundo real, los tablones de anuncios ya tienen bordes. Estos bordes se llaman bordes del tablón de anuncios. En el mundo real, a nadie le molesta la falta de un marco temático en un tablón de anuncios. Nadie busca que lo que muestra la información sea cautivador o fascinante. Se supone que lo importante es lo que hay en él, no las cosas que lo rodean.

Hace poco añadí un mapamundi a un tablón perpetuamente vacío de mi clase. El mapa sirve para algo. Lo utilizamos para seguir los lugares destacados en un programa diario de noticias. Ponemos chinchetas en las distintas localizaciones y luego hablamos de ellas en detalle.

Lecciones rápidas y contextualizadas sobre geografía e historia geopolítica.

Más de un colega se ha fijado en mi mapamundi y me ha sugerido que añada algunos bordes alrededor del tablón de anuncios para completarlo. En cada ocasión he señalado que ya está completo. Contiene información relevante que utilizamos casi todos los días. Más de lo que podría decir de muchos de sus tablones. Mis compañeros no están de acuerdo conmigo. Pero, lo que es más importante, mis alumnos sí. Les pregunté si necesitaba añadirle bordes. A pesar de lo desagradables que les gusta ser, ni uno solo de ellos pensó que hicieran falta bordes. Muchos se rieron de la idea.

Así que quizá haya esperanza para el futuro.

Y no me hagas hablar de la inexplicable necesidad de cubrir los tablones con telas o grandes hojas de papel de colores. Mis alumnos están de acuerdo en que el corcho que rodea nuestro mapamundi también está la mar de bien.

La lección es simple: no hagas nunca algo que te robe tiempo y esfuerzo solo porque los demás lo estén haciendo. Tampoco hagas nunca algo que te robe tiempo y esfuerzo si no produce ningún resultado significativo.

La ausencia de adornos artísticos preenvasados en mis tablones de anuncios no afecta en modo alguno a la capacidad de aprendizaje de mis alumnos. Así que, ¿por qué perder el tiempo en eso cuando podría emplearlo en hacer algo que marcara a uno de ellos?

19 Convierte algo en algo

«La inspiración no se obtiene de las letanías de lo que pueda ocurrirnos; reside en la voluntad de la humanidad de restaurar, reparar, reformar, reconstruir, recuperar, reimaginar y reconsiderar».

PAUL HAWKEN

Estoy de pie en el escenario de un club de comedia de Grand Haven, en Míchigan. Mi actuación, que debía durar diez minutos, ha durado ocho. Podría dejar de hablar y salir del escenario. No estoy obligado por contrato a completar los diez minutos, y hasta ahora lo he hecho de maravilla.

¿Por qué tentar a la suerte?

Pero es en esos momentos de incertidumbre e improvisación cuando parece que trabajo mejor. A menudo me río más cuando hablo improvisando sobre algo que se me acaba de ocurrir. En ese momento de incertidumbre, empiezo a hablar de mi padre. No estoy seguro de por qué un hombre al que realmente no conozco —un hombre que aparentemente quiere tener poco que ver conmigo— me parece material para hacer comedia, pero lo es, y funciona. Cuento algo rápido sobre cómo de joven intenté impresionar a mi padre viviendo el peligro.

La mayor carcajada llega cuando le cuento al público que una de las formas en que mis hermanos y yo nos ganábamos la aprobación de nuestro padre era jugando (y ganando) a «¿Quién puede estar más tiempo en la secadora?». Soportar un

301

revolcón cálido, oscuro y lleno de moratones era el secreto para conseguir su amor.

Tres meses después, amplío ese fragmento de sesenta segundos a una historia de seis minutos que interpreto en un campeonato GrandSLAM de The Moth en Nueva York. Más tarde, ese mismo mes, escribo sobre esa misma historia —ampliándola todavía más— para una entrada del blog. Dos meses después, la amplío de nuevo y la utilizo como base para una columna de humor en la revista *Seasons*.

Seis meses después, The Moth me pide que la expanda aún más para uno de sus grandes espectáculos del Mainstage, su evento principal, donde me encuentro actuando para un público de más de mil personas en el teatro Wilbur de Boston.

Seth Meyers sube al escenario una hora después de nuestro espectáculo. Nosotros agotamos las entradas. Él no.

La grabación de aquella actuación en el Wilbur se emite más tarde en el *podcast* y la *Hora de Radio* de The Moth para una audiencia de millones de personas. Dos años después, Double Take Comics me pide que escriba argumentos para su nueva serie de cómics *La noche de los muertos vivientes*. Tomo esa misma historia y se la paso a un personaje del cómic justo antes de que se enfrente por primera vez a una horda de zombis. Aproximadamente un año después, utilizo una versión de la historia como argumento en mi última novela.

La historia aparece finalmente en nuestro *podcast Speak Up Storytelling*. La grabación en vídeo de mi actuación en el Wilbur se publica en mi canal de YouTube. Es una historia que cuento a menudo cuando hablo con estudiantes de secundaria. Es un ejemplo que utilizo en mi libro *Storyworthy*.

Algún día espero contársela a mi padre para salvar el inexplicable abismo que nos separa.

Empezó siendo solo un chiste —de no más de sesenta segundos— improvisado en un escenario de Míchigan un martes por la noche, pero el kilometraje que he obtenido de ese contenido ha sido increíble.

Maximiza el kilometraje del contenido creativo

Como personas creativas, debemos ser coleccionistas, conservadores y, siempre que sea posible, transformadores y expansores de nuestras ideas y contenidos. Tenemos que ser sumamente flexibles en cuanto a cómo vemos el camino de nuestra vida creativa y las cosas que hacemos. Cuando aprendemos a desligar nuestras ideas de sus concepciones originales y permitimos que entren en contacto con el mundo, podemos encontrar formas de transformarlas en algo nuevo, y los resultados pueden ser extraordinarios.

El público puede crecer. Los beneficios pueden aumentar. La creatividad puede florecer.

Las personas creativas y emprendedoras de éxito convierten el hoy en el forraje creativo del mañana. A menudo esto significa expandirnos más allá de nuestra imagen inicial de lo que podríamos ser y de cómo tendría que ser nuestro contenido. En lugar de encerrarnos en una única visión, debemos estar dispuestos a transformar nuestras ideas en otras formas para que lleguen al mayor número posible de personas y maximizar de ese modo su potencial, y también el de nuestro duro trabajo, tanto como sea posible.

Para mí, esto ha significado coger ideas para novelas que no gustaron a mi agente y editor y convertirlas en guiones, musicales o libros ilustrados.

Ha significado tomar la idea de una novela y fusionarla con otra pensada para una novela diferente, añadiendo al mismo tiempo una historia personal a la combinación para crear mi próximo libro.

Ha significado tomar una colección de relatos orales de mi infancia y combinarlos en el cuerpo de mi primera novela juvenil.

Ha significado tomar los poemas que escribí en la clase de poesía avanzada de Hugh Ogden y convertirlos en historias que cuento sobre el escenario.

303

Ha significado escribir guiones basados en mi obra publicada y en relatos cortos inéditos.

Ha significado tomar historias contadas en escenarios de todo el mundo y utilizarlas como piezas centrales de discursos de apertura, de graduación, inspiradores y charlas TEDx.

Ha significado tomar el trabajo que he hecho en campañas de *marketing* y publicidad y transformar esas experiencias en lecciones para mis clientes del mañana.

Ha significado ampliar mi identidad más allá de novelista para convertirme en columnista, guionista, dramaturgo, escritor de cómics, narrador, cómico, consultor, escritor de discursos, *coach* de oradores, conferenciante público, emprendedor y propietario de un negocio.

Como hacedores de cosas, debemos considerarlas no solo como algo acabado, sino como la inspiración o las semillas de lo que vendrá después. El contenido —ya sean historias, esculturas, grafitis, disfraces, edredones, chistes, calcetines novedosos, arte con globos, fuegos artificiales, murales, canciones— es nuestro bien más preciado y valioso. Crear desde la nada es milagroso. Siempre que sea posible, debemos encontrar formas de reimaginar, reconsiderar, reconstruir o reutilizar ese milagro para que sirva a nuestras necesidades creativas una y otra vez.

Mi mujer horneó una jalá trenzada hace un par de años. En realidad, horneó tres jalás trenzadas porque era el principio de la pandemia y por fin habían llegado sus quince kilos de harina. Tomó ingredientes inertes y los transformó en algo que era totalmente distinto de los ingredientes que lo componían. Y estaba delicioso. Un milagro.

Los niños y yo nos comimos dos de los panes porque nos encanta su jalá, pero uno solo puede comerse una cantidad limitada de pan en un periodo de cuarenta y ocho horas, incluso en plena pandemia. También había magdalenas, pasteles y *bagels* para comer. Mi mujer hornea para quitarse el estrés.

Así que con la última barra de pan —la que no habíamos comido lo bastante rápido para su gusto— Elysha hizo torrijas. Budín de pan. Picatostes. Sopa de cebolla. Albóndigas.

Tomó lo que había hecho y lo reimaginó como otras cosas. No permitió que su visión inicial le impidiera hacer algo nuevo.

Para el artista, esto podría significar fotografiar un cuadro original para Instagram. Ofrecer la imagen como NFT. Crear copias del original para su venta. Dependiendo de la especificidad de la imagen, tal vez utilizarla en la creación de un meme, un póster o la ilustración de una taza. Tal vez el artista convierta la imagen en un puzle o colabore con un poeta para unir palabras a esa imagen.

Para quien crea documentales, esto podría significar publicar en Internet segmentos más cortos y autónomos de la película para promocionarla y compartir el contenido en piezas más breves y manejables. Tal vez signifique escribir un artículo para una revista basado en el contenido del documental o desarrollar planes de clases que acompañen a la película para promover su uso en las escuelas públicas o en la enseñanza superior.

Para el panadero, esto podría significar escribir un libro de cocina que incluya algunas de sus recetas más originales. Podría significar asociarse con una charcutería para proporcionar el pan para los bocadillos, impartir clases de panadería o convertir el pan no vendido en tostadas francesas. Budín de pan. Picatostes. Sopa de cebolla francesa. Albóndigas.

La imagen del artista hambriento es tan conocida porque es real. Los creadores suelen pasar hambre durante mucho tiempo. No es fácil crear algo nuevo y luego convencer a otros seres humanos de que lo apoyen.

Necesitamos todas las ventajas que podamos conseguir. Necesitamos aprovechar cada oportunidad que se nos presente. Tenemos que considerar lo que nos hace especiales —lo que creamos— como un recurso enormemente preciado que puede y debe explotarse siempre que sea posible.

El arte solo es inerte cuando pensamos en él como tal.

Un chiste es solo un chiste cuando dejamos de buscar su siguiente iteración.

La harina es solo harina cuando no vemos más allá.

La jalá trenzada solo es jalá trenzada si no pensamos en las muchas cosas en las que puede convertirse.

Tu trabajo como creador —como hacedor de cosas— es hacer tu cosa, pero luego poner esa cosa en una estantería imaginaria de tu cerebro. No en una estantería de una despensa polvorienta en el fondo de tu cerebro, sino expuesta en un lugar destacado e importante. Guárdala en un lugar de tu mente (o, si es pequeña y tangible, ponla incluso en una estantería real de tu casa) donde te la encuentres a menudo. En lugar de olvidarte de ella y pasar a lo siguiente, imagínatela como una pequeña joya resplandeciente que busca convertirse en algo nuevo y diferente y quizá incluso mejor.

Crear algo es difícil. El paso de la inexistencia a la existencia requiere un acto de intensa voluntad y extraordinaria energía. Es un logro de proporciones épicas.

No es una exageración.

Antes no había libro, pero ahora sí. Con páginas y cubierta y todo.

Antes no había negocio, pero ahora hay uno. Y productos y clientes y puede que incluso una tienda abierta al público.

Antes no había una colcha, pero ahora hay una. Un medio cálido y suave de hacer que un sofá luzca bonito y de conservar algunos recuerdos en el proceso.

Cada uno de estos ejemplos es un giro asombroso de los acontecimientos.

Si luego puedes convertirlo en otra cosa, o permitir que se convierta en la inspiración de otra cosa, entonces aún mejor. Te mereces sacar el máximo kilometraje posible de tus «algos». Ese kilometraje solo llegará si tienes conciencia del camino que te queda por recorrer y estás atento a él.

20   No seas un gilipollas

«Sé una buena persona, es más fácil que fingir serlo».
Nitin Namdeo

Hace años, una mujer me entregó los tres primeros capítulos de su manuscrito mientras le firmaba un libro durante una de mis apariciones como autor. Luego me pidió —de forma quizá un poco demasiado insistente— que leyera las primeras cincuenta páginas y le dijera lo que pensaba. Acepté.

Hoy me sentiría menos inclinado a aceptar sin más un manuscrito no solicitado, pero me admiró su arrojo. Le dije que tardaría un poco en leerlo, ya que estaba terminando mi propio libro, pero que le enviaría un correo electrónico con mi opinión.

Dos meses más tarde, un domingo de octubre por la tarde, los Patriots estaban machacando a su rival en un partido muy desigual, así que a mitad del último cuarto bajé el volumen del televisor y empecé a leerlo.

Me gustó de inmediato. El concepto era original y brillante, la redacción escueta pero profunda y, lo mejor de todo, divertido. Absolutamente desternillante. Tomé algunas notas en los márgenes mientras leía y planeé escribirle al día siguiente. Pensé incluso en pasarle el manuscrito a mi agente con el permiso de la escritora.

Esa misma noche, la mujer me escribió exigiéndome que destruyera su manuscrito inmediatamente. Me acusó de ser «uno más de esos autores» que dicen una cosa, pero hacen otra. Estaba enfadada, decepcionada y, lo que es peor, vengativa.

En contra del buen juicio de mi mujer, le contesté intentando parecer entusiasmado con su manuscrito. Le dije que esa misma tarde había terminado de leer sus páginas y que tenía muchos comentarios positivos sobre la historia. Básicamente, ignoré todos sus comentarios groseros, hice como si nunca los hubiera dicho e intenté dar una segunda oportunidad a esta escritora de talento.

Me contestó casi inmediatamente, acusándome de mentirle. Le contesté una tercera vez, ignorando de nuevo su grosería e intentando salvar la distancia que nos separaba. La mujer era una escritora auténticamente buena, y me sentía obligado a darle todas las oportunidades que pudiera. Me respondió con una sarta de insultos.

No me molesté en volver a contestar. Tiré el manuscrito a la basura y seguí adelante.

No ha sido la única vez que me he enfrentado a un escritor iracundo. Dos años después del desastre que acabo de describir, recibí este correo electrónico de un hombre al que no conocía de nada:

> Juego al póquer en Las Vegas, y no pasa una semana sin que alguien diga que soy el jugador de póquer más educado que han conocido. El póquer es un juego desagradable y brutal, pero eso no significa que yo tenga que ser como los demás.
>
> La mayoría de la gente confunde cortesía con debilidad.
>
> No soy escritor, y hacer esto me resulta difícil. He adjuntado mi proyecto personal sobre ganar, el póquer, la agresividad, los bucles OODA,* las mujeres, los marines, el alcohol, la soledad, la locura, el infierno, y mis opiniones sobre todo lo anterior.
>
> Al menos disfrutarás de las citas.
>
> Vuelvo a mi cueva de oscuridad.

*Del inglés «Observe, Orient, Decide, Act», es decir, Observa, Orienta, Decide y Actúa. Proceso de toma de decisiones teorizado en los años 1950 por el aviador coronel y teórico de las Fuerzas Aéreas de Estados Unidos John Boyd. *(N. del T.)*

Dos días después, la misma persona me envió este correo electrónico de seguimiento:

> Sé lo extremadamente ocupado que estás, así que siempre recordaré que te tomaste la molestia y el tiempo de responderme con un correo electrónico tan impresionante y considerado.
> OH, SE ME OLVIDABA, NI SIQUIERA TE MOLESTASTE EN RESPONDER Y DECIRME GRACIAS POR TU INTERÉS O QUE AHÍ TE PUDRAS.
> Sé que te habría llevado unos dos segundos.
> Oh, bueno, otro capullo más.
> Te ignoraré en el futuro.

Este tipo de correspondencia siempre es sorprendente, pero, por desgracia, también más habitual de lo que crees. Me pongo bastante a disposición del público, así que, como resultado, gente que está ansiosa por tener éxito a menudo se dirige a mí en pura desesperación.

Muchos de ellos son unos gilipollas. Se sienten con derecho a mi tiempo y energía. Hacen suposiciones sobre lo que merecen o a lo que tienen derecho. Se enfadan cuando no les ofrezco ayuda o consejo en el plazo que ellos consideran apropiado. Se enfurecen cuando mis respuestas no son lo bastante detalladas o específicas.

Se enfadan más cuando les digo que encontré a mi agente literario enviando cien cartas no solicitadas a cien agentes distintos de todo el país, junto con una parte de mi manuscrito, y que estaba preparando mi segunda tanda de cien cartas cuando por fin recibí una oferta de representación.

No, no «conocía a alguien».

Sí, primero tienes que escribir el libro.

Sí, realmente tienes que escribir el libro primero.

Mucha gente que se pone en contacto conmigo busca una judía mágica. Creen que tengo la contraseña secreta que les permitirá abrirse camino en la industria editorial. Me piden el nombre de mi agente, cuando su nombre se encuentra fácilmente en la sección de contacto de mi página web.

Entiendo por qué se sienten molestos y frustrados cuando arremeten contra mí. Recuerdo lo que sentí al escribir algo bueno y preguntarme si alguna vez vería la luz del día. Comprendo las emociones que hay detrás de sus palabras. Pero, desde el punto de vista estratégico, no tiene sentido que las tomen contra mí. Quemar puentes nunca es buena idea. Nunca se sabe cuándo alguien puede ser de ayuda para tu carrera. Puedes estar enfadado, indignado o rabioso, pero no es necesario que te dejes llevar por esas emociones cuando escribas a alguien cuya ayuda o falta de ayuda no satisfaga tus expectativas.

Solo te hace parecer un gilipollas. Contrasta los correos anteriores con mi correspondencia con Caleb y John que estoy a punto de compartir.

Hace unos años hablé en una biblioteca local sobre mis libros y mi escritura. Sentado en primera fila, en el centro, había un joven que quería ser escritor. Estaba al borde de su asiento, dispuesto a absorber todo lo que yo tuviera que decir. Escuchó atentamente, hizo muchas preguntas y, al final de mi charla, vino a presentarse.

Desde aquel día, Caleb me ha enviado muestras de su trabajo de vez en cuando, y cuando tenga ocasión, leeré sus páginas y le enviaré algún comentario. Es joven, pero ya muestra los signos de una prometedora carrera como escritor. Tiene talento.

Y lo que es igual de importante, es educado. Es socialmente hábil. Comprende que estoy excepcionalmente ocupado y que a veces no puedo leerlo todo. Siempre que me envía algo, incluye un pequeño escrito y lo abre con las frases «No hay problema si no puedes leerlo. Tienes una vida. Lo entiendo».

No siempre respondo a los escritos de Caleb, pero es mucho más probable que le responda a él que a otros porque es educado, empático y no es un gilipollas. La forma de decir algo puede marcar la diferencia.

Hace poco, recibí un correo electrónico de alguien que me pedía que escuchara y respondiera a una grabación de su historia. Es algo por lo que habitualmente me pagan, así que era una petición atrevida. El escritor, después de todo, me estaba pidiendo que trabajara gratis para él. El correo decía así:

Querido Matt:

Me llamo John y soy profesor de lenguas extranjeras en Italia. Soy fan tuyo, y tú, tus historias y tu libro *Storyworthy* han tenido un gran impacto en mí en muchos aspectos. Deberes para toda la vida: ¡ahora yo también tengo esa hoja de cálculo! Me pongo en contacto contigo para preguntarte si te interesaría escuchar una de mis historias en la que intento utilizar tus técnicas.

La he escrito y me he grabado contándola. Es mi forma barata de hacer un *podcast* :) Espero que notes la influencia que tuviste en mí por la forma en que cuento esta historia (centrarme en pequeños momentos cotidianos, utilizar el tiempo presente, empezar la historia cerca de tu momento de 5 segundos). Si no ves todo eso en la historia, ¡es culpa mía! :)

No busco ningún tipo de comentario detallado, Matt, pero me preguntaba si crees que voy por buen camino o no.

Ojalá tenga noticias tuyas y espero que tengas un buen día.

Muchas gracias,
John

¿Has visto lo que hizo John (le he cambiado el nombre)? No solo indicó su sincero interés por mi contenido, sino que su pregunta era muy sencilla: «¿Voy por buen camino?». John es consciente de las limitaciones de mi tiempo y me pidió que respondiera a una pregunta sencilla en lugar de hacer un llamamiento pidiendo amplios comentarios.

Era una petición presuntuosa, pero también mínima en sus detalles y sumamente educada.

¿Voy a responderle? Ya lo he hecho. ¿Cómo podría no responder a una petición tan bien formulada?

Deja que la bondad allane el camino

La vida de una persona creativa es mucho más fácil cuando la gente en el poder quiere que tengas éxito. Tienes que ser excepcionalmente bueno y afortunado para ser un gilipollas y seguir teniendo éxito. A falta de un benefactor, un fondo fiduciario o un talento increíble, deja que la amabilidad te allane el camino.

Mi agente literaria, Taryn, estaba en mi patio trasero un día hace unos años, hablando de mi trabajo y de nuestros próximos pasos, cuando me dijo:

—Escucha, lo único que quiero que recuerdes es que no debes ser gilipollas. Les gustas a tus editores. Tienes la reputación de ser una persona con la que es fácil y divertido trabajar. Eso hace que sea mucho más fácil vender tus libros.

Nunca he olvidado aquellas palabras.

Hablaba con un *storyteller* durante la pandemia, comentando todos los clientes corporativos con los que trabajo regularmente en narración, *marketing*, publicidad y comunicación. Conozco a muchos *storytellers* a los que les gustaría conseguir este tipo de trabajo, pero no pueden. Me pregunté en voz alta por qué.

Mi amigo, al que conocí por primera vez en uno de mis talleres, me respondió inmediatamente:

—Entiendes el servicio al cliente. Sabes que un poco de amabilidad y generosidad puede llegar muy lejos. Me imagino que se debe a todos esos años dirigiendo restaurantes de McDonald's. Aprendiste a tratar bien a los empleados para que trabajaran duro para ti. Sabes cómo complacer a un cliente para que se vaya con una sonrisa. No todo el mundo sabe hacerlo. Eso hace mucho con los clientes corporativos, las organizaciones sin ánimo de lucro, las universidades y la gente como yo.

En otras palabras, no soy un gilipollas.

Es cierto que ser un gilipollas puede darte algunos beneficios a corto plazo, pero los creadores deben pensar a largo plazo. Tenemos que mantener la vista no en el horizonte de hoy, sino en los miles de horizontes que hay más allá de este. Puede tratarse de algo tan sencillo como preguntar a la ayudante de mi editora cuál es su café favorito para poder llevarle uno cada vez que vaya a verla a su oficina de Nueva York (pese a mi aversión personal a ese producto). Pero esto también puede significar comprender la importancia de la flexibilidad, la colaboración y la cooperación en todos los esfuerzos creativos. Como autor, soy consciente del gran equipo de profesionales que contribuyen a que mis libros lleguen al gran público, así que busco la forma de agradecerles sus esfuerzos. No siempre consigo llegar a todos ellos —los hombres y mujeres que trabajan en la fábrica de papel están fuera de mi alcance—, pero a mi editor, corrector de estilo, correctores ortotipográficos, diseñador de cubiertas, equipos de *marketing* y publicidad, y a todos los ayudantes que puedo identificar y con los que puedo conectar, les doy las gracias siempre que puedo.

También significa guardarse los comentarios menos amables para uno mismo o expresarlos solo en momentos y lugares determinados.

Hace años, perdí un campeonato GrandSLAM de The Moth contra una competidora cuyo relato se había excedido en más de tres minutos del tiempo asignado. Esto debería haber comportado una penalización para aquella oradora en términos de competición que le habría hecho imposible ganar, pero, de algún modo, por el motivo que sea, los jueces le dieron una puntuación que era una décima mejor que la mía.

Huelga decir que me aquello me enfadó. Después del concurso, un miembro destacado del personal de The Moth se me acercó y me dijo que yo debería haber ganado.

—Aunque su historia fuera mejor, no puedes pasarte tres minutos del tiempo y aun así ganar —me dijo.

Asentí cortésmente, le agradecí sus amables palabras y le dije lo mucho que había disfrutado con la historia de mi competidora.

Realmente disfruté con la historia. Pero era demasiado larga como para que la declararan ganadora.

Más tarde me enteré de que otras personas habían oído mi conversación con aquel destacado miembro del personal de The Moth, y las quejas sobre la longitud del relato de mi competidora se me atribuyeron falsamente a mí y no al miembro de The Moth. Como resultado, se corrió la voz de que aquella noche me comporté como un cretino desagradecido, y al menos un productor de The Moth me metió «en la nevera» como *storyteller* durante un tiempo, como castigo.

Entonces sí que me enfadé de verdad. Incluso más que por haber perdido el campeonato, lo cual, para una persona tan competitiva como yo, es mucho decir. Lo que más me molestaba era que siempre evito situaciones como esta de forma específica, deliberada e implacable.

Sí, es cierto. Me quejé por perder el campeonato. Y sí, es cierto: declaré muchas veces que yo era el legítimo ganador de ese GrandSLAM. Pero no dije ni una palabra de esto públicamente (hasta ahora). Tengo la política estricta de no quejarme de los *storytellers* y/o sus historias hasta que estoy en la intimidad del coche con Elysha o un amigo de confianza. Nunca me quejo ni hablo mal de una historia en público porque no quiero que me consideren un quejica, un mal perdedor o, lo que es peor, un gilipollas.

No siempre resulta fácil. La envidia es una fuerza poderosa en la mente de muchas personas creativas, incluida la mía. En un mundo en el que las oportunidades son limitadas y las estructuras de poder crean ventajas injustas, los sentimientos de envidia e ira son habituales.

Un compañero cómico consigue un puesto que tú crees merecer. Una empresa emergente recibe financiación de un in-

versor y la tuya no. Una galería presenta la colección de esculturas de tu amigo, pero pasa de la tuya. Un estudio de cine decide hacer *La venganza del regreso del renacimiento de la noche
de los muertos vivientes* en lugar de tu película más sofisticada
sobre un niño huérfano y su tortuga.

La envidia es real y muchas veces inevitable, pero la forma
en que la expresas —en términos de espacio, tiempo y público— está totalmente bajo tu control. Quéjate de la injusticia
del mundo, pero en privado. Quéjate de ello a un ser querido
o a un compañero creativo. Evita hacerlo con las personas que
puedas necesitar para escalar la montaña. Evita quejarte a las
personas que escalan a tu lado. Evita quejarte siempre que suene a envidia cochina.

El cómico Marc Maron pasó gran parte de su carrera en
un estado de amargura e ira. Solo consiguió superar esos sentimientos más adelante, tras lanzar un *podcast* y pasar los primeros doscientos episodios hablando con las personas hacia las
que había sentido (y a veces seguía sintiendo) animadversión.

—¿Estamos bien? —preguntaba Maron al final de estos
episodios, a menudo catárticos.

En 2017, después de haber conseguido entrevistas con personajes como el presidente Obama, Lorne Michaels y Amy
Poehler, Maron dijo:

—Estoy contento con mi éxito, pero la envidia y el rencor
me han movido durante la mayor parte de mi vida. La vali-
dación es inestable en este negocio; si no eres capaz de decir:
«Estoy haciendo un buen trabajo», ¿cómo determinas lo que
significa tener éxito? Mi envidia e inseguridad alejaron a otras
personas de mí.[1]

Como creadores, no podemos permitirnos alejar a la gente.
Necesitamos el mayor número posible de personas en nuestro
equipo. Necesitamos ayuda. Necesitamos apoyo. Necesitamos
aliados.

No podemos permitirnos ni un solo enemigo si podemos
evitarlo.

Una de las formas más fáciles de conseguir apoyo es reconocer tu buena suerte y expresar gratitud siempre que sea posible. Incluso la persona más insoportable puede conseguir ayuda de los demás cuando está dispuesta a reconocer la contribución de otras personas o del universo a su éxito.

En otoño de 2018, hablé sobre la importancia de contar historias ante un auditorio lleno de estudiantes de secundaria. Tras terminar mis observaciones, pedí que me hicieran preguntas. Un joven de la primera fila levantó la mano y dijo:

—No lo digo como un insulto, pero tu vida ha sido horrible. Muy muy mala. ¿Cómo te las has arreglado para sobrevivir a todo eso y mantenerte positivo y convertirte en quien eres hoy?

El joven no solo había oído algunas de mis historias durante aquella hora, sino que él y su clase habían estudiado mi biografía en Internet. Habían visto muchos vídeos en mi canal de YouTube. Habían leído mi libro sobre *storytelling*. Incluso se habían suscrito a mi blog. El chico no me conocía bien, pero sabía de algunas de las luchas de mi pasado con las que ahora también tú estás familiarizado. Expulsado del hogar de mi infancia a los dieciocho años. Detenido y juzgado por un delito que no cometí. Encarcelado. Sin techo. Muerto dos veces: de un golpe a los doce años y de un choque frontal a los diecisiete, en ambos casos los enfermeros tuvieron que practicarme la reanimación cardiopulmonar para devolverme la vida. Víctima de un violento robo a mano armada. Compartí dormitorio con una cabra. Trabajaba cincuenta horas a la semana mientras estudiaba dos carreras. Calumniado en público por un contingente de cobardes anónimos en un esfuerzo por destruir mi carrera. Toda una vida sufriendo de un trastorno de estrés postraumático. Zurdo.

Todo ese caos y desbarajuste ha sido mi vida.

Podría haberle respondido muchas cosas a aquel joven. Podría haber hablado de mi deseo de dejar algo importante, de dejar huella. Podría haber mencionado una crisis existencial continua y abrumadora que me ha hecho centrarme implacablemente en avanzar. Podría haber hablado de cómo las dificultades de mi pasado me han otorgado hoy una enorme perspectiva, por lo que soy capaz de encogerme de hombros ante muchos problemas que paralizan a otros. Podría haber hablado de la estructura y las estrategias de productividad y eficacia sobre las que he construido mi vida. Podría haber hablado de que vivir bien es la mejor venganza, un hecho en el que pienso cada día cuando entro en mi aula, sabiendo que los cobardes intentaron impedir que volviera a enseñar.

En lugar de eso, dije lo siguiente:

—Nunca olvido la suerte que he tenido.

El auditorio estalló en carcajadas, y comprendí por qué. En aquel momento, yo parecía cualquier cosa menos afortunado.

Continué.

—No, hablo en serio. Soy una persona excepcionalmente afortunada. Pensad en ello. Soy un hombre blanco y heterosexual que vive en Estados Unidos. ¿Tienes idea de cuántas ventajas me han proporcionado esas cosas tan sencillas? Si fuera negro, gay o mujer, mi camino habría sido muchísimo más difícil. Si hubiera nacido en México o Afganistán o Etiopía o Siria, esta vida de la que disfruto hoy casi seguro que no habría sido posible.

Hice una pausa para dejar que esto se asentara, y luego continué:

—Además, estoy sano (tanto mental como físicamente) y soy razonablemente inteligente. Crecí en Massachusetts, que está cerca de los primeros puestos del país en educación pública. He evitado deliberadamente las drogas ilegales durante toda mi vida, pero podría haberme convertido en alcohólico como tantos otros. Pero no lo hice. Tuve suerte. Mi corazón dejó de latir y dejé de respirar dos veces en mi vida, y ambas veces, personal médico me salvó la vida con reanimación cardiopulmonar. ¿No os parece que eso es tener muchísima suerte?

Más risas entre el público. Pero esta vez también asentimientos.

Terminé con algo así:

—No digo que tu camino vaya a ser fácil, pero si eres un hombre blanco, heterosexual y estadounidense, tienes el camino más fácil que nadie en ninguna parte. Oigo esas tonterías sobre el racismo inverso. Oigo a jóvenes blancos quejarse de que son víctimas de un sistema diseñado para poner las posibilidades en su contra. Son estúpidos. Prueba a ser negro o hispano por un día. Intenta ser alguien que no sea cisgénero. Intenta ser mujer. Intenta ser discapacitado físico o padecer una enfermedad mental. Los hombres estadounidenses blancos, heterosexuales y sanos no tienen ni idea del tipo de discriminación, odio, acoso y obstáculos a los que se enfrentan a diario las personas que no son como nosotros. Sí, a veces he tenido una vida trágicamente azarosa, y sí, tuve que luchar como un poseso para llegar a donde estoy hoy. He sido implacable y positivo y previsor, y he estado dispuesto a hacer lo que hiciera falta para sobrevivir y prosperar, pero nadie me ha frenado por el color de mi piel, mi orientación sexual o mi género. Mi biología me ha otorgado enormes privilegios, y estoy bastante seguro de que, más que ninguna otra cosa, ese ha sido el mayor factor de mi éxito.

Y lo creo. En todas las cosas que he hecho en mi vida para tener éxito, lo más importante ha sido mi condición de hombre estadounidense blanco, heterosexual, física y mentalmente sano.

El alumno que hizo la pregunta, un adolescente negro, se acercó y me abrazó.

Expresa algo de gratitud. Reconoce tu buena suerte.

Es difícil que alguien piense que eres un gilipollas cuando haces esto.

9 reglas para ser más eficiente con el correo electrónico y no parecer tanto un cretino

«No creo en el correo electrónico. Soy una chica chapada a la antigua. Prefiero llamar y colgar».
Sarah Jessica Parker

1. El correo electrónico suele ser un medio de comunicación informal. Como tal, puedes reducir drásticamente el tiempo que dedicas al correo electrónico con respuestas breves y eficientes como «Gracias», «Entendido» y «De acuerdo». Prescinde de las formalidades siempre que sea posible y aumenta la eficacia.
2. La copia oculta (CCO) suele ser la herramienta del cobarde pasivo-agresivo. Antes de incluir una dirección de correo en este campo, pregúntate siempre por qué la utilizas. Si lo que pretendes es herir o avergonzar a alguien o bien ocultar algo, déjalo, no seas cretino.
3. Nunca envíes un correo para expresar tu enfado o decepción con alguien. Esas emociones se transmiten mejor por teléfono o en persona, donde la agresividad innecesaria y el vitriolo excesivo no pueden escudarse en la naturaleza pasivo-agresiva del correo. En otras palabras, no seas cobarde. Si estás enfadado, coge el teléfono.

4. «Envié ese correo enfadado porque me expreso mejor por escrito y estaba demasiado enfadado para hablar» nunca es una excusa para infringir la regla n.º 3.

5. Si recibes un correo airado, coge el teléfono y responde inmediatamente. Cuanto más rápido, mejor. La mejor forma de tratar a una persona pasivo-agresiva es de forma agresivamente directa. Los remitentes de correos electrónicos airados suelen ser personas que no manejan bien el conflicto y, por tanto, se esconden detrás de la tecnología. Descorrer la cortina tecnológica les resultará incómodo y a menudo los hará cambiar de actitud.

6. La bandeja de entrada cero debe ser tu objetivo, aunque solo sea por motivos de productividad y eficiencia. Dejar el correo electrónico en la bandeja de entrada te obliga a mirarlo cada vez que accedes a tu aplicación de correo, lo que requiere tiempo y energía. Es como rebuscar en la misma pila creciente de correo cada día para encontrar una carta o factura concreta. La bandeja de entrada cero eliminará el tiempo necesario para actuar sobre los correos entrantes, al no añadirlos a una pila ya enorme.

7. Utiliza una aplicación de correo que te permita programar la hora a la que quieres que llegue un correo a tu bandeja de entrada. Convierte el correo electrónico en algo que recibes cuando quieres recibirlo. A menudo reprogramo el correo electrónico entrante para una hora determinada del día en la que pienso leerlo y responderlo, manteniendo así mi bandeja de entrada vacía y disfrutando de las ventajas de la regla n.º 6. Si recibo un correo relacionado con los impuestos, lo reprogramo para que llegue a mi bandeja de entrada el 1 de abril. Si mi equipo de quinto curso recibe un correo electrónico solicitando una acción por nuestra parte, lo reprogramo para que llegue a mi bandeja de entrada dentro de veinticuatro horas, con la esperanza de que

uno de mis compañeros se ocupe de la solicitud antes de que yo tenga que hacerlo.

8. Responde a los correos que requieran una acción lo antes posible, y siempre en un plazo de veinticuatro horas. No responder a un correo electrónico —incluso si tu respuesta es «me pondré en contacto contigo mañana»— proyecta la imagen de una persona abrumada, desorganizada e ineficaz.

9. Elige el asunto de tus correos de modo que permita a tus lectores identificar el propósito general del correo electrónico sin llegar a abrirlo y que les ayude a buscar ese correo en el futuro.

21   Come mucho

«El contenido no es el rey. Es el reino».
LEE ODDEN

Hace poco, Elysha se compadecía de una amiga. Su marido desaparece con frecuencia en el sótano de su casa durante horas para leer libros y revistas, mientras ella cuida de sus cuatro hijos pequeños.

—Tengo un problema parecido con Matt y sus auriculares —dijo Elysha.

Los auriculares en cuestión son pequeños, inalámbricos y están pegados a mi cabeza casi siempre. Están colocados en mi cabeza mientras escribo estas palabras. Con solo pulsar un botón, puedo estar escuchando un *podcast*, un audiolibro o música, y reconozco que lo hago a menudo. Ahora mismo estoy escuchando a Aretha Franklin.

Irónicamente, Elysha me regaló mi primer par de auriculares inalámbricos hace años por Navidad. Desde entonces, he pasado por docenas de pares. En este momento, llevo los auriculares inalámbricos deportivos envolventes Levin con micrófono incorporado. Llevo un par en la cabeza y dos juegos más, totalmente cargados, en la mochila, por si acaso.

Los recomiendo encarecidamente. Y Elysha tiene razón. Estoy constantemente oyendo algo. Si no estoy inmerso en una conversación, probablemente esté escuchando un libro o un *podcast*. Como puedes imaginar, esto conduce indudablemente a momentos en los que Elysha me está hablando, pero yo no puedo oírla porque tengo puesta una novela o un libro sobre la historia de la lengua inglesa o un *podcast* sobre finanzas, historia, escritura de guiones, ciencias sociales, tecnología, diseño o cualquier otro tema.

Es frustrante para ella, lo sé. Cuando ocurre, me siento como un idiota. La mayor parte del tiempo, estoy ocupado en una tarea sin sentido como fregar los platos, hacer la cena o doblar la ropa, pero, aun así, estaría bien poder hablar con tu marido sin tener que levantar la voz o hacerle señas como si estuvieras dando indicaciones a un avión en la pista de LaGuardia.

Ya lo sé. No es genial. Sin embargo, después de quejarse de mis auriculares y de que los utilice constantemente, mi mujer le dijo lo siguiente a su amiga:

—Pero también nos ha cambiado la vida.

A pesar de las molestias que mis auriculares causan de vez en cuando, Elysha también reconoce que gran parte de mis ideas creativas nacen y se alimentan de mi consumo constante de contenidos. Sabe que el flujo incesante de palabras que fluye de mis auriculares a mis oídos ha dado lugar a algunos de los avances más importantes en mi carrera.

Tiene toda la razón. Mi incesante consumo de contenidos cambió nuestras vidas. Y eso sin contar los libros que leo, los boletines que recibo a diario en mi bandeja de entrada y las páginas web que visito a menudo.

Solo el contenido de audio que consumo ha sido decisivo para mi vida creativa: las ideas para tres de mis seis novelas publicadas (y mi novela inédita) surgieron mientras escuchaba *podcasts*. La idea para una de mis obras de teatro surgió de escuchar un *podcast*. El tema de una de mis charlas TEDx más populares tomó forma cuando estaba escuchando un libro y estaba tan en desacuerdo con las ideas que proponía el autor que necesitaba encontrar una forma de refutarlas.

Storytelling

Escuchar el *podcast* de The Moth allá por 2009 me llevó al mundo del *storytelling,* que ha transformado completamente nuestras vidas más que ninguna otra cosa. El *podcast* me envió a Nueva York para actuar por primera vez, donde gané mi primer concurso de narrativa y luego seguí ganando. Es cierto que parte de mi éxito se debe a años de experiencia escribiendo relatos, publicando novelas, actuando de maestro de ceremonias en bodas y analizando películas, pero también se debe a que escuché el *podcast* de The Moth durante dos años antes de subirme al escenario. Al escucharlo todas las semanas sin falta, me empapé de ese gran ADN narrativo y aprendí muchos de los secretos para contar una gran historia sin darme cuenta siquiera de que estaba ocurriendo.

Pronto actué en escenarios de Nueva York, Boston y luego de todo el mundo.

Menos de dos años después de contar aquella primera historia, Elysha y yo pusimos en marcha Speak Up, una organización de narrativa con sede en Hartford que ayuda a la gente a encontrar y contar sus mejores historias. Empezamos produciendo espectáculos en teatros de todo Connecticut, y al contar mis propias historias en esos espectáculos, empecé a recibir peticiones de miembros del público para que impartiera talleres sobre el oficio. Esos talleres acabaron desembocando en mi carrera como asesor y *coach.*

Aunque no podía prever este futuro, escuchar el *podcast* de The Moth acabó lanzando mi carrera en *marketing,* publicidad, redacción de discursos y cine. Me llevó a trabajar con hospitales, abogados, empresarios, documentalistas, guionistas de televisión, el clero y los hijos de supervivientes del Holocausto. Me ha llevado a compartir escenario con algunos de los mejores artistas del mundo y a conocer a algunas de las personas más interesantes con las que comparto mi vida.

Empresa e inversión

Escuchar *podcasts* sobre negocios, bolsa e inversión me llevó a convertirme en inversor. Además de conseguir ganancias en bolsa por encima del mercado los últimos cuatro años, he adquirido conocimientos sobre negocios que han sido un activo inestimable a la hora de asesorar en el mundo empresarial. Mi conocimiento de los mercados, los competidores, las tendencias y demás me permite moverme con soltura en este mundo, al tiempo que aporto una perspectiva sobre la comunicación que los ejecutivos no suelen poseer.

Un director general me dijo:

—El diagrama de Venn de la narración y los negocios suelen ser dos círculos muy separados con mucho espacio entre ellos. Tú, de algún modo, te las has arreglado para superponerlos muy bien.

Lo hice informándome mucho. Leyendo mucho. Comprometiéndome a estudiar algo totalmente nuevo. Y no lo hice con la vista puesta en la consultoría. Estaba realmente interesado en la economía y la inversión tras escuchar durante años *podcasts* como *Planet Money* de NPR y *Freakonomics*. Me esforzaba por profundizar en un área en la que quería saber más, buscando libros sobre el tema y recursos fiables. Un día le mencioné este interés a mi amigo Tony mientras estábamos en un partido de los Patriots, y me recomendó *podcasts* como *MarketFoolery* (hoy ya archivado, pero continuado en espíritu por *Motley Fool Money)*, que se centran exclusivamente en la inversión.

Tres años después, tras cientos de horas escuchando y casi otras tantas leyendo, hice mi primera compra de acciones: Visa, Mastercard, PayPal y Square. La cesta «Guerra al Efectivo» recomendada por Jason Moser de *The Motley Fool*.

Me ha dado muy buenos resultados.

Cuatro años después, mi cartera está formada por unas veinticinco acciones diferentes, y conozco muchísimas más empresas y mercados.

Lo que empezó como una curiosidad por la economía y la inversión se ha convertido en una herramienta enormemente valiosa a la hora de ayudar a los clientes a comunicar sobre sus negocios.

Comedia

Escuchar *podcasts* presentados por cómicos y sobre comedia me convenció finalmente para subir al escenario y probar el *stand-up,* y la experiencia que adquirí contando chistes sobre el escenario se ha trasladado directamente a mi forma de contar historias, a mi trabajo como *coach* y a mi consultoría. Constantemente, me contratan para animar un discurso, infundir humor en una campaña de *marketing* o enseñar técnicas de comedia a *storytellers.* No soy el cómico más gracioso ni mucho menos, pero me he convertido en un estudioso de la comedia, y mi acceso a los mundos de la narración, la empresa y el cine ha hecho que mis habilidades sean muy valiosas. Aunque mi zambullida inicial en la comedia no se hizo con la vista puesta en mi negocio, las lecciones que he aprendido han sido enormemente provechosas. Pero todo empezó con algo sobre lo que simplemente quería aprender más.

Escritura de guiones

Escuchar el *podcast* de escritura de guiones *Scriptnotes,* recomendado por un amigo y aspirante a guionista, me convenció para empezar a escribir mis propios guiones. Aunque todavía no he vendido ninguno, actualmente estoy trabajando con productores en la adaptación audiovisual de una de mis novelas, y la experiencia que he adquirido escribiendo, desarrollando y presentando historias para la pantalla me ha ayudado enormemente en la escritura de mis obras de teatro y musicales, que sí se han producido. Escuchar *Scriptnotes* también condujo al desarrollo y lanzamiento de *Speak Up Storytelling*, el *podcast* que produzco y presento con Elysha y que llega a decenas de miles de personas cada mes en países de todo el mundo.

Es raro en este mundo que una nueva idea surja del éter, sin inspiración o sin influencia de otra cosa. Sin embargo, las advertencias contra ser generalista han persistido durante siglos.

En inglés hay un dicho, «Aprendiz de todo, experto en nada»; es muy popular entre quienes defienden centrarse en una sola cosa, pero la frase original completa era «El aprendiz de todo no es experto de nada, pero a menudo eso es mejor que ser experto en solo una cosa». En otras palabras, aprende mucho sobre muchas cosas.

Esto tiene mucho sentido. Las personas realmente exitosas —tanto hoy como en el pasado— han demostrado interés por más de un tema: Charles Darwin, Elon Musk, Steve Jobs, Richard Feynman, Ben Franklin, Thomas Edison, Leonardo da Vinci, Marie Curie y muchísimos más. Un estudio de los científicos más importantes de toda la historia reveló que quince de los veinte eran polímatas, es decir, personas que poseían conocimientos en una amplia gama de campos, como Newton, Galileo, Aristóteles, Kepler, Descartes, Faraday y Pasteur.[1]

Los fundadores de cinco de las mayores empresas del mundo —Bill Gates, Steve Jobs, Warren Buffett, Larry Page y Jeff Bezos— también lo son.

Las personas creativas entienden que la inspiración puede venir casi de cualquier parte, así que cuanto más contenido consumas, más intereses cultives y más aprendas, más probabilidades tendrás de encontrar una idea nueva. Debes ser alguien dispuesto a sumergirte en una amplia variedad de contenidos, sin limitarte a tu campo o a tus áreas personales de experiencia. Las ideas diversas y aparentemente dispares pueden confluir y formar algo nuevo y hermoso, pero eso solo es posible cuando te comprometes a un aprendizaje permanente, continuo e incesante.

En su libro *Mientras escribo,* Stephen King dice: «Si no tienes tiempo para leer, no tienes tiempo (ni herramientas) para escribir. Así de sencillo».[2]

Y no termina nunca. O al menos no debería terminar nunca.

Mi estudio de los negocios y los mercados continúa a diario. Desde que empecé a hacer monólogos, no he hecho más que ampliar el número de *podcasts* que escucho sobre el tema y veo mucha más comedia que nunca. Sigo escuchando el *podcast* de The Moth y *The Moth Radio Hour,* además de otros *podcasts* de narrativa. He leído libros sobre narración para los negocios, y me he convertido en un estudioso de la obra de Nancy Duarte.

Mis estudios continúan, pero también se amplían. Siempre estoy buscando la siguiente frontera. Mis intereses actuales incluyen la ciencia del cerebro. Me fascina lo que hace que las personas conserven algunos recuerdos y pierdan otros, y siento curiosidad por saber cuánta información contiene el cerebro a la que simplemente no podemos acceder. Me interesan las formas en que el habla humana altera la química cerebral, así como los métodos por los que se puede mejorar el aprendizaje y la retención.

También estoy leyendo sobre terapia génica y avances como la tecnología de edición genética CRISPR, y estoy inmerso en los aspectos técnicos de la cinematografía —incluidos la iluminación y el sonido— para un nuevo proyecto en el que estoy trabajando.

Estoy aprendiendo sobre aviación a través de canales de YouTube, aunque no tengo intención de pilotar nunca un avión. ¿Por qué? Me interesa. Y nunca intento predecir adónde puede o no llevarme un interés.

¿Transformará alguno mi vida del modo en que lo ha hecho el *podcast* de The Moth o mi estudio de los mercados y la inversión?

No estoy seguro, pero tampoco se trata de eso. Como persona creativa que crea, sé que una de las mejores formas de desarrollar nuevas ideas, identificar nuevas conexiones y ampliar mi potencial conjunto de habilidades es buscar constantemente nuevos saberes en cualquier dirección a la que me empujen mis intereses. No se puede predecir qué nuevo conocimiento abrirá una nueva puerta y ampliará tu universo, así que simplemente me guío por lo que me interesa y consumo nuevos contenidos según dicta mi curiosidad.

Si no tienes tiempo para aprender algo nuevo, no tienes tiempo para crear algo nuevo.

No es una frase tan elegante como la de Stephen King, pero es igual de cierta.

22   Los pesimistas solo aspiran a morir teniendo razón. Los optimistas prosperan.

«¿Crees que cuento los días? Solo queda un día, que
siempre vuelve a empezar: se nos da al amanecer y
se nos quita al anochecer».
JEAN-PAUL SARTRE

Aquí viene una dura verdad.

Ya sé lo que piensas. ¿Por qué terminar con la cruda realidad?

Inicié este libro pidiendo que llenaras tu corazón y tu mente de esperanza. ¿Lo recuerdas? A mí me parece que fue hace mucho tiempo, pero ¿quién sabe? Quizá te hayas leído el libro en un solo día. Si es así, bien por ti. A menos, claro, que hayas ignorado a tu familia o alguna otra responsabilidad importante para terminarlo rápido. Si es así, ve a reparar los daños después de leer este capítulo y el epílogo… No evites el epílogo. Es muy bueno.

Así pues, si las cosas han ido según lo previsto, has empezado a leer este libro con esperanza en tu corazón, y has recibido las lecciones, estrategias y sugerencias que te he ofrecido con una mente abierta y un espíritu dispuesto.

Tal vez estés entusiasmado por el camino que tienes ante ti. Tal vez estés impaciente por empezar. Si he hecho bien mi trabajo, estás equipado con las herramientas para lanzar tu viaje creativo, o relanzarlo, o tal vez dar un impulso al viaje que has emprendido hace tiempo.

Eso espero. Empecé pidiéndote que encontraras algo de esperanza para nuestro viaje juntos.

Ahora soy yo quien tiene esperanza por ti. Espero de corazón que tengas éxito.

Pero, como he dicho, ahora tengo una dura verdad que contarte. ¿Preparado?

Aquí la tienes: la gente abandona sus sueños todo el tiempo. Es fácil rendirse. Muy pocas personas en este planeta los hacen realidad. La mayoría se conforma con un segundo o tercer nivel, como mucho. Lo más frecuente es que no se conformen con nada en absoluto. Se mueven por esta vida sin dirección ni ambición, siguiendo el camino de menor resistencia. Bajan como el agua por una ladera, serpenteando mansamente hasta el fondo.

Entonces, un día, echan la vista atrás y se preguntan por qué dejaron escapar tantas oportunidades. No entienden por qué se rindieron tan fácilmente. ¿Cómo renunciaron a sus sueños tan rápidamente y sin siquiera luchar?

Entonces mueren.

Esa es la vida de la mayoría de la gente. Sufren este destino. Mueren con pesar.

No quiero que tú lo sufras. No quiero que acabes deseando tener más tiempo para hacer algo al final. Anhelando dar marcha atrás al reloj. Enfadado contigo mismo por todo lo que podrías haber hecho, pero no hiciste.

Te he dado herramientas para evitar este destino. Herramientas para aumentar las posibilidades de cumplir tus sueños. Métodos para reforzar tu capacidad creativa, tu espíritu y tu perseverancia. Todos ellos te ayudarán. Te lo prometo.

Tengo una cosa más que ofrecerte. Puede que esta última sea la más importante de todas. Lo que necesitarás cada día para seguir avanzando: optimismo.

Hay dos tipos de personas en este mundo: los optimistas y los pesimistas. Algunas personas dicen ser realistas, pero tienes que comprender dos hechos importantes sobre ellos:

1. No son optimistas.
2. Simplemente son pesimistas que tienen demasiado miedo o vergüenza de reconocerse como tales.

Como alma creativa, hacedor de cosas y persona que persigue sus sueños, no puedes permitirte ser pesimista. Ya hay demasiadas fuerzas negativas alineadas en tu contra. Crear cosas nuevas es difícil. Hacer realidad tus sueños ya es una batalla cuesta arriba. A lo largo del camino, habrá personas que consideren que tu progreso es una amenaza para su propio ego. Intentarán obstaculizarte siempre que sea posible como medio de autopreservación.

También habrá competencia. Gente que intenta alcanzar los mismos objetivos o similares. Gente compitiendo por los recursos limitados y el espacio que tú quieres y necesitas.

Habrá mala suerte. Personas estúpidas. Burocracia. Tráfico. Ventiscas. Huesos rotos. Papeleo por triplicado. Correo lento. Neumáticos pinchados. Días de perros. Mosquitos. Padrastros. Cordones rotos. Baches. Caries.

Muchas cosas se interpondrán en tu camino. A veces te parecerá que el universo entero está en tu contra.

Por eso tienes que ser optimista. Debes creer que las cosas saldrán bien.

Aunque un pesimista acierte en su predicción catastrofista, la única ventaja que tendrá será la satisfacción petulante de haber acertado. Pero acertar en la desgracia y ser petulante solo es el objetivo de engendros sin alma, de quejicas crónicos, de hermanos celosos, de matones, de falsos amigos y otras variedades de personas horrendas.

Afortunadamente, los pesimistas se equivocan la mayoría de las veces. Martin Luther King Jr. lo señaló sabiamente: «El arco del universo moral es largo, pero se inclina hacia la justicia».[1] La humanidad avanza a trompicones, pero el progreso es implacable. Algunas investigaciones también demuestran que los optimistas son más felices y viven más, porque incluso cuando el planeta se ve azotado por una pandemia, experimentan dicha pandemia solo durante su duración. Los pesimistas se preocupan durante años antes de que llegue, y una preocupación así puede desgastarte muy rápido. Suponer lo mejor te permite evitar el dolor aunque lo peor esté en camino.

La historia está llena de artistas, escritores, científicos, diseñadores, empresarios y otras almas creativas que trabajaron durante años antes de alcanzar finalmente la grandeza. Aunque preferirías conseguir el éxito de la noche a la mañana y que tus sueños se hicieran realidad al instante, es poco probable que suceda, así que solo perseverarán quienes crean en su oficio, en sí mismos y en su futuro.

Cuando empecé a escribir este libro, le pregunté a Elysha:

—¿Qué hago yo que me ha permitido triunfar?

Su respuesta fue instantánea:

—Crees que todo se solucionará al final, y luego lo solucionas.

Tú debes hacer lo mismo. Cuando sientas que no puedes, prueba lo que yo llamo «lanzar mi presente al futuro».

Estamos a principios de junio. Quedan dos semanas de curso, pero el verano ya ha llegado. Faltan unos minutos para que suene el timbre del colegio, pero fuera ya hace más de treinta grados. Y hace aún más calor en nuestra escuela sin aire acondicionado.

Salvo en algunos despachos selectos, claro. Esos espacios ausentes de niños. Dejemos que los niños y sus profesores se cuezan mientras los trajeados permanecen frescos.

Una de mis compañeras asoma la cabeza en el aula y empieza a quejarse del calor. La interrumpo.

—Escucha —le digo—, en menos de ocho horas habrá terminado la jornada escolar, y en menos de dos semanas el curso y empezaremos las vacaciones de verano. Muy pronto la temperatura de hoy carecerá de sentido para nosotros, así que hagamos como si ese momento hubiera llegado ya. Hagamos como si ya fueran las 15.30 o el 15 de junio, ya que ambos llegarán pronto. No perdamos tiempo y energía en quejarnos de algo que pronto no nos importará nada.

En honor a mi compañera, sonrió y dijo:

—Vale, pero voy a comer en mi coche con el aire acondicionado en marcha.

Una mujer inteligente.

«Lanzar mi presente al futuro» se basa en la suposición de que muchos de los problemas a los que nos enfrentamos hoy son temporales, fugaces y, en última instancia, olvidables, pero en el momento que ocurren pueden parecer terribles, trascendentales y dolorosos. En estos casos, intento evitar esos sentimientos negativos reconociendo que el asunto será irrelevante dentro de un día, una semana o incluso un mes, y luego fingiendo que el día, la semana o el mes siguientes ya han llegado.

El futuro suele ser mejor que el problemático presente, así que mantener la conciencia de ese futuro más agradable y asumir la disposición emocional de esa versión futura puede aliviar el sufrimiento a corto plazo causado por problemas molestos pero temporales.

Yo utilizo esta estrategia todo el tiempo. Creo que todo se solucionará, y luego lo soluciono. Cuando lanzo mi presente al futuro, resuelvo primero el problema en mi mente antes de resolverlo en la vida real. Mantengo el optimismo de que las dificultades y los problemas del presente parecerán triviales en el futuro. Me esfuerzo por mantener ese optimismo ante el desastre.

Tampoco hay nada malo en sentirte bien contigo mismo. Mira a tu alrededor. ¿Cuánta gente conoces que persiga de verdad sus sueños? No necesito mirar muy lejos para encontrar a un montón de personas que trabajan en carreras con las que tropezaron porque les resultaban cómodas o fáciles o les proporcionaban un buen salario. No me resulta difícil encontrar personas que pasan los días en trabajos que no les gustan y las tardes frente al televisor y hacen poco más para llenar sus horas.

La gente infeliz está por todas partes. Son como una mala hierba.

Veo un montón de gente que vive vidas corrientes, pero muy pocos crecieron soñando con ser del montón. Sin embargo, aquí están. Por todas partes. Corrientes.

Los veo. Los miro con atención, porque me sirven de recordatorio de que, si yo hubiera elegido el camino más fácil, ese también podría ser yo. «¡Buen trabajo, Matt!».

Aunque me caiga de culo o aterrice de bruces, al menos he fracasado mientras lo intentaba. Escalo, resbalo y me caigo, pero luego me levanto y vuelvo a intentarlo. Si persigues tus sueños, si intentas hacer grandes cosas o labrar un nuevo camino o doblegar el universo a tu voluntad, ya lo estás haciendo mejor que la mayoría de los seres humanos de este planeta. Muchos viven en circunstancias que trágicamente no les permiten perseguir sus sueños. Otros tienen los medios y la capacidad, pero simplemente no lo hacen.

Kurt Vonnegut planteó una vez la pregunta:

—¿Quién es más digno de lástima, un escritor atado y amordazado por policías o uno que vive en perfecta libertad y no tiene nada más que decir?[2]

Muchas personas viven en perfecta libertad, pero no tienen absolutamente nada que decir. En realidad, la mayoría de la gente es mediocre. Están en la media. Esa es la definición matemática de la palabra. Si estás leyendo este libro, escalando una montaña y persiguiendo realmente el sueño, lo estás haciendo mejor que la mayoría.

Estás por encima de la media. Probablemente mucho más que simplemente por encima de la media.

Recuérdalo. Te ayudará. Te lo prometo.

Solo no se lo digas a otros muy a menudo. No hay razón para que el mundo piense que eres un imbécil arrogante. Como ya he dicho, ya te esperan demasiados escollos como para crearte más. Pero no hay nada malo en mantener la cabeza alta, creer en el futuro y, lo que es más importante, creer en ti mismo.

Al acercarme a las últimas páginas de este libro, no estaba seguro de cómo terminar este último capítulo. ¿Qué palabras de despedida debería ofrecerte? ¿Qué colección de frases significaría más para ti?

Le pregunté a Elysha si tenía alguna idea, pero antes de que ella respondiera, Charlie dijo:

—¡Súper Vaca!

—¿Debería terminar con Súper Vaca? —le pregunté.

—¡Sí! —dijo—. ¡Súper Vaca!

A Charlie siempre le han gustado las vacas. Siempre le ha gustado mugir. «Súper Vaca» no me sorprendió viniendo de él. ¿Pero sabes lo que es sorprendente?

Que estoy de acuerdo. Súper Vaca. Es perfecto. Hagamos de esas dos tontas palabras nuestro mantra secreto. Las dos palabras que tú y yo utilizaremos cuando la lucha sea encarnizada y la línea de meta parezca imposible de alcanzar. Deja que «Súper Vaca» te recuerde todo lo que ya has hecho. Todas las habilidades y estrategias que has adquirido. Todos tus logros anteriores.

Súper Vaca.

Creador
Optimista
Ganador*

Realmente no hace falta el acrónimo para que me encante la idea, pero si necesitabas un poco más de significado, ahí lo tienes.

* En inglés *cow* ('vaca') es acrónimo de *creator* ('creador'), *optimistically* ('con optimismo') y *winning* ('ganador'). *(N. del T.)*

Súper Vaca.

Dilo en voz alta. Dilo bien fuerte. Grítalo, si es posible.

Como mínimo, «Súper Vaca» te hará sonreír en los días más oscuros.

En el mejor de los casos, te recordará que hay un posible futuro guitarrista, actual jugador de béisbol de las Ligas Menores y ávido constructor de Minecraft de nueve años que cree en ti y quiere que hagas grandes cosas. De verdad. Le encanta ver a seres humanos destacar. El chaval no tiene un solo gramo de envidia en todo su cuerpo. Solo quiere lo mejor para ti.

Yo también. De verdad, de verdad. Estoy deseando que triunfes. Estoy en la grada animándote, coreando tu nombre con entusiasmo.

Estoy impaciente por ver lo que harás. Lo que crearás. Cómo cambiarás tu vida. Cómo quizá incluso cambies el mundo.

Tu futuro es brillante. Yo lo sé. Asegúrate de que tú también lo sabes. Recuérdate cada día lo extraordinario que eres.

Cree que todo se solucionará, y ponte a solucionarlo.

Ponte en marcha. Recuerda: algún día es hoy.

Ahora ponte y clávalo.

22½   No vas a cambiar a menos que cambies

La pregunta que me hacen más a menudo es:

—¿Cómo consigues hacer tantas cosas?

Siempre estoy dispuesto a ofrecer consejos para ser más productivo y eficiente, y la gente suele mostrarse receptiva a mis sugerencias.

Ocasionalmente, sin embargo, la gente se molesta y frustra con mis recomendaciones porque implican cambiar un hábito o una rutina. Me resulta extraño. ¿Cómo esperas ser más productivo y eficiente sin introducir un cierto grado de cambio en tu vida? Sinceramente, creo que querían que les diera una píldora mágica.

El comentario más frecuente que recibo de estas personas molestas es el siguiente:

—No tengo tiempo para hacer eso.

Lo que equivale a decir:

—No tengo tiempo de ahorrar tiempo para tener más tiempo libre para hacer las cosas que quiero hacer.

Esto también me parece extraño. Ofrezco una estrategia que, ciertamente, puede llevar algún tiempo poner en práctica, pero que, una vez finalizada su implementación, hará que la persona tenga más tiempo libre; sin embargo, hay gente que no ve cómo la inversión inicial se traduce en un enorme rendimiento. Estas personas prefieren seguir perdiendo el tiempo y funcionar de forma ineficaz a dedicar una pequeña cantidad de tiempo a dejar de perderlo.

Veo este patrón desafortunado con frecuencia. Son las personas que permiten que las tareas se acumulen y se conviertan en asuntos de todo un día, en lugar de dedicar la pequeña cantidad de tiempo necesaria para mantenerse al día. Son las personas que no tienen dos o tres minutos para organizarse, pero luego pierden media hora por culpa de ello.

Creo que, al final, algunas personas se resisten al cambio, aunque el cambio suponga una vida mejor, más productiva y eficaz. Les cuesta ver más allá de su vida actual, y a algunos les resulta excepcionalmente difícil romper los hábitos y rutinas que han establecido a lo largo de los años.

¿Pero decirme que no tienes tiempo para ahorrar tiempo? ¿Para ser más productivo?

Eso es ridículo.

No te dejes llevar por esa actitud.

Epílogo

de Matthew Shepard

Matthew Dicks no es un chiflado. Creo que es importante dejarlo claro.

Puede parecer excéntrico por la forma en que organiza y gestiona su vida. Puede que pienses precisamente eso después de haber leído este libro.

Pero, irritantemente, funciona.

Digo «irritantemente» porque los que conocemos a Matty (o a Matt, según el caso) también sabemos que a veces puede parecer que, cómo decirlo, «se pasa un poco». Y sabemos que cree firmemente que, en general, tiene razón en muchas cosas. Esto hace que a muchos de los que estamos cerca de él nos resulte aún más irritante que estas cosas que hace, sobre las que has leído aquí, funcionen.

Hace todo lo que yo hago y mucho más gracias a la forma en que ha desarrollado estrategias para conservar su tiempo para las cosas que importan. Vi los primeros signos de esto hace décadas, incluso antes de que Matty fuera padre de familia, cuando pasábamos los fines de semana jugando a diversos juegos y deportes. Mientras algunos de nosotros nos quedábamos a dormir en casa del anfitrión, posiblemente tomando una gran cantidad de refrescos después de la actividad, Matty solía ir y venir en coche (probablemente demasiado deprisa, para ser sinceros) para poder aprovechar al máximo el tiempo que dedicaba a otras cosas más productivas, pero aun así nunca se perdía una actividad ni participaba con menos entusiasmo.

Un año asistió a nuestro fin de semana completo de tonterías, que incluía horas de juegos y un partido de fútbol americano de bandera demasiado violento, al tiempo que probaba tartas de boda con su prometida. Aunque «Matt-ily» se olvidó de traernos a nosotros —sus amigos más íntimos— alguna tarta, por lo demás no escatimó su atención en ninguna de las dos actividades.

A los amigos nos irrita muchísimo cuando tiene razón.

Para ser justos, sé a ciencia cierta que yo podría hacer tanto como él, pero, a diferencia de él —y supongo que, a diferencia de ti, puesto que estás leyendo este libro—, yo soy más bien anti-Matty. De hecho, me sorprendió que me pidiera que comentara este libro en concreto, ya que he organizado mi vida con mucho cuidado durante los últimos veinticinco años, más o menos, para llegar a un punto en el que pueda dedicar un mínimo de esfuerzo a tareas productivas, para poder dedicarme a cosas que otros podrían considerar frívolas. Muchos de nuestros amigos de toda la vida, que tienden más hacia el extremo de Matty de la curva de productividad, probablemente dirían que yo soy el excéntrico.

Pero el hecho es que tanto Matty como yo tenemos esos amigos de toda la vida, a pesar de vivir en extremos opuestos de esa curva. Él no es un adicto al trabajo solitario, ni siquiera según mis estándares de gandul. Tiene una familia que le quiere. Adora a su mujer y a sus hijos. Y saca tiempo para todos ellos —para todos nosotros, en realidad— mientras enseña, escribe libros, asesora por todo el mundo y hace cualquiera de los otros trabajos que haya mencionado… Porque hace que le funcione.

Hace exactamente lo que este libro describe tan bien.

Matty tiene uno de los mejores equilibrios vitales que conozco. He disfrutado con él horas y horas de partidos de la NFL y de golf durante las décadas que he tenido el privilegio de estar en su vida, incluso mientras escribía libros, creaba empresas, ganaba concursos de narrativa, escribía columnas y todo lo demás. Y, lo que es igual de molesto, también aplica su enfoque al golf, y ni mis escasas habilidades, que no entreno lo bastante, ni mis palos de hace décadas bastan para ganarle, a pesar de que sigue sin poder enviar la pelota a más de ciento cuarenta metros.

Pero estoy divagando, cosa que ocurre a menudo entre Matty y yo. Lo que quería decir es que se las arregla para sacar tiempo para jugar al golf conmigo (y con otros mucho mejores que yo), al fútbol, al póquer y a otras cosas, y aparentemente nunca en detrimento de sus otros amigos o de su familia. De hecho, a pesar de todo su trabajo y su obsesión por la productividad, las personas que le importan siempre han sido su prioridad.

En ese sentido, no es diferente de ti o de mí. En realidad, no se diferencia en nada de ti o de mí.

Vale, eso no es del todo cierto. En general, probablemente era mucho, mucho más desastre que la mayoría de nosotros. Se trata de un hombre que presta tan poca atención a algunos detalles de la vida que hasta hace muy poco no sabía literalmente de qué color era su propia casa, a pesar de que lleva más de una década viviendo en ella. Se trata de un hombre que una vez estuvo a punto de electrocutarse al meterse en la boca el extremo de un cable de ordenador enchufado para poder tener las dos manos libres. Afortunadamente, salió de la situación sin electrocutarse, pero acabó con una conmoción cerebral al golpearse la cabeza con la parte inferior del escritorio bajo el que estaba tratando de arreglar algo al saltar por el *shock* de la descarga eléctrica. No estamos hablando precisamente de un genio.

Así que ahora probablemente estés pensando: «Espera, ¿este es el tipo cuyos consejos se supone que tengo que seguir?». Pero Matty se ha dedicado a aprender y a experimentar, y ha averiguado algunas cosas, normalmente por las malas, como

«No te metas cables eléctricos en la boca», o simplemente porque no tenía otra opción.

Si eres como yo, puede que hayas tenido la suerte de recorrer la ruta tradicional del instituto a la universidad apoyado de algún modo por la familia. Matty tomó —no por elección propia— un camino mucho más tortuoso. En su decimoctavo cumpleaños le regalaron generosamente una vajilla y un microondas, una sutil insinuación de cuál sería su futuro inmediato. Poco después se encontró en varios momentos sin hogar, en los que vivió en su coche, y fue encarcelado por un delito que no había cometido. Sospecho que este podría ser el origen de su interés por el valor del tiempo, y especialmente del tiempo de calidad. Empezó cuando le arrebataron ese tiempo, de muchas maneras. Así que se propuso recuperarlo y asegurarse de que nunca volvería a sentir que lo desperdiciaba.

Como ya sabrás, se puso a estudiar, mientras trabajaba a tiempo completo dirigiendo un McDonald's, la misma empresa que lo llevó a la cárcel (revisa la historia en el capítulo 1, merece la pena releerla). Estudió dos licenciaturas completas, simultáneamente y en dos facultades distintas, y fundó el negocio de DJ que me llevaría a conocerlo (el matrimonio no funcionó, como él menciona en el libro, pero sí la amistad con los DJ de la boda). Hoy, como también sabes, actúa sobre el escenario, asesora a empresas y universidades sobre narración de historias, escribe libros y mucho más.

Maximizó su tiempo y, sencillamente, mejoró su vida.

Cualquiera de nosotros también puede hacerlo.

Matty comprende que el tiempo que pasamos con nuestros seres queridos es uno de los mayores regalos de la existencia. Así que, ¿por qué no hacer todo lo posible por maximizarlo siempre que puedas? Es asombroso el tiempo que podemos dedicar a las cosas que realmente importan.

Como amigo de Matty, me beneficio en gran medida de sus métodos, ya que puedo pasar el rato con él y debatir esas mismas ideas. Puede que yo aún no quiera funcionar al nivel al que tú y él aspiráis, pero haberlo conocido, y haber tenido la oportunidad de hablar de estos conceptos con él, me ha hecho ser más consciente de lo que quiero y de lo que tengo que hacer para conseguirlo.

Ese es un regalo del que podemos beneficiarnos todos.

Matthew Shepard es coordinador de comunicaciones de una organización nacional sin ánimo de lucro, orgulloso padre de una hija estupenda, entusiasta aficionado de los equipos de Nueva Inglaterra y golfista mediocre pero feliz. Matthew Dicks cree que debería ser más productivo.

Apéndices

Planes de acción por capítulos

Este es el problema de un libro como este: te acordarás de una media docena de puntos destacados durante mucho tiempo después de que lo hayas leído (es probable que de alguno más, dada la extraordinaria naturaleza de este texto en particular). Puede que algunos ya estén marcando una enorme diferencia. Mi jefa de producción, Kaia, por ejemplo, me dijo que corregir el capítulo 2 ya ha alterado su forma de ver el tiempo y ha cambiado su vida considerablemente. Está haciendo más cosas y viviendo mejor gracias a haber leído el capítulo y haberme indicado dónde decía tonterías. Pero ¿qué pasa con el capítulo 9? ¿El capítulo 13? ¿Toda la parte 4? Esos también son importantes. Todo es importante. Lo que no lo era se quedó en la papelera y no llegó a la versión final.

Así que lo que sigue son una serie de planes de acción para cada capítulo. Mi objetivo es proporcionarte formas de aplicar de forma activa e inmediata las estrategias de este libro en tu cotidianidad. En lugar de colocar estos planes después de cada capítulo e interrumpir el flujo del libro (y mi extraordinaria elocuencia), los he colocado aquí, al final. Ahora que has aprendido todo lo que yo quería que aprendieras (y absorbido la sabiduría de Elysha y Shep), ha llegado el momento de poner en práctica las lecciones, actividades y métodos que se exponen en estas páginas.

Pero esto es importante: no juzgues el valor o el mérito de cada plan de acción.

Algunos pueden parecer excepcionalmente útiles y sencillos de poner en práctica. Otros pueden parecer más laboriosos y requerir más tiempo. Y otros pueden parecer descabellados o absurdos.

No pienses en eso. Hazlos todos.

No asumas que uno no es igual de útil o importante que los demás. Cada plan ha sido considerado cuidadosamente, diseñado específicamente y probado por amigos, colegas e incluso algunos desconocidos para comprobar que fuera factible y útil.

Todos funcionan. Te lo prometo. Haz lo que te digo. ¿Por favor? No inviertas todo este tiempo, leyendo este libro y aprendiendo mis estrategias, solo para limitarte a seguir con tu vida sin hacer ningún cambio. Esta es tu oportunidad de marcar diferencias tangibles y sostenibles en tu vida utilizando las estrategias que te he proporcionado.

Tu yo de cien años quiere que lo hagas. Escucha a esa versión de ti mismo. Como bien sabes, esa versión futura de ti es muy sabia.

Otra sugerencia: emprender un proceso como este suele hacerse mejor con un compañero, así que, si es posible, busca a alguien que te acompañe en tu búsqueda. Comparte el libro con él (me refiero a que compres un ejemplar para que también lo lea) y emprended estos planes de acción en equipo. La rendición de cuentas (como ya sabes) suele ser fundamental para el grado de cumplimiento, la motivación y la perseverancia.

Además, ¡comparte tu trabajo conmigo! Envíame fotos de tu tarea del plan de acción del capítulo 1 a través de las redes sociales o por correo electrónico. Comparte tu lista de eliminaciones elegidas del capítulo 5. Invítame a tu evento del plan de acción del capítulo 15. Inclúyeme en cualquiera de los correos electrónicos que te he pedido que envíes como parte de un plan de acción, y reenvíame algunas de las respuestas de tu equipo.

Quiero saber cómo y qué estáis haciendo. Quiero oír que estás progresando. Quiero compartir tu visión y tus historias de éxito con los demás. Egoístamente, quiero utilizar tu viaje como inspiración para el mío.

Hazlo. Vívelo. Compártelo.

Ponte en marcha. Algún día es hoy.

PARTE 1: TIEMPO

Capítulo 1: El plan de tu yo de cien años

Tengo que mirar hacia delante y preguntar a la versión centenaria de mí mismo —la que comprende la importancia y el valor del tiempo— cómo debería emplear esta hora, este día o esta semana. Él es mi narrador de confianza. Él es quien sabe qué es lo mejor para mí.

Plan de acción

Quiero que tengas una representación visual de la versión centenaria de ti mismo. No una versión imaginaria en tu mente. Quiero que tengas una imagen física, que te mire fijamente a los ojos, inolvidable, de la persona que algún día serás: más vieja, más sabia, más arrugada.

En mi caso, tengo una representación visual perfecta de esa persona en el ojo de mi mente a la que recurro a menudo desde hace mucho tiempo. Mi imagen nació en el suelo de un restaurante de McDonald's de Brockton, en Massachusetts, allá por 1992.

Eres nuevo. Necesitas recordatorios. Recordatorios constantes e implacables.

Si no tuviera ya esa imagen clara en mi mente, probablemente crearía un dibujo con monigotes, tumbado en una cama acogedora, comiendo una hamburguesa con queso junto a mi gato y mi mujer, de aspecto sorprendentemente juvenil, mientras vemos la serie de televisión *Dexter*. Todo el mundo dice que tengo que ver esa serie. Probablemente lo haga cuando tenga cien años.

Mi jefa de producción, Kaia, imprimiría una foto de la difunta luminaria de Broadway Elaine Stritch. Se pone el listón muy alto.

Elysha dice que imprimiría una foto de Betty White. Suena bastante bien. Mi hijo Charlie dice que haría una versión de sí mismo más mayor con Minecraft.

Quizá tu visualización sea la de un abuelo, un vecino anciano, el león de la Metro-Goldwyn-Mayer o Harriet Tubman.

Elige una. Luego haz la imagen. Dibuja, imprime, pinta, colorea, esboza, fotografía, moldea en puré de patatas… Lo que haga falta.

De hecho, haz más de una. Luego pégalas en todos los lugares en los que tus ojos se posen con frecuencia a lo largo del día. El espejo del baño. La nevera. El parabrisas de tu coche. Dos pequeñas imágenes, una en la punta de cada uno de tus zapatos. Pega una en la frente de la persona que más quieres. Pon una en la ducha.

La cuestión es esta: si vas a recurrir a la versión mayor de ti mismo para tomar estas decisiones críticas, necesitas tener a alguien a quien recurrir. Un recordatorio de lo que quiero que hagas.

Lo digo en serio. No es broma. No pienses: «Qué bonito, Matt», y sigas adelante sin crear esta imagen. Deja de leer e imagina a tu yo centenario. Plántalo en todos los espacios más frecuentados de tu vida.

Deja que te sirva de recordatorio de que necesitas la sabiduría de la versión mucho más vieja de ti mismo para tomar las mejores decisiones.

Después sigue adelante.

Capítulo 2: 86 400 segundos

Quiero que dejes de pensar en la duración de un día en términos
de horas y empieces a pensar en términos de minutos.
Los minutos importan.

Plan de acción

Es hora de inventariar y contabilizar tu día. Esto te va a llevar algo de tiempo y esfuerzo, pero es esencial.

Paso 1: Determina cuántos de tus minutos se están utilizando bien.

Cada día se compone de 1440 minutos. Utilizando la Tabla de Objetivo Cero que se proporciona en la página 351, contabilizarás tu tiempo a diario restando los minutos dedicados a todo lo que haces para llenar tu día. El objetivo es restar los minutos de cada actividad para que al final llegues a cero al final de la página.

Desde el momento en que te despiertes, empieza a contabilizar cada instante haciendo un seguimiento de cada actividad y del tiempo en minutos que tardas en completarla. Empieza por convertir en minutos el tiempo que has dormido. Al final del día, resta a 1440 el número total de minutos contabilizados. Tu total debe ser 0.

Si la resta da más de cero, es que has gastado tiempo de una forma que no puedes contabilizar, así que tienes que averiguar dónde.

Tal vez hayas olvidado los once minutos dedicados a desplazarte por las redes sociales cuando llegaste a casa. Tal vez no hayas contabilizado el tiempo que tardas cada mañana en pasear al perro. Es posible que hayas olvidado registrar los ocho minutos que tarda cada día en arrancar tu ordenador de sobremesa Dell Dimension de 1996.

O puede que haya cosas en tu vida que te lleven más tiempo del que pensabas. Tal vez tu ducha de seis minutos dure en realidad diecinueve si tienes en cuenta el secado con toalla, la aplicación de cremas hidratantes y el mirarte en el espejo. Quizá pensabas que tu trayecto al trabajo duraba treinta minutos, cuando en realidad son cuarenta y uno. Quizá pensabas que tu paso por el autoservicio de Starbucks cada mañana duraba unos tres minutos, cuando en realidad son diez.

No puedes empezar a buscar formas de ahorrar tiempo hasta que sepas cómo lo empleas.

Paso 2: Evalúa el uso de tu tiempo.
1. ¿Hay algo que esté regularmente en la lista y que no debería estarlo porque no te aporta nada positivo?
2. ¿Hay cosas que podrían llevarte menos tiempo?
3. ¿Faltan cosas que deban añadirse? ¿Más tiempo con tu gato? ¿Una llamada semanal a tu hermano? ¿Mucho más sexo?

Completa una Tabla de Objetivo Cero para cada día de tu semana. Repítelo con frecuencia, si es posible. Cuantos más datos poseas, mejor. Si de verdad crees que el tiempo es tu bien más preciado, debes empezar a contabilizarlo con la misma especificidad y exactitud con que contabilizas tu saldo bancario. No podemos tomar grandes decisiones sobre cómo empleamos nuestro tiempo hasta que sepamos cómo lo gastamos.

TABLA DE OBJETIVO CERO

Actividad	Minutos gastados
Dormir	
Total de minutos contabilizados:	
Total de minutos en un día:	1,440
Menos el total de minutos contabilizados:	–
Total de minutos no contabilizados:	=

Capítulo 3: Duerme correctamente

Mi propuesta es que empieces por aumentar la eficacia de tu sueño. Si te ves obligado a tumbarte y quedarte inconsciente al menos una vez al día, deberías intentar hacerlo de la forma más breve y reparadora posible.

Plan de acción

Completa las siguientes listas de control.

Lista de control n.º 1: Prácticas habituales de sueño

Estos son los pasos que debes dar independientemente de la inversión que hagas en tu sueño. Piensa que son equivalentes a lavarse los dientes, llevar zapatos y sonreír a los bebés. Ni siquiera deberían ser objeto de debate.

- [ ] Establece horarios de sueño y vigilia que fluctúen menos de treinta minutos cada día. Las horas de los fines de semana y de los días laborables deben ser las mismas. La variación debe ser mínima.
- [ ] Las noches que te quedas fuera hasta más tarde para disfrutar de un concierto de Springsteen, asistir a un partido de fútbol americano un lunes en el Gillette Stadium o colarte en la proyección de medianoche de *The Rocky Horror Picture Show*, intenta mantener la hora para despertarte lo más cerca posible de la habitual, aunque esto signifique dormir menos. Mantener un reloj corporal constante es más importante que recuperar dos o tres horas de sueño perdido.
- [ ] Adquiere una máquina de ruido blanco y empieza a utilizarla inmediatamente.
- [ ] Identifica los lugares de tu cuerpo donde se acumula la mayor tensión y relájalos uno por uno antes de dor-

mir. Puedes identificar estos lugares empezando por los dedos de los pies y subiendo hasta la parte superior de la cabeza, y fíjate en los lugares del cuerpo en los que existe tensión. Una vez identificados, empieza a relajarlos cada noche.

☐ Elimina el botón de repetición de la alarma.

☐ Haz ejercicio cada día. Empieza con un paseo diario a paso ligero de diez a quince minutos. Si un paseo a paso ligero es todo lo que haces en términos de ejercicio, está bien. Fantástico, incluso. Ya lo estás haciendo mejor que la mayoría de la gente.

☐ Baja la temperatura de tu dormitorio a 18 grados.

☐ Instala f.lux en todos tus teléfonos y ordenadores.

☐ Programa una alarma para que suene una hora antes de acostarte. Cuando suene la alarma, deja de mirar teléfonos y ordenadores y deja de comer.

☐ Siempre que sea posible, date una ducha corta y caliente antes de acostarte.

Lista de control n.º 2: Reto para subir de nivel (Solo para valientes)

Si te tomas en serio lo de tratar el sueño tan sagradamente como se merece, adopta también estas medidas.

☐ Quita la televisión de tu dormitorio. Si es posible, tírala.

☐ Empieza a practicar meditación. Descárgate una aplicación, suscríbete a un *podcast* y/o asiste a una clase. Conviértela en una práctica diaria que puedas utilizar por la noche para despejar tu mente de los terrores del pavor existencial (o de lo que sea que te mantenga despierto por la noche).

☐ Deja de leer en la cama. Detén todas las actividades en la cama excepto dormir y el sexo. Si puedes trasladar el sexo a un lugar separado (o a muchos lugares separados), hazlo. Te ayudará a dormir y puede que también mejore tu vida sexual.

Capítulo 4: El águila y el ratón

El águila sabe que no debe invertir su recurso más preciado en cosas que, al fin y al cabo, son irrelevantes. No pierdas el tiempo en cosas que no significarán nada para ti horas o días después. No dediques ni un minuto a algo que olvidarás dentro de una hora. Ni siquiera pienses en aquello que no puedes controlar.

Plan de acción

1. Haz una autoevaluación honesta y despiadada de todas las cosas que haces y que no necesitas hacer.
   a. Busca cosas que creas que debes hacer, aunque nadie más las esté haciendo.
   b. Busca cosas que la gente se burle de ti por hacer.
   c. Busca cosas que te hagan sentir culpable o tonto por hacerlas.
   d. Busca cosas que haces y que nadie se da cuenta de que haces. En estos lugares a menudo puedes encontrar pasos desperdiciados. Haz todo lo posible por escrutar tu vida con atención. No seas amable contigo mismo.
2. Pide a cinco personas que te conozcan muy bien que hagan una lista de todas las cosas que haces y que no necesitas hacer. Diles que sean implacables.
3. Pide a los cinco compañeros que trabajan más estrechamente contigo que hagan una lista de todas las cosas que haces y que no necesitas hacer. Que no se corten.
4. Si tienes pareja, cónyuge o compañeros de piso, pídeles que hagan una lista de todas las cosas que haces y que

no necesitas hacer. No te preocupes por pedirles que sean despiadados: lo van a ser.

Examina las listas. Considera la posibilidad de eliminar todos y cada uno de los elementos de tu vida, aunque solo sea para ver qué ocurre.

Descubrirás lo siguiente: la reacción más común que tendrán los demás cuando te desprendas de una obligación es... ¡nada!

Si un objeto aparece en más de una lista, debes plantearte seriamente eliminarlo de tu vida para siempre. Cuantos más elimines, mejor te irá.

Capítulo 5: Cosas que no merecen tu tiempo

El tiempo es el bien más valioso del planeta, y tú tienes tanto como las personas más ricas del mundo. Valóralo en consecuencia. Nunca lo malgastes.

Plan de acción

Hay muchas cosas que nos roban el tiempo, pero en el mundo actual, pocas son más destructivas que los pequeños ordenadores que llevamos en el bolsillo y a los que seguimos llamando teléfonos.

Por eso...

Haz un inventario de las aplicaciones de tu teléfono. Cuando tomes nota de cada una, considera:

- ¿Es digna de tu tiempo, o te está robando?
- ¿Te mueve en una dirección positiva y te ayuda a conseguir tus objetivos?
- ¿Tu vida ha sido mejor, peor o más o menos igual desde que te descargaste la aplicación?

- ¿Te avergonzarías si alguien te descubriera utilizando la aplicación?

Asigna un «sí» a las aplicaciones que merecen la pena, un «no» a las aplicaciones neutras o sobre las que tienes sentimientos encontrados, y un «¡no, jamás!» si la aplicación te está robando tu valioso tiempo, no te hace avanzar en una dirección positiva o empeora tu vida de alguna manera. Elimina estas últimas aplicaciones inmediatamente.

Ejemplo:

Aplicaciones	Sí	No	¡No, jamás!
Email personal	X		
Email del trabajo		X	
Facebook		X	
Venmo	X		
Spotify	X		
Candy Crush			X
Waze	X		
TikTok		X	
El tiempo	X		

Capítulo 6: Sé un delincuente

Si queremos que las cosas sucedan, a veces tenemos
que ser delincuentes.

Plan de acción

Para robar tiempo, tienes que estar preparado. ¿Te encuentras en una reunión o clase que no tiene sentido para ti? ¿Descubres que la fiesta de cumpleaños de tu tía va a durar mucho más de lo previsto? ¿Te das cuenta de que tu médico no respeta tu tiempo? Estos son los momentos en los que se puede recuperar el tiempo, pero solo si estás dispuesto a hacer algo productivo con él.

Tu tarea consiste en montar una bolsa de ladrón: una lista de tareas y materiales que pueden utilizarse en casos como este.

Para mí, en su día, esta bolsa de ladrón fueron una solicitud para ser notario, una colección de listas que al final se transformarían en una novela y exámenes de ortografía que había que corregir.

Hoy llevo conmigo una pila de sobres, cada uno con una tarjeta. Los sobres ya tienen la dirección y el sello. Si puedo robar tres minutos a una reunión que, de otro modo, carecería de sentido, o me dejan quince minutos en la sala de espera del dentista, saco un sobre del bolso y escribo una breve nota a uno de mis alumnos sobre su rendimiento reciente. A lo largo de un mes, todos los alumnos reciben una carta mía sin que ello me haya costado apenas tiempo.

Escribo estas notas utilizando solo el tiempo robado.

También tengo cinco poemas en mi teléfono que intento memorizar y una serie de chistes que intento mejorar.

También tengo una carpeta en mi bolso que contiene una serie de cartas escritas a Elysha por un grupo concreto de padres durante uno de sus primeros años de docencia. Las cartas son divertidísimas, y estoy pensando en transformarlas en una obra de teatro de un solo acto. Las miro de vez en cuando y tomo notas sobre en qué podrían convertirse.

Necesitas tu propia bolsa de ladrón: una colección de cosas significativas y productivas que hacer cuando puedas robarte algo de tiempo. Puede consistir en proyectos digitales que vivan en tu teléfono u objetos físicos que lleves siempre contigo.

No puedes desperdiciar estos minutos robados preguntándote cómo podrías llenarlos. Tienes que estar preparado para utilizarlos en el instante en que te encuentres con ellos.

Capítulo 7: No pierdas días por culpa de gente mala

Las personas negativas te hundirán. La gente positiva te elevará.

Plan de acción

Haz una lista de todas las personas de tu vida que te roban tiempo y energía. Esta lista debe incluir amigos, vecinos, parientes, compañeros de trabajo, clientes y consumidores. También puede incluir colectivos de personas, como organizaciones, empresas, juntas de urbanismo, la compañía de cable y cualquier otra entidad que genere habitualmente conflictos en tu vida. Cualquiera que estropee tu estado de ánimo, te exija innecesariamente tu tiempo, te haga sentir incómodo, cree drama, robe o queme tu propiedad, o haya secuestrado a tu conejillo de Indias.

Para cada persona, elige uno de los cuatro cursos de acción descritos en el libro:

1. Perdón
2. Empatía
3. Eliminación
4. Lista de enemigos

Lleva a cabo la acción elegida para cada persona.

Si una acción no elimina el lastre que la persona ejerce en tu vida, cambia a una estrategia diferente. Por ejemplo, intentar cultivar el perdón o la empatía hacia una persona mala es una opción noble, pero si te ves incapaz, puede que simplemente necesites eliminarla de tu vida.

Es duro, lo sé, pero te mereces lo mejor, lo que a veces significa sacar a las personas negativas de tu vida cotidiana.

Ejemplo

Persona/grupo horrible	Acción requerida
Alan	Eliminación
Eric	Perdón (inclinándose por la eliminación)
Ryan	Lista de enemigos
La Asociación de Padres Preocupados de West Hartford	Lista de enemigos
Mike	Perdón
Jas	Lista de enemigos
Will	Empatía
Katherine	Perdón
Cynthia	Empatía

PARTE 2: DAR EL SALTO

Capítulo 8: Di que sí

El resultado de ese simple sí es extraordinario. Ese sí da lugar a un árbol de posibilidades —la ramificación de nuevas oportunidades— de enormes proporciones.

Plan de acción

Primero, vuelve a esa versión centenaria de ti mismo: la que tienes en la puerta de tu nevera, la que está peligrosamente pegada al parabrisas de tu coche, la que se enmoheció en la ducha.

Luego...

1. Coge algunos pósits.
2. Recorta un bocadillo (una burbuja como las que utilizan los personajes de los cómics para hablar) para cada una de esas representaciones de tu yo centenario.

3. Escribe la palabra «¡Sí!» en cada bocadillo.
4. Pégalo a la imagen.

A partir de este momento, siempre que te pidan que te involucres en un nuevo esfuerzo creativo, tu respuesta va a ser «¡Sí!». Toda oportunidad merece un sí, y todo sí merece al menos tres días antes de convertirse en un no.

Después de tres o más días, si el sí sigue sin parecerte bien, puedes cambiarlo por un no.

Capítulo 9: Sé una gallina, no un cerdo

Las cosas engendran cosas.

Plan de acción

1. Haz una lista de todos los intereses personales y profesionales que has tenido desde que eras niño. Dedica algún tiempo a hacer esta lista. Tómate una semana o más. Reflexiona sobre ella.
2. Pregunta a tus padres, hermanos y pareja por todos los intereses personales y profesionales que recuerden que tuviste o de los que hablaste alguna vez. Añade estos temas a esa lista.
3. Coloca la lista en un lugar visible.
4. Elige el primer elemento que empezar a estudiar.
5. Descárgate un *podcast,* suscríbete a un canal de YouTube, compra un libro, apúntate a clases, inscríbete en un curso o únete a un club relacionado con el tema elegido. ¡Gran trabajo! Has empezado algo que llevas toda la vida esperando empezar.
6. Repite el proceso con frecuencia.

Capítulo 10: Tú eliges la línea de meta

Mantener la mente abierta en cuanto a cuál puede ser tu línea de meta es fundamental tanto para aprender a hacer algo grande como para hacer ese algo grande.

Plan de acción

1. Elige una de tus actividades creativas: una en la que estés trabajando o una que imagines para tu futuro.

2. Dedica cinco minutos a describir cómo sería el resultado ideal de esa empresa. Escribe, dibuja, pinta, haz un boceto o un esquema. No te limites a pensar. Crea una representación tangible del resultado de este esfuerzo.

3. Ahora imagina todas las permutaciones posibles de este empeño, y haz lo mismo. Escribe, dibuja, pinta, haz un boceto o un esquema. Si tu sueño es abrir una tienda llamada «Lencería de Fantasía» (uno de los sueños anteriores de Elysha), las permutaciones posibles podrían incluir una tienda *online*, un espacio dentro de Victoria's Secret, una empresa dedicada al diseño y la fabricación de ropa interior femenina, un negocio sostenible inspirado en la empresa de sujetadores ThirdLove, un libro de recortables de muñecos de papel para niños que incluya lencería de fantasía, o la licencia del nombre «Lencería de Fantasía» para ropa interior ya comercializada.

4. Pide a tus cinco amigos más inteligentes las permutaciones que ellos también pueden imaginar para tu proyecto. Incluye sus ideas en la lista.

5. Sigue añadiendo cosas a esta lista a medida que persigas tu sueño.

6. Colócala en algún lugar destacado como recordatorio de lo que tu empeño creativo podría llegar a ser en última instancia.

7. Escucha el *podcast* de NPR (y ahora en Wondery) *How I Built This*. Casi todos los episodios demuestran este concepto en la realidad y te darán estrategias adicionales para pivotar, reimaginar o reinventar.

Capítulo 11: Haz cosas horribles

No dejes que lo perfecto sea enemigo del progreso.

Plan de acción

1. Consigue una caja. Coge una de las muchas cajas de cartón que probablemente lleguen a tu casa con regularidad, o quizá ve a Etsy y compra algo un poco más sustancioso. Ponle la etiqueta *Horrible progreso hacia la perfección.* Mejor aún, compra un tablón de anuncios o una vitrina. Ponle la misma etiqueta.

2. Cada vez que fracases, sea un fracaso menor o espectacular, coloca una representación de ese fracaso en la caja o a la vista. Puede ser el propio fracaso, una foto del fracaso o una representación visual del fracaso. Encuentra una forma de celebrar cada adición a tu caja o tablón de anuncios. Quizá disfrutando de un trozo de tarta helada. Envía un correo electrónico y una foto a algunos de tus amigos más íntimos con el título «¡A un desastre menos del éxito!». Organiza una fiesta de baile nudista. O tal vez prefieras el enfoque de Howard Frank Mosher, pegues una foto de tu fracaso en el lateral del granero y la acribilles con tu escopeta.

Capítulo 12: ¿Cómo lo hicieron?

Es bueno saber lo duro que fue para los que nos precedieron.

Plan de acción

1. En lugar de preguntar a qué se dedica alguien, pregúntale lo siguiente: «¿Cómo acabaste en tu profesión actual?» y «¿Qué fue lo más difícil a lo que te enfrentaste profesionalmente hace poco?». Haz estas preguntas a todas las personas que conozcas.
2. Si tienes la suerte de encontrarte con alguien que ha tenido éxito en la actividad que has elegido, invítalo a comer, a un *brunch,* a cenar, a tomar un café o una copa. Pídele que te cuente su historia creativa. Grábala, si es posible.
3. Sigue escuchando el *podcast* de NPR (ahora Wondery) *How I Built This.* Una vez más, casi todos los episodios aplican este concepto a la realidad, y hay cientos de ellos. Tienes para un buen rato.

PARTE 3: APOYO

Capítulo 13: Encuentra a tu gente

El feedback *es fundamental. Tener a un grupo de personas a tu lado —recibir su* feedback *sabiendo que alguien se interesa por tu trabajo— lo es todo.*

Plan de acción

Haz una lista de tus amigos, compañeros y cualquier persona cercana a ti. Junto a su nombre, enumera sus habilidades. Actualiza la lista con frecuencia, a medida que las personas entren y salgan de tu vida y amplíen su propio conjunto de habilidades.

Ejemplo:

Nombre	Habilidades
Shep	Licenciado en inglés, aprecia el humor, honesto, mezcla comentarios positivos con multitud de sugerencias.
Jeni	*Storyteller*, escritora, brutalmente honesta, mi antagonista creativa.
David	Escritor, profundamente analítico, fuerte análisis estructural, comprende la profundidad y amplitud del humor, no se deja impresionar demasiado por la escritura divertida.
Jeff	No se deja impresionar fácilmente, está dispuesto a leer libros enteros de una sentada, *feedback* a gran escala.
Kaia	Es más joven que yo y más consciente de las muchas formas en que puedo ofender, posee una excelente mezcla de habilidades artísticas y prácticas, se implica en mi éxito, comprende todas mis necesidades de TEPT.
Elysha	Buena escritora, difícil de impresionar, tiene un gusto casi perfecto, le gusta mi sensibilidad.

Capítulo 14: No pierdas de vista el premio final

Preguntarte por qué haces lo que haces puede aclararte el camino.
Comprender por qué haces las cosas que haces puede guiarte hacia
la vida que deseas tener.

Plan de acción

Completa una tabla como la siguiente para cada una de tus actividades creativas. Mantente abierto a añadir cosas nuevas a esta lista a medida que consideres otras razones o motivaciones para tus actividades. A menudo, estas no son inmediatamente obvias y pueden ser muchas y diversas.

He completado la tabla para una de mis actividades creativas, los monólogos de comedia, a modo de ejemplo.

Actividad creativa	Razones por las que lo hago
Monólogos de comedia	Me asusta, y quiero ser valiente en todo.
	Me hace mejor *storyteller.*
	Mike Birbiglia es uno de mis héroes, y esto me llevará más cerca de ser como él.
	Hacer reír a Elysha evita que me abandone por gente como Ryan Reynolds o el senador Christopher Murphy.
	Oír a la gente reír de cosas que me yo he creado me hace sentir fantásticamente bien.
	Los clientes corporativos siempre quieren aprender a ser graciosos.

Capítulo 15: Celebra a menudo

Debemos estar dispuestos a celebrar cada paso del camino.

Plan de acción

Identifica el primer paso significativo en la consecución de tu objetivo creativo. No un hito significativo ni un logro extraordinario. Solo un paso significativo.

- Para un novelista, puede ser la finalización del primer borrador de un libro o incluso del primer capítulo.
- Para un *storyteller,* puede ser la primera representación de una historia en el escenario.
- Para el propietario de una empresa, puede ser la contratación de un primer empleado, un aumento del salario por hora o el desarrollo de un nuevo logotipo.

- Para un artista, puede ser la primera compra de arcilla. El montaje de un lienzo en un bastidor. La primera canción arrancada de las cuerdas de un ukelele.

Antes de seguir adelante, planifica ahora tu celebración. Cuando alcances ese primer paso significativo, ¿cómo lo celebrarás? Una vez decidido, díselo a tres personas de tu vida.

Durante esta celebración, identifica el siguiente paso significativo y planifica esa siguiente fiesta.

Repite el ciclo sin parar.

Capítulo 16: Aliméntate con un bocadillo de cumplidos

Se nos ofrece combustible para el fuego de nuestra pasión continuamente, pero en lugar de conservarlo y aprovecharlo, dejamos que se nos escape y quede olvidado e inútil.

Plan de acción

Establece el lugar donde recopilarás todos los cumplidos futuros. Un programa como Evernote o Notion. Un documento de Word o Google. Lo ideal es que sea digital para que puedas cortar y pegar los cumplidos recibidos por mensaje de texto y correo electrónico. También debería ser fácilmente accesible.

Una vez establecido ese lugar, introduce este como primer cumplido:

Estás haciendo un trabajo fantástico apoyándote a ti mismo al crear un sistema para conservar los cumplidos a largo plazo, de modo que puedan ser una fuente de inspiración en momentos de necesidad. Además, te mereces aferrarte a esos cumplidos. Te mereces todo lo mejor. ¡Enhorabuena! - Matthew Dicks

Ahora introduce cualquier otro cumplido o elogio anterior que recuerdes, incluidos los que encuentres en tus correos electrónicos y mensajes de texto anteriores.

Capítulo 17: Conoce tu historia. Cuenta tu historia. Escucha tu historia.

Podemos inspirarnos recordando lo lejos que hemos llegado, lo mucho que hemos logrado y lo improbable que parecía nuestro viaje. Podemos inspirarnos contando las historias de nuestros esfuerzos y nuestros éxitos.

Plan de acción

Compra *Storyworthy: Engage, Teach, Persuade, and Change Your Life through the Power of Storytelling* ('Digno de ser historia: involucra, enseña, persuade y cambia tu vida a través del poder de contar historias'), de Matthew Dicks.

¿Interesado? Tal vez. Pero hablo en serio. Necesitas aprender a encontrar y contar tus mejores historias, y este libro, escrito por alguien a quien conoces bastante bien, te enseñará a hacerlo. Además, si es necesario, sé un delincuente. Róbalo. O ve a la biblioteca y consíguelo.

No estoy bromeando. Encontrar y contar tus mejores historias es una de las mejores cosas que puedes hacer para ti. Así que cuando termines este libro —o ahora mismo— hazte con él, o compra y descarga el audiolibro.

Empieza a encontrar y a contar tus historias.

PARTE 4: VIVIR LA VIDA QUE QUIERES

Capítulo 18: La creatividad no soporta el preciosismo

Si quieres hacer cosas tan desesperadamente como yo, no necesitas
cestas de pícnic llenas de golosinas calientes, escenarios idílicos en
la cima de una montaña ni hogueras alimentadas con whisky.

Plan de acción

1. Haz una lista de todas las cosas que crees que necesitas para trabajar.
2. Ahora tacha todos los objetos de la lista que no necesites realmente.
3. Haz una nueva lista de las cosas que necesitas *realmente* para trabajar, sin incluir las comodidades de la lista anterior. Coloca esta lista en todos los lugares en los que puedas trabajar.
4. Elige un lugar en el que nunca podrías imaginarte trabajando: tu equivalente a una mediana de hormigón, junto a un arbolito estéril, en medio de un aparcamiento. Un paisaje apocalíptico de espacio creativo. Incómodo e inimaginablemente poco inspirador. Ve a trabajar allí durante un tiempo para demostrarte a ti mismo que es posible.
5. Hazte una foto trabajando en este paisaje infernal. Imprime una copia y colócala en un lugar destacado, tanto para recordarte a ti mismo lo que es posible como para que los demás sepan lo extraordinariamente comprometido que estás con tu empeño creativo.

Capítulo 19: Convierte algo en algo

Como personas creativas, debemos ser coleccionistas, conservadores
y, siempre que sea posible, transformadores y expansores de
nuestras ideas y contenidos. Tenemos que ser sumamente flexibles
en cuanto a cómo vemos el camino de nuestra vida creativa y las
cosas que hacemos.

Plan de acción

Este plan requiere la lista de personas que reuniste en el capítulo 13. Puedes enviarles un correo electrónico, programar una reunión en Zoom o incluso hacer que este plan de acción forme parte de la celebración del capítulo 15.

Tu mensaje será el siguiente:

He hecho mi parte. He abierto mi tienda «Lencería de Fantasía». Grabado mi álbum de fusión de polka y *rock* de yate. Tejido esas sillas de mimbre. Inventado una nueva y mejorada arena para gatos. Diseñado y construido el vestido de novia del futuro.

¿Y ahora qué?

Esa es la pregunta que os planteo a vosotros, mi equipo de atractivos genios.

¿Qué otra cosa puede ser ese algo? ¿Cómo puedo coger aquello en lo que he invertido enormes cantidades de tiempo, energía y, posiblemente, dinero y convertirlo en algo más?

Este paso suele ser difícil de ver para el creador. A menudo depende de la suerte y la serendipia, lo cual tiene su encanto, pero estoy intentando que también sea deliberado, y para eso recurro a la creatividad y a la multitud de experiencias de todos vosotros.

Anima a tu equipo a convertir tu algo en algo más.

Capítulo 20: No seas un gilipollas

Es cierto que ser un gilipollas puede darte algunos beneficios a corto plazo, pero los creadores deben pensar a largo plazo. Tenemos que mantener la vista no en el horizonte de hoy, sino en los miles de horizontes que hay más allá de este.

Plan de acción

Busca al menos cinco personas en tu vida con las que tengas mucho contacto. Trata de encontrar personas en distintos ámbitos de tu vida. Personas que te vean en una variedad de contextos y papeles.

Si quieres, involucra también a tu equipo del plan de acción anterior.

Envía este correo electrónico:

> Estoy inmerso en una importante tarea creativa y necesito tu ayuda. No temas. No será muy difícil. Resulta —al menos según el audaz y brillante Matthew Dicks— que ser un gilipollas puede ser un enorme perjuicio para mi carrera. Pero el tema es este: los gilipollas no siempre pueden ver su propia gilipollez. Así que necesito que me vigiles. Si me comporto como un gilipollas con alguien, por cualquier motivo, necesito que me lo hagas saber. Esto va en serio. ¿Vale?
>
> Además, quizá quieras comprar un ejemplar de *Algún día es hoy* y *Storyworthy*. Ambos escritos por Matthew Dicks. Puede que te cambien la vida.

Puedes omitir esa última parte si es necesario. O ponerla en negrita.

Capítulo 21: Come mucho

Como persona creativa, como hacedor de cosas, sé que una de las mejores formas de desarrollar nuevas ideas, identificar nuevas conexiones y ampliar mi conjunto de habilidades potenciales es buscar constantemente aprender cosas nuevas sin importar la dirección de mis intereses. No se puede predecir qué nuevo conocimiento abrirá una nueva puerta y ampliará el universo,

así que simplemente persigo mis intereses y consumo nuevos
contenidos guiado por mi curiosidad.

Plan de acción

Envía este correo electrónico a tu equipo:

Una de las mejores formas de que las personas creativas incrementen su creatividad es ampliar sus intereses y conocimientos en diversas disciplinas. El problema es que la gente tiende a permanecer en su carril y rara vez se adentra en nuevos ámbitos. A menudo, la gente ni siquiera puede ver cuáles merecen la pena explorar.

Aquí es donde entras tú. Tómate una hora, un día, una semana o un mes para considerar las áreas de interés que crees que debería explorar. Puede ser cualquier cosa:

- Un libro que quizá nunca se me pasaría por la cabeza leer.
- Una película que nunca se me ocurriría ver.
- Un deporte que debería ver o practicar.
- Un *podcast* o canal de YouTube en el que debería sumergirme.
- Un juego de mesa que podría encantarme.
- Una persona que debería conocer.
- Una cocina que debería probar.
- Un interés tuyo que crees que también debería ser mío.

¿Qué me falta? Dímelo. Por favor. Una sugerencia sería genial. Una docena sería extraordinario.

Muchas gracias, amigos míos.

Un abrazo,

[Tu nombre]

Capítulo 22: Los pesimistas solo aspiran a morir teniendo razón. Los optimistas prosperan

Como alma creativa, hacedora de cosas y persona que persigue sus sueños, no puedes permitirte ser pesimista.

Plan de acción

Elige tres puntos de tu vida:

1. Tu año escolar más difícil.
2. Tu experiencia laboral más difícil.
3. Tu relación más desgarradora.

Si alguna de estas cosas te está ocurriendo ahora mismo, lo siento mucho. Si es así, elige tu segunda experiencia más desafiante, difícil o desgarradora.

Para cada ejemplo, haz una lista de todas las cosas que hicieron que esa experiencia fuera especialmente terrible.

Ahora pregúntate: «¿Sigue existiendo alguna hoy en día?».

El objetivo de este ejercicio es recordarte que, independientemente de la durísima lucha a la que te estés enfrentando actualmente, también esto pasará.

El acné, los interminables deberes y el matonismo adolescente de los de octavo ya no ocupan ningún lugar en tu vida. El jefe de la pizzería donde trabajabas en la universidad que te gritaba y te robaba las propinas se ha perdido en la belleza de tu retrovisor. Las noches de fin de semana que pasabas comiendo tarrinas de helado, viendo *Love Actually* y diciendo a la gente que estabas dedicando tiempo a trabajar en ti mismo tras aquella ruptura especialmente dura ya no son ni siquiera un puntito en tu radar.

Es fácil pensar que los problemas perduran. Que la lucha nunca termina. Que no se puede escapar del pozo de desesperación. Este ejercicio, sin embargo, te recordará que ya has pasado por momentos malos, y que siempre te has sobrepuesto a ellos y has seguido adelante.

¡Tú puedes!

Agradecimientos

Muchas gracias a las siguientes personas por hacer posible este libro:

A mi esposa Elysha, que me ha apoyado, animado, soportado y querido más de lo que jamás hubiera imaginado.

A Clara y a Charlie, mis hijos, cuyas vidas se filtran constante e inevitablemente en mis historias y en mi trabajo. Son seres humanos alegres, divertidísimos y brillantes que hacen que me alegre de levantarme de la cama cada mañana.

A mis suegros, Barbara y Gerry Green, por seguir llenando mi vida con su entusiasmo, ilusión y consejos no solicitados. Más o menos una vez al mes, Gerry me dice:

—¡Cuéntame algo emocionante, Matt! ¡Dame alguna noticia!

No tiene ni idea de cuánto tiempo he esperado a que alguien me hiciera una pregunta así.

A Erin Barker, escritora, narradora, productora, genio artístico y amiga, que hace tres años me pidió que hablara con ella sobre productividad. Pasamos cerca de una hora al teléfono, discutiendo algunas de mis estrategias, y al final de la conversación me dijo:

—Deberías escribir un libro sobre estas cosas.

Seguí su consejo, y este libro es el resultado.

A Kaia Pazdersky, que empezó como colega, se convirtió rápidamente en amiga, pasó a ser la cuidadora de nuestros hijos, y ahora trabaja como mi jefa de producción y colaboradora en muchos proyectos, incluido este libro. Su sabiduría, su ojo para los detalles y su voluntad de decirme cuándo me he pasado de la raya o he molestado a alguien han sido de un valor incalculable.

A Matthew Shepard, que sigue siendo mi lector de prueba, mi confidente literario más cercano y la persona que siempre ve lo que otros no ven.

A Jeni Bonaldo, que me ha permitido escribir sobre partes de su vida mientras la molestaba constantemente. A veces a la gente le parece que no nos llevamos bien, pero nuestras constantes discusiones y bromas son en realidad signo de nuestra estrecha amistad. Al menos, eso creo yo. Me da igual lo que piense Jeni. Un editor haría bien en solicitar una copia de su primer manuscrito.

A las muchas personas que leyeron partes de este manuscrito y tuvieron la amabilidad de ofrecer sus opiniones, como David Golder, Amy Mahoney, Erica Newfang y al menos dos personas que he olvidado.

A Alex Freemon, mi corrector, que sin duda me ha ahorrado muchas vergüenzas literarias. Los correctores son los héroes anónimos del mundo literario.

A la editora jefe Kristen Cashman, que se lanzó en paracaídas sobre el libro en el último minuto y se encargó de que todo estuviera en orden, asegurándose de que mis meteduras de pata fueran mínimas.

A Tanya Fox, la correctora de pruebas del texto final de este libro. Para un perfeccionista como yo, hasta el más mínimo error me hace perder la cabeza. Saber que una perfeccionista profesional leyó cada línea de este libro me permite dormir tranquilo por las noches.

A Georgia Hughes, que ha hecho posible este viaje hacia la no ficción. Libros como *Algún día es hoy* y *Storyworthy* requieren una editora que se adentre en la vida del autor y no le repugne lo que encuentre. Me siento muy afortunado de que una persona tan hábil y generosa encuentre algo de valor en mis pensamientos e ideas y me ayude a darles forma en algo más apetecible para el lector.

Por último, gracias a Taryn Fagerness, mi agente, amiga y compañera en esta vida creativa. Me encontró en la pila de borradores hace años y cambió mi vida para siempre. Ella hace que mis frases y mis historias sean mejores y, en consecuencia, hace que también mi vida sea mejor. No es frecuente que otro ser humano pueda hacer realidad tus sueños, pero ella lo hizo, y le estaré eternamente agradecido.

Notas

Capítulo 1: El plan de tu yo de cien años

1. Steve Jobs, «2005 Stanford Commencement Address» (texto preparado, entregado a Stanford University, Stanford, CA, 12 de junio de 2005), en «'You've Got to Find What You Love', Jobs Says», Stanford News, 14 de junio de 2005, https://news.stanford.edu/2005/06/14/jobs-061505.

Capítulo 2: 86 400 segundos

1. Jessica Stillman, «This Wacky-Sounding Procrastination Cure Is Actually Backed by Science», *Inc.,* 28 de noviembre de 2016, https://www.inc.com/jessica-stillman/this-wacky-sounding-procrastination-cure-is-actually-backed-by-science.html.
2. Carl Richards, «The Benefits of Getting an Icy Start to the Day», *The New York Times,* 14 de marzo de 2016, https://www.nytimes.com/2016/03/15/business/the-benefits-of-getting-an-icy-start-to-the-day.html.
3. Brian Tracy, *Eat That Frog!: 21 Great Ways to Stop Procrastinating and Get More Done in Less Time* (Oakland, CA: Berrett-Koehler Publishers, Inc., A BK Life Book, 2017), 27.
4. Karen S. Hamrick *et al., How Much Time Do Americans Spend on Food? EIB-86,* US Department of Agriculture, Economic Research Service (noviembre de 2011).

5. Walt Hickey, «Beef, Books, Crooks», *Numlock News,* 2 de junio de 2021, https://numlock.substack.com/p/numlock-news-ju-ne-2-2021-beef-books.

6. Teal Burrell, «I Gave Up TV, Then Qualified for Olympic Marathon Trials and Got My PhD», *Washington Post,* 25 de marzo de 2017, https://www.washingtonpost.com/national/health-science/i-gave-up-tv-then-qualified-for-olympic-marathon-trials-and-got-my-phd/2017/03/24/6d90aafc-ee38-11e6-9973-c5e-fb7ccfb0d_story.html.

7. Burrell, «I Gave Up TV».

8. Statista Research Department, «Social Media: Statistics & Facts», Statista, 25 de febrero de 2021, https://www.statista.com/topics/1164/social-networks/#dossierkeyfigures.

Capítulo 4: El águila y el ratón

1. Elizabeth Snead, «Steve Jobs on His Issey Miyake Black Turtlenecks: "I Have Enough to Last for the Rest of My Life"», *Hollywood Reporter,* 11 de octubre de 2011, https://www.hollywoodreporter.com/news/general-news/steve-jobs-his-issey-miyake-black-turtlenecks-i-have-last-rest-my-li-fe-246808.

2. Michael Lewis, «Obama's Way», *Vanity Fair,* 11 de septiembre de 2012, https://www.vanityfair.com/news/2012/10/mi-chael-lewis-profile-barack-obama.

3. «The Reason Mark Zuckerberg Wears the Same Shirt Every Day», *Career Blog,* Workopolis, 11 de noviembre de 2014, https://careers.workopolis.com/advice/the-reason-mark-zuckerberg-wears-the-same-shirt-every-day.

4. Stephen Vincent Benét, «Stephen Vincent Benét Quote #1489262», *Quotepark.com,* actualizado por última vez el 3 de junio de 2021, https://quotepark.com/quotes/1489262-stephen-vincent-benet-life-is-not-lost-by-dying-life-is-lost-mi-nute-by.

5. Benedict Carey, «It's Not All about You», *Los Angeles Times,* 13 de enero de 2003, https://www.latimes.com/archives/la-xpm-2003-jan-13-he-spotlight13-story.html.
6. Macy Cate Williams, «25 Life Lessons Written by a 104-Year-Old Man», *POPSUGAR,* 13 de mayo de 2020, https://www.popsugar.com/smart-living/life-lessons-written-104-year-old-man-36166279.
7. «Fashion Belt Market Size 2021 — Latest Research Report, Future Prospect and Forecast to 2026: Major Companies: Prada, Loewe, Wild Fable [Reports Page No. 116]», *WICZ Fox40 TV,* 30 de noviembre de 2021, https://www.wicz.com/story/45332625/fashion-belt.
8. Walt Hickey, «Poison, Rivers, Anime», *Numlock News,* 9 de abril de 2021, https://numlock.substack.com/p/numlock-news-april-9-2021-poison.
9. Eric Barker, «The 5 Habits That Will Make You Happy, According to Science», *Time,* 16 de diciembre de 2015, https://time.com/4149478/happiness-neuroscience-simplicity.

Capítulo 5½: Cómo arruinar el mundo

1. Robert M. Galford, Bob Frisch, y Cary Greene, *Simple Sabotage: A Modern Field Manual for Detecting and Rooting Out Everyday Behaviors That Undermine Your Workplace* (New York: HarperOne, 2015), 140.

Capítulo 7: No pierdas días por culpa de gente mala

1. Dylan Minor y Michael Housman, «Sitting Near a High-Performer Can Make You Better at Your Job», *Kellogg Insight,* 8 de mayo de 2017, https://insight.kellogg.northwestern.edu/article/sitting-near-a-high-performer-can-make-you-better-at-your-job.

2. Maya Angelou, entrevista de Oprah Winfrey, «Oprah Talks to Maya Angelou,» *O, The Oprah Magazine,* 21 de mayo de 2013, https://www.oprah.com/omagazine/maya-angelou-inter-viewed-by-oprah-in-2013/5.

Capítulo 11: Haz cosas horribles

1. Ira Glass. «Ira Glass on the Creative Process», YouTube, 2 de abril de 2019, https://www.youtube.com/watch?v=GHr-mKL2XKcE.

Capítulo 11½: Es de esperar que te rechacen, pero también que persistas

1. Ursula K. Le Guin, «Skylight by José Saramago — Love, Life and Loss in Lisbon», *The Guardian,* 23 de julio de 2014, https://www.theguardian.com/books/2014/jul/23/skylight-jose-sara-mago-love-life-loss-lisbon.

Capítulo 12: ¿Cómo lo hicieron?

1. Stephen King, *On Writing: A Memoir of the Craft* (2000; reim-presión, Nueva York: Scribner, 2020), 147.
2. «Biography of Frida Kahlo», Frida Kahlo Foundation, consul-tado el 25 de enero de 2022, https://www.frida-kahlo-founda-tion.org/biography.html.
3. «Frida Kahlo», *Design Santa Barbara,* 1 de junio de 2018, https://designsantabarbara.tv/episodes/design-santa-barbara-great-artist-frida-kahlo-frank-goss-and-ralph-waterhouse-with-your-host-michael-kourosh.

Capítulo 16: Aliméntate con un
bocadillo de cumplidos

1. Jack Zenger y Joseph Folkman, «The Ideal Praise-to-Criticism Ratio», *Harvard Business Review,* 15 de marzo de 2013, https://hbr.org/2013/03/the-ideal-praise-to-criticism.

Capítulo 17: Conoce tu historia. Cuenta
tu historia. Escucha tu historia.

1. Eric Barker, «The 5 Habits That Will Make You Happy, According to Science», *Time,* 16 de diciembre de 2015, https://time.com/4149478/happiness-neuroscience-simplicity.

Capítulo 18: La creatividad no
soporta el preciosismo

1. Jeff Goins, *Real Artists Don't Starve: Timeless Strategies for Thriving in the New Creative Age* (Nashville, TN: Thomas Nelson, 2018), 101.

Capítulo 20: No seas un gilipollas

1. Marc Maron *et al.,* «Marc Maron, Margaret Atwood and More on Envy», *Wall Street Journal,* 29 de agosto de 2016, https://www.wsj.com/articles/marc-maron-margaret-atwood-and-more-on-envy-1472484738.

Capítulo 21: Come mucho

1. Mike Peckham y James Whitehead, «The Renaissance of the Polymath: And You Could Be One Too», *PSA Training and De-*

velopment Ltd., 28 de junio de 2019, https://www.psa-training. co.uk/renaissance-polymath-one.

2. Stephen King, *On Writing: A Memoir of the Craft* (2000; reimpresión, Nueva York: Scribner, 2020), 147.

Capítulo 22: Los pesimistas solo aspiran a morir teniendo razón. Los optimistas prosperan.

1. Martin Luther King Jr., «'Remaining Awake through a Great Revolution', address at Morehouse College Commencement», *The Martin Luther King, Jr., Research and Education Institute,* 2 de junio de 1959, https://kinginstitute.stanford.edu/ king-papers/documents/remaining-awake-through-great-revolution-address-morehouse-college.
2. Kurt Vonnegut, *Bluebeard* (Nueva York: Dell Books, 1988), 140.

Sobre el autor

Matthew Dicks es el autor de los *best sellers* internacionales *Memorias de un amigo imaginario; Something Missing; The Perfect Comeback of Caroline Jacobs; Unexpectedly, Milo; Twenty-One Truths about Love; The Other Mother* y *Storyworthy: Engage, Teach, Persuade, and Change Your Life through the Power of Storytelling.* Sus novelas se han traducido a más de veinticinco idiomas.

También es autor de la ópera *rock The Clowns* y los musicales *Caught in the Middle, Sticks & Stones* y *Summertime.* Es columnista de las revistas *Seasons* y *Slate.*

Cuando no está encorvado ante la pantalla de un ordenador, Matthew pasa sus días como profesor de primaria, narrador, consultor de *marketing, coach* de *storytelling* y oratoria, bloguero, DJ de bodas, ministro, *podcaster* y lord de Sealand. Fue Profesor del Año de West Hartford y finalista para Profesor del Año de Connecticut.

Matthew ha sido cincuenta y tres veces campeón del Moth StorySLAM y siete veces del GrandSLAM, y sus relatos han aparecido en el programa nacional *Moth Radio Hour* y en su *podcast* semanal. Matthew también es cofundador y director artístico de Speak Up, una organización de *storytelling* con sede en Hartford que produce espectáculos por toda Nueva Inglaterra. Enseña narración y oratoria a particulares, empresas, organizaciones sin ánimo de lucro, universidades y distritos escolares de todo el mundo. Además, es el creador y copresentador de *Speak Up Storytelling,* un *podcast* sobre cómo encontrar y contar tus mejores historias.

SOBRE EL AUTOR

Matthew está casado con su amiga y colega profesora Elysha, y tienen dos hijos, Clara y Charlie. Creció en la pequeña
ciudad de Blackstone, en Massachusetts, donde se hizo famoso
por morir dos veces antes de cumplir los dieciocho años y convertirse en el primer estudiante de su instituto suspendido por
incitar a los alborotos contra sí mismo.

Puedes encontrar a Matthew en www.matthewdicks.com

Esperamos que haya disfrutado
de *Algún día es hoy,* de Matthew Dicks
y le invitamos a visitarnos
en www.kitsunebooks.org,
donde encontrará más información
sobre nuestras publicaciones.

Recuerde que también puede seguir
a Kitsune Books en redes sociales
o suscribirse a nuestra newsletter.